W0052043

Meine Großmutter hatte kein einfaches Leben. Ihr Leben war von sehr viel Leid und Schmerz geprägt. Trost fand sie im Gebet und in der Liebe zur Mutter Gottes. Noch in ihren letzten Lebenswochen sagte sie zu mir: »Die Mutter Gottes hat mich noch nie im Stich gelassen.«

Dieses Buch widme ich meiner Jetty, die mir ein Leben in dem Vertrauen und dem Glauben an Maria, die Mutter Gottes, vorgelebt hat.

Jetty, ich danke Dir, ich liebe Dich, wo immer Du auch bist. Gott schütze Dich.

Inhalt

Einleitung

Vieste, auf dem Weg nach
San Giovanni Rotondo, 17.05.2005

»… jeder geht auf seiner Straße des Lebens. Es gilt Hindernisse zu überwinden und Abenteuer zu erleben. Jeder Mensch geht seinen eigenen speziellen Weg. Dieser Weg ist gekennzeichnet durch gerade Strecken, Kurven, Umwege, Abkürzungen und Weggabelungen. Manchmal ist er steinig, steil oder bergig und manchmal ist er ganz leicht zu gehen. Auf manchen Straßenabschnitten haben wir Wegbegleiter und auf manchen Abschnitten sind wir scheinbar alleine. Aber nur scheinbar, denn unsichtbare Helfer begleiten uns und unser Schutzengel ist stets an unserer Seite. Er geht mit uns jeden Weg und hilft uns, unsere Abenteuer zu bestehen und unsere daraus resultierenden Erfahrungen in Weisheit umzuwandeln, durch Liebe, Erkenntnis und Verstehen …«

So ähnlich steht es in meinem Reisetagebuch geschrieben. Es sind Teile eines Traumes, der für mich sehr wichtig war. Zuerst dachte ich, dass diese Zeilen aus meinem Traum wunderbar für einen Flyer geeignet wären, um mit

9

zwei Freundinnen ein Seminar zu gestalten. Doch nun weiß ich, dass sie die Einleitung zu diesem Buch sein sollten.

Nachdem ich viele Schritte auf meinem eigenen Weg gegangen war und viele verschiedene Abstecher in die unterschiedlichsten, spirituell geprägten Ausbildungen und Seminare in Deutschland, England und in der Schweiz unternommen hatte, war ich nun wieder bei dem Glauben meiner Kindheit angelangt. Durch meine Großmutter wurde mir klar, dass ich meine durch Geburt erworbene Religion, meinen Glauben der Kindheit, meine Liebe zur Mutter Gottes, zu den Engeln und zu Gott, dem himmlischen Vater, der mich so liebt wie ich bin, vernachlässigt hatte. Mir wurde bewusst, dass ich nicht weit reisen muss, um Antworten auf die vielen Fragen zu finden, die das Leben mit sich bringt. Die Antworten auf all meine Fragen finde ich in meinem Herzen! In den Herzen aller Menschen befindet sich der Wohnort Gottes hier auf Erden!

Doch wie kann ich helfen, dass möglichst viele Menschen die Liebe Gottes in sich entdecken? Indem ich versuche, Ihnen die Angst vor den Engeln Gottes und somit vor einem strafenden Gott zu nehmen. Denn Gott als unser Vater liebt uns so, wie wir sind. Er sieht den wahren Kern in uns und er weiß, wer wir wirklich sind!

Die ersten selbst geschriebenen Meditationen

Eine Freundin (ich nenne sie hier G.) veranstaltete ein Engelseminar für Kinder. Die Gruppe bestand aus Kindern im Alter von sechs bis elf Jahren. Für dieses Seminar schrieb ich die Schutzengelmeditation. Die Reaktion der Kinder war einfach umwerfend! Im Anschluss an die Meditation erzählten sie lebhaft und fröhlich, was sie gefühlt und mit ihren inneren Augen wahrgenommen hatten. Sie malten wunderschöne Engelbilder und hatten die Idee, eine Engelmappe anzulegen, in der sie alles über Engel sammeln konnten. Der elfjährige Junge wollte dann auch lieber zum nächsten Engelseminar kommen und dafür seine Jungengruppe ausfallen lassen. Wow! Das war für uns ein voller Erfolg.

Zum nächsten Treffen kam ein zwölfjähriges Mädchen dazu. Als wir ihr erklärten, was eine Meditation ist, stöhnte sie, dass sie so etwas schon in der Schule gemacht hätten und dass das doof gewesen wäre. Sie erklärte sich bereit, es doch einmal zu versuchen. Ich hatte für dieses Treffen die Meditation »Engel der Heilsteine« geschrieben, und im Anschluss an die Meditation durfte sich jedes Kind einen kleinen Heilstein aussuchen und mit nach Hause nehmen. Die Reaktionen waren wieder umwerfend! Alle Kinder, auch das zwölfjährige Mädchen, wollten die Meditation am liebsten gleich noch einmal wiederholen.

Nach den tollen Erlebnissen mit den Kindern der Engelseminargruppe reifte in mir immer mehr die Idee, ein Buch mit geführten Engelmeditationen zu schreiben.

Ich dachte mir, dass es doch wunderschön wäre, wenn

die Eltern mit ihren Kindern die Welt der Engel neu entdecken und fröhlich und entspannt mit ihnen über Werte, Tugenden und Emotionen sprechen könnten. So ent-
stand die Idee, die Engel verschiedene Werte, Tugenden
und Emotionen erläutern zu lassen, um den Kindern sowie
auch den Erwachsenen das Gespräch und den Umgang mit
den verschiedenen Themen und den eigenen Emotionen
zu erleichtern.

Von der Idee bis zur Verwirklichung meines Buches war
noch genügend Zeit, um weitere Erfahrungen zu sammeln.
Dabei waren mir all die naturheilkundlichen und spirituellen Seminare und Ausbildungen, die ich besucht hatte,
von großer Hilfe.

Während eines Waldspaziergangs mit meiner Freundin
G. sprach ich mit ihr über die Idee, ein Buch mit geführten
Engelmeditationen zu schreiben. Als hätten mir die Engel
den Titel des Buches zugeflüstert, war plötzlich der Gedanke »Engelsprechstunde« in meinem Kopf und ein sanfter
Schauer lief über meinen Rücken, als ich den Titel laut aus-
sprach. Ja, das hört sich wirklich gut an! Der Titel drückt
aus, was mit den Meditationen möglich gemacht werden
soll: Ich möchte die verschiedenen Engel zu einem vertrauten Gespräch in einer entspannten Atmosphäre einladen,
wobei die Meditationen für Kinder und weniger Geübte
ca. 20 Minuten dauern und die für sehr erfahrene Meditierende bis zu einer Stunde dauern können. In mir erwach-
te der Gedanke, die Meditationen nicht nur für Kinder zu
schreiben.

Der nächste Schritt!

Nun war es an der Zeit, die Meditationen bei Erwachsenen zu testen. Hier legte ich zuerst den Schwerpunkt auf die Chakren, da aus meiner Erfahrung heraus das bewusste »Öffnen« der Chakren in einen besonders tiefen Entspannungszustand führt und das sehr wichtige »Schließen« ein bewusstes Ende der Meditation bewirkt. Das ist sehr wichtig, um entspannt in den eigenen Alltag zurückzukehren.

Die andere Freundin (ich nenne sie hier A.) hatte einen Meditationskreis ins Leben gerufen, in dem jeder reihum eine Meditation leiten durfte. Für diesen Kreis schrieb ich eine Chakrenmeditation, die die Grundlage zur Meditation *Aktivierung der Energiezentren* wurde. Hier durfte ich nun die Teilnehmer über eine Lichttreppe, bestehend aus den Chakrenfarben, in die Meditation führen. Ohne Ausnahme gaben alle Teilnehmer die Rückmeldung, dass sie noch nie in so einem tiefen Entspannungszustand gewesen waren. In diesem Zustand sind alle Sinne viel feiner und aufnahmefähiger.

Die Begeisterung der Erwachsenen und meine eigene Liebe zu den Engeln bestätigten mich in dem Gedanken, das Buch nicht nur für Kinder zu schreiben, sondern auch den Erwachsenen zugänglich zu machen. Wir alle müssen uns ab und zu auf das Wesentliche besinnen, und dabei können die Meditationen sehr hilfreich sein.

Je mehr ich mich mit den Themen Meditation, Engel, der Mensch aus ganzheitlicher Sicht, Werte, Tugenden und Emotionen auseinandersetzte, desto mehr verband ich Elemente aus den westlichen und den östlichen Traditionen mit der Naturheilkunde, um ein möglichst weites Wirkungsspektrum zu erreichen.

Aber wie gestalte ich ein Buch, das sowohl für Kinder als auch für Erwachsene geeignet ist? Sind die geschriebenen Meditationen und behandelten Themen nicht zu kompliziert? Ab welchem Alter können Kinder damit umgehen? Meine erste und sicherlich nicht gänzlich falsche Antwort war: »Wir müssen unseren Kindern auch etwas zutrauen! Und wenn sie bestimmte Dinge nicht verstehen, dann sind wir gefordert, ihnen die Themen kindgerecht zu erklären.«

Es stimmt, wir müssen unseren Kindern etwas zutrauen! Sie sind oftmals intelligenter und emotional weiter entwickelt, als uns bewusst ist. Zuallererst aber sollen die Meditationen entspannen, Freude bringen, auf Entdeckungsreisen einladen und allen Teilnehmern die Welt der Engel zugänglich machen.

Ich möchte Kinder und Erwachsene mit meinen Engelmeditationen auf spannende Entdeckungsreisen an die Grenzen zwischen Fantasie und Realität mitnehmen, z. B. um herauszufinden, ob es den Weißstreifen-Kofferfisch und die Feenbarsche (aus der Meditation »Engel der Meere«) wirklich gibt.

Der Spaß an den Entdeckungsreisen soll zu mehr Miteinander für Jung und Alt – insbesondere in der Familie und im Freundeskreis – führen sowie Erwachsenen und Kindern das Leben mit der eigenen Fantasie erleichtern.

Bevor wir zu den eigentlichen Meditationen kommen,

möchte ich Sie auf eine kleine Einführungsreise mitnehmen, um Ihnen zu erläutern, warum ich verschiedene Elemente für meine Engelmeditationen benutzt habe.

Was ist ein Engel?

Ein Engel ist ein rein geistiges Wesen, reiner Geist, der von Gott geschaffen wurde. Engel sind die ewigen Anbeter der heiligen Dreifaltigkeit. Sie sind die Boten zwischen Gott und den Menschen. Sie sind die Beschützer der gesamten Menschheit.

Es ist so viel Unterschiedliches über Engel aus den verschiedensten Blickwinkeln geschrieben worden, dass ich mich hier auf ein Minimum begrenze. Ich möchte Sie nur bitten, Ihre eigenen Erfahrungen zu machen und nicht alles als gegeben hinzunehmen, was auf Papier gedruckt ist.

Für mich persönlich sind die alten Schriften die ergiebigeren Informationsquellen, da hier ein sehr alter Erfahrungsschatz weitergegeben wird. Dieses sehr alte Wissen sowie die eigene Intuition und die eigenen Erfahrungen öffnen das Herz und die eigene Sicht auf die Größe und die Liebe Gottes. Ein Bild dieser unendlichen Liebe sind all die Engel, die uns umgeben.

Was bedeutet für mich mein Schutzengel?

Mein Schutzengel ist mein bester Freund, dem ich alles erzählen kann! Finde ich einmal nicht die richtigen Worte, so weiß ich doch ganz genau, dass er fühlt, was mich bewegt, und manchmal spüre ich, wie die Schwingen der Liebe mich umfangen, um mich zu trösten. Er lacht mit mir, er weint mit mir, es gibt nichts, was ihm fremd ist, und er greift immer dann ein, wenn Gott ihm ein Zeichen gibt. Er achtet meinen mir von Gott geschenkten freien Willen und steht mir bei jedem Lebensabenteuer zur Seite. Er ist der Ausdruck der unendlichen Liebe Gottes, die er für mich und für alle seine Kinder empfindet!

Wir alle haben einen Schutzengel, der etwas aus der Welt Gottes in unsere Wirklichkeit bringt: die Liebe, die uns verändern kann.   ABT ODILO LECHNER

Warum spreche ich in diesem Buch die Chakren an?

Nachdem ich für mich den Entschluss gefasst hatte, mich mit der Naturheilkunde und vielen spirituellen Themen zu befassen und diese zu erlernen, bekam ich sehr schnell Kontakt zu dem Thema »Chakren«. Die Chakren sind mittlerweile ein fester Bestandteil in unseren verschiedensten naturheilkundlichen Therapien, z. B. in der Farbtherapie, bei der Akupunktur, der Bioresonanz, dem Ayurveda usw. Meine anfänglichen Berührungsängste mit dieser aus einer fremden Tradition stammenden Sichtweise machten sehr schnell meiner Neugier Platz. Ich musste ja keinen anderen Glauben annehmen, sondern nur meinen Blick auf den Weg unserer östlichen Brüder und Schwestern richten, die

nach ihren Traditionen und Sichtweisen den Weg zurück-
gehen zu Gott. Dieser Blick hat mich sehr bereichert und
erkennen lassen, dass die unterschiedlichen Wege im Kern
sehr viele Ähnlichkeiten aufweisen.

Das Thema »Chakren« ist sehr komplex. Um Ihnen den
Umgang mit dem Thema zu erleichtern, habe ich hier das
Wesentliche kurz zusammengefasst.

In den östlichen Traditionen haben die Chakren eine
ganz besondere Bedeutung. »Chakra« kommt aus dem
Sanskrit und bedeutet wörtlich übersetzt »Rad«.

Die Chakren sind (unsichtbare) Energiezentren des
menschlichen Körpers, durch die wir ätherische Vitalität
(göttliche Lebensenergie) aus dem Kosmos aufnehmen.
Sie transportieren die Lebensenergie durch alle Energiezentren und verteilen sie im gesamten Körper. In der Regel
geht man von sieben Hauptchakren aus, die mit der Aura
und dem physischen Körper in Verbindung stehen und diesen beeinflussen können. Den Chakren werden bestimmte Farben zugeordnet. Je nach Farbintensität und Reinheit
der Chakrenfarben sind unterschiedliche Charaktereigenschaften, Werte, Tugenden und Gedanken präsent, die zu
diesem Zeitpunkt im Vordergrund stehen und die ihre Wirkung auf den physischen Körper wie auch auf die mensch-
liche Aura haben und die die derzeitige Persönlichkeit des
Menschen spiegeln.

Die Meditation *Aktivierung der Energiezentren* soll dazu beitragen, sich der Chakren und der damit verbundenen eigenen Charaktereigenschaften bewusst zu werden. Die
Chakren-Atmung (das bewusste Einatmen der entsprechen-

17

den Farbenergie und das Ausatmen dieser Energie durch das dazugehörige Chakra) dient der Reinigung der Chakren und ihrer zugehörigen Energiekörper.

Die Aktivierung und Entwicklung der Chakren geschieht auf ganz natürliche Weise auf dem Weg der Selbsterkenntnis und der Persönlichkeitsentwicklung. Es geht darum, langsam und verantwortungsvoll die eigene Persönlichkeit zu entwickeln, unsere Erfahrungen zu sammeln und daran zu wachsen. Dies bedeutet, den eigenen Lebensweg in Liebe und Geduld zu gehen!

In den östlichen Traditionen, in denen die Chakralehre ihre Wurzeln hat, wird diese Lehre dazu genutzt, den höchsten und reinsten Entwicklungsgrad der Vollkommenheit zu erreichen, um letztendlich »Erleuchtung« zu erlangen.

Für mich persönlich ist die Chakren-Atmung eine wundervolle Möglichkeit, nach einem stressigen Tag langsam, gezielt und ohne weiteren Stress in die Entspannung zu gleiten.

Sollten Sie mit dieser Lehre nichts anfangen können, dann betrachten Sie das »Öffnen« und »Schließen« der Chakren einfach als ein Ritual, um dem Unterbewusstsein den Beginn und das Ende einer Meditation zu signalisieren.

Diejenigen unter Ihnen, die sich mit der Lehre von den Chakren anfreunden können, möchte ich darauf aufmerksam machen, dass bei jeder geführten Meditation die Chakren angesprochen werden. Dies geschieht oft unbewusst. Ein Beispiel: »Stell dir vor, · du stehst auf einer grünen Wiese (Herzchakra), · die Sonne strahlt goldgelb (Solarplexuschakra) · am blauen Himmel (Kehlchakra) …« Wenn wir davon ausgehen, dass die Chakren geöffnet sind, dann müssen sie auch wieder geschlossen werden.

Führe ich die Teilnehmer nicht richtig aus der Meditation heraus, dann können Nebenwirkungen wie Schläfrigkeit, Unruhe, Langeweile, Unlust, Aggressivität usw. auftreten. Also das genaue Gegenteil von dem, was ich eigentlich erreichen wollte. Wenn Sie regelmäßig mit den Chakren arbeiten, dann stellt sich Ihr Unterbewusstsein auf dieses Ritual ein und Sie können im Notfall auch einmal ganz schnell die Meditation abbrechen. (Kerzen auspusten! Siehe *Problemsituationen in der Meditation*, S. 43)

Ich habe für den interessierten Leser eine kurze Zusammenfassung über Lage, zugehörige Farben, ergänzende Heilsteine und zugeordnete Körperzonen der sieben Hauptchakren zusammengestellt, damit Sie bei Interesse die Chakren-Atmung ausprobieren können.

Die sieben Hauptchakren

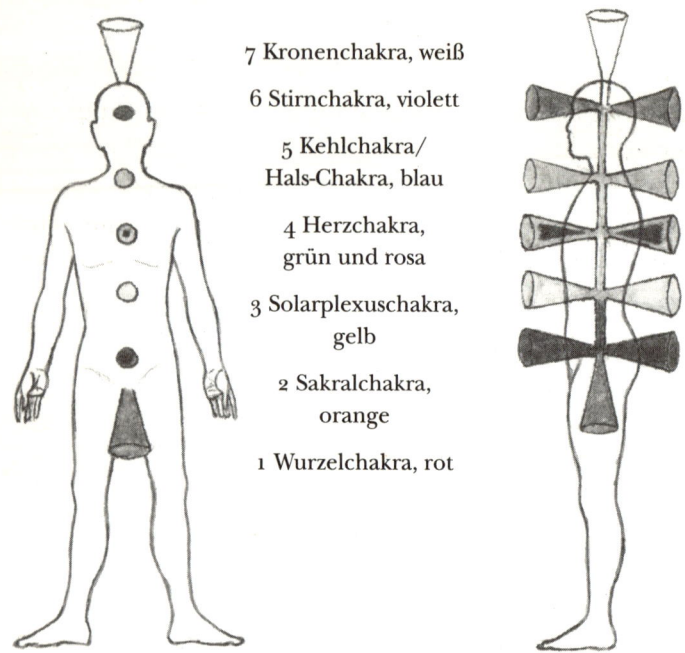

7 Kronenchakra, weiß

6 Stirnchakra, violett

5 Kehlchakra/
Hals-Chakra, blau

4 Herzchakra,
grün und rosa

3 Solarplexuschakra,
gelb

2 Sakralchakra,
orange

1 Wurzelchakra, rot

Wurzelchakra

Die Energie dieses Chakras verbindet dich mit der Erde. Es ist der Sitz der lebensschaffenden und lebenserhaltenden Ur-Energie.

Lage

Das erste Chakra liegt am unteren Ende der Wirbelsäule am Steißbein und öffnet sich nach unten.

Farbe
Rot. Dies ist die Farbe des Mutes, der Kraft und der Erdung.

Edelstein
Roter Jaspis. Der Stein des Mutes, der Willenskraft und der Energie.

Die Energie des Wurzelchakras wirkt auf den gesamten unteren Körper, von den Füßen bis zum Steißbein.

Zugeordnete Körperzonen
Kreuzbein, Steißbein, Nieren, Ischiasnerv.

Zugeordnete endokrine Drüsen
Nebennieren.

Sakralchakra
Das Sakralchakra ist der Sitz der Urinstinkte.

Lage
Das zweite Chakra liegt ungefähr eine Handbreit unter dem Bauchnabel. Es öffnet sich nach vorne und nach hinten.

Farbe
Orange. Dies ist die Farbe der Leidenschaft, der Lust, der Heiterkeit und der Kreativität.

Edelstein
Orangefarbener Karneol.   Dies ist der Stein der Tatkraft, der Standfestigkeit und der guten Laune.

Zugeordnete Körperzonen
Fortpflanzungsorgane, Blase.

Zugeordnete endokrine Drüsen
Keimdrüsen.

Solarplexus-Chakra
Das Solarplexus-Chakra ist der Sitz, die Urform der Gefühle. Der Gefühle von »Gut und Böse«, von »Richtig und Falsch«.

Lage
Das dritte Chakra liegt ungefähr zwei Fingerbreit oberhalb des Bauchnabels. Es öffnet sich nach vorne und nach hinten.

Farbe
Goldgelb.   Dies ist die Farbe des Vertrauens, des Selbstvertrauens, der Lebensfreude, der Fröhlichkeit und des erworbenen Wissens.

Edelstein
Bernstein.   Dies ist der Stein des Vertrauens und der Fröhlichkeit. Er stärkt den Glauben an sich selbst.

Zugeordnete Körperzonen
Magen, Leber, Gallenblase, Zwölffingerdarm, Nervensystem, untere und mittlere Brustwirbelsäule.

Zugeordnete endokrine Drüsen
Bauchspeicheldrüse.

Herzchakra
Im Herzchakra brennt die »ewige Flamme der Liebe«.

Lage
Das vierte Chakra liegt in der Mitte der Brust, in Höhe des physischen Herzens. Es öffnet sich nach vorne und nach hinten.

Farben
Grün.   Dies ist die Farbe der Heilung, des inneren Gleichgewichts, der Harmonie und des spirituellen Wachstums.
Pink (Rosa).   Je nachdem, wie weit das Herzchakra entwickelt ist, kann man in dem Grün auch ein pinkfarbenes Licht erkennen. Dies ist die Farbe der menschlichen Liebe. Dieser Entwicklungsschritt beinhaltet die Fähigkeit, Liebe zuzulassen, Liebe zu empfangen und Liebe zu verschenken.
Gold.   Wenn das Herzchakra sehr weit entwickelt ist, kann man in dem pinkfarbenen Licht zusätzlich ein goldenes Licht erkennen. Dies ist die Farbe der göttlichen Liebe, die in den Herzen aller Menschen wohnt und darauf wartet, entdeckt, entwickelt und gelebt zu werden.

Edelsteine

Peridot.   Der Peridot löst Wut, Ärger und Schuldgefühle auf, die in unseren Herzen festsitzen. Er schafft Platz für die Liebe!

Rosenquarz.   Der Rosenquarz steht für die Urkraft der Liebe und die Urkraft der Versöhnung. Er steigert das Einfühlungsvermögen, bringt Aufgeschlossenheit, Hilfsbereitschaft und Liebesfähigkeit.

Zugeordnete Körperzonen

Herz, Blut, Kreislauf, Lungen, obere Brustwirbelsäule, Schultern, Arme und Hände.

Zugeordnete endokrine Drüse

Thymusdrüse.

Kehlchakra/Hals-Chakra

»Gehe sorgfältig mit Deinen Worten um, denn Worte können die Welt verändern.«

Lage

Das fünfte Chakra liegt am Halsansatz. Es öffnet sich nach vorne und nach hinten.

Farbe

Hellblau. Dies ist die Farbe der Kommunikation.

Edelstein
Blauer Chalcedon.   Der hellblaue Chalcedon stärkt die Redekunst. Er hilft hinzuhören, zu verstehen und sich mitzuteilen.

Zugeordnete Körperzonen
Bronchien, Stimmbänder, Speiseröhre, Hals-, Nasen- und
Rachenraum, Zähne, Ohren, Nacken, Halswirbelsäule,
Schultern, Arme und Hände.

Zugeordnete endokrine Drüsen
Schilddrüse, Nebenschilddrüsen.

Im Kehlchakra sitzt die Fähigkeit, Gedanken, Erkenntnisse und Gefühle in Worten auszudrücken, und wenn es notwendig ist, im rechten Moment zu schweigen. Das gespro-
chene Wort kann aufbauen oder zerstören, es kann heilen
oder vernichten!

Stirnchakra/Drittes Auge
*Im Stirnchakra sitzt die Fähigkeit zu visualisieren, mit dem Intel-
lekt zu begreifen und sich ein eigenes Urteil zu bilden.*

Lage
Das sechste Chakra befindet sich oberhalb der Nasenwur-
zel zwischen den Augenbrauen. Es öffnet sich nach vorne
und nach hinten.

Farbe

Je nach Entwicklungsstand finden wir hier unterschiedliche Farbenergien. Von Violett bis Königsblau sind alle Farbschattierungen möglich.

Violett.   Dies ist die Farbe der Spiritualität, des Glaubens und des inneren Friedens.

Königsblau.   Die Farbe der inneren Ruhe, des Schutzes und der Intuition.

Edelsteine

Heller Amethyst.   Der hellviolette Amethyst ist der Stein der Spiritualität, des inneren Friedens und der Meditation. Er stärkt die Intuition, fördert die bewusste Wahrnehmung und hilft bei der Verarbeitung von Erfahrungen.

Dunkler Amethyst.   Der dunkelviolette Amethyst ist der Stein des inneren Friedens und der Gerechtigkeit. Er hilft bei der Überwindung von Trauer und Verlusten.

Lapislazuli.   Er fördert die Eigenverantwortung für unser Handeln, die Aufrichtigkeit und hilft uns dabei, die Wahrheit zu entdecken (zu sehen!).

Zugeordnete Körperzonen
Augen, Nase, Ohren, Nervensystem, Kleinhirn, Hirnstamm, erster und zweiter Halswirbel.

Zugeordnete endokrine Drüse
Hypophyse.

Kronenchakra / Scheitelchakra

Über das Kronenchakra sind wir mit unserer Seele und mit der göttlichen Quelle allen Lebens verbunden.

Lage

Das siebte Chakra liegt in der Mitte des Schädeldaches und öffnet sich nach oben in die Richtung des Himmels.

Farbe

Weiß. Dies ist die Farbe der Reinheit, der allumfassenden Ruhe, der allumfassenden Sicherheit und des allumfassenden Friedens.

Edelstein

Weißer Achat. Man nennt diesen Stein auch den »Friedensachat«. Dies ist der Stein der Ruhe, des Friedens und der Sicherheit. Er fördert Toleranz und Nachsicht.

Zugeordnete Körperzone

Großhirn.

Zugeordnete endokrine Drüse

Epiphyse.

Warum setze ich Farben in der Meditation ein?

Nachdem ich einmal angefangen hatte, Seminare und Workshops zu besuchen sowie diverse Ausbildungen zu machen, war ich kaum noch zu bremsen. Meine Familie und Freunde waren der Meinung, ich würde mir zu viel zumuten. Das mag aus ihren Blickwinkeln richtig sein, aber ich bin eine wissbegierige Sammlerin und muss vieles hören, lesen und erleben. Wenn ich das Gefühl habe, mein Korb ist voll, dann ziehe ich mich ein paar Tage zurück, um meinen Korb zu leeren, d. h. alles Gehörte, Gesehene, Gelernte und Erlebte zu sortieren und für mich stimmig zu ordnen.

Das Thema *Farben* fasziniert mich besonders. Gott sei Dank besteht unser ganzes Leben, unsere ganze Welt aus vielen Farben, die man auch noch unterschiedlich miteinander kombinieren und mischen kann. Gäbe es nur Schwarz und Weiß, dann wäre unser Leben sehr trist und traurig.

Für mich war spannend zu erfahren, dass es bereits im alten Ägypten, in China und in Griechenland licht- und farbdurchflutete Heiltempel gab. Die Kranken wurden auf farbige Teppiche gesetzt oder gelegt und die Krankenzimmer mit farbigen Schleiern und Tüchern verhängt. Je nach Krankheitsbild wurden sie direkt mit farbigem Licht bestrahlt oder in farbige Kleidung gewandet. All das finden wir heute in der modernen und alternativen Medizin wieder. Denken Sie doch einmal an das grüngekleidete Operationsteam. Der Farbe Grün werden u. a. beruhigende und harmonisierende Eigenschaften zugeordnet.

Sehr interessant ist für mich die Farbtherapie, die eine Fachrichtung der Alternativmedizin darstellt. Einen besonderen Schwerpunkt in der Anwendung hat die Farbtherapie in der Mal- bzw. Kunsttherapie, in der mit der Wirkung der Farben auf den Patienten gearbeitet wird.

Eine andere alternative Therapie ist die Lichttherapie, in der mit farbigen Lampen (oder Farbfolien, die vor eine Lichtquelle gespannt werden) Einfluss auf die körperlichen, seelischen und geistigen Vorgänge genommen wird. So sollen u. a. die Selbstheilungskräfte des Körpers aktiviert werden. Die entsprechenden Farbenergien sollen entspannend auf die Seele und harmonisierend auf den Geist wirken.

Japanische Forscher haben entdeckt, dass Licht die Ausschüttung von Hormonen aus den Nebennieren anregt, die den Stoffwechsel und die Reaktion des Körpers auf Stress regulieren. Somit wurde eine wissenschaftliche Erklärung für die positive Wirkung der Lichttherapie auf die Gesundheit des Menschen gefunden.

Um den Rahmen dieses Buches nicht zu sprengen, muss ich mich nun etwas bremsen. Das Thema Farben, ihre Bedeutung und ihre therapeutischen Anwendungsmöglichkeiten sind sehr umfangreich und finden hier nicht den notwendigen Raum. Für den interessierten Leser habe ich im Anhang des Buches eine kurze Zusammenfassung über die Eigenschaften und Wirkungsweisen der verschiedenen Farben zur Verfügung gestellt.

Heilsteine, die wundervollen mineralischen Meditationsbegleiter

Eines meiner Lieblingsthemen sind *Heilsteine*. Am meisten fasziniert mich dabei Hildegard von Bingen, die ihre Informationen über die Anwendung und Wirkungsweisen der Edelsteine durch visionäres Schauen erhielt.

Es gibt Berichte über die Verwendung von Edelsteinen zu Heilzwecken in Form von Pulvern, Salben und Tinkturen aus fast allen antiken Kulturen. Erste Erwähnung fand die Edelsteintherapie im alten Babylonien. In der Lehre des altindischen Ayurveda finden sich genaue Anleitungen für die Zubereitung von Edelsteinmedikamenten.

Schon Dioscurides, ein bekannter römischer Arzt aus dem ersten Jahrhundert nach Christus, Marbod, der Bischof von Rennes (1035–1123) sowie Hildegard von Bingen, Äbtissin eines Klosters bei Bingen am Rhein (1098–1179), beschäftigten sich sehr eingehend mit der Zubereitung, Anwendung und den Wirkungsweisen der Edelsteine, welche in zahlreichen Schriften beschrieben wurden.

Obwohl bis heute nicht wissenschaftlich bewiesen, wird den verschiedenen Edelsteinen eine Wirkung auf Körper, Emotionen, Seele und Geist zugeordnet. Edelsteine haben eine hohe Schwingungsenergie, die durch das Tragen der Steine am Körper (lose in der Hosentasche, an einer Kette oder einem Armband) und indem wir sie auf den Körper legen (z. B. auf die Chakren oder erkrankte Körperstellen) ihre Wirkung auf den menschlichen Organismus entfalten und so die Selbstheilungskräfte anregen.

Einige Therapeuten warnen vor zu langer Anwendung und raten vom Tragen eines Steines bei Nacht oder der Positionierung eines Edelsteins unter dem Kopfkissen ab. Hier besteht die Möglichkeit einer Überstimulation des Körpers mit unangenehmen Begleiterscheinungen wie unruhigem Schlaf.

Ich empfinde das Betrachten und das Berühren der Edelsteine schon als sehr entspannend. Sucht man sich einen Stein intuitiv aus und beschäftigt man sich im Anschluss daran mit der ihm nachgesagten Wirkung, wird durch die Auseinandersetzung mit der Thematik die Selbstheilung aktiviert, die durch die Energie der Steine verstärkt wird.

Für die geführten Meditationen habe ich die Edelsteine herausgesucht, die aus meiner Erfahrung heraus zu den angesprochenen Themen passen und die Chakren und Farben am sinnvollsten und am harmonischsten unterstützen. Selbstverständlich gibt es auch andere Edelsteine, die eine wundervolle Wirkung auf die Chakren und den Menschen haben, sie alle aufzuzählen würde ein eigenes Buch füllen. Es gibt hervorragende Literatur zu diesem Thema.

Die Chakren und die ihnen zugeordneten Edelsteine

Wurzelchakra

Roter Jaspis.   Der Stein des Mutes, der Willenskraft und der Energie.

Sakralchakra

Orangefarbener Karneol.   Dies ist der Stein der Tatkraft, der Standfestigkeit und der guten Laune.

Solarplexus-Chakra

Bernstein.   Dies ist der Stein des Vertrauens und der Fröhlichkeit. Er stärkt den Glauben an sich selbst.

Herzchakra

Peridot.   Der Peridot löst Wut, Ärger und Schuldgefühle auf, die in unseren Herzen festsitzen. Er schafft Platz für die Liebe.

Rosenquarz.   Der Rosenquarz steht für die Urkraft der Liebe und die Urkraft der Versöhnung. Er steigert das Einfühlungsvermögen, bringt Aufgeschlossenheit, Hilfsbereitschaft und Liebesfähigkeit.

Hals-Chakra

Blauer Chalcedon.   Der blaue Chalcedon stärkt die Redekunst. Er hilft hinzuhören, zu verstehen und sich mitzuteilen.

Stirnchakra

Heller Amethyst.   Der hellviolette Amethyst ist der Stein der Spiritualität, der Klärung und der Meditation. Er stärkt die Intuition, fördert die bewusste Wahrnehmung, hilft bei der Verarbeitung von Erfahrungen und bringt klare positive Träume.

Dunkler Amethyst.   Der dunkelviolette Amethyst ist der Stein des inneren Friedens und der Gerechtigkeit. Er hilft bei der Überwindung von Trauer und Verlusten.

Lapislazuli.   Der goldgesprenkelte blaue Lapislazuli fördert die Eigenverantwortung für unser Handeln. Er fördert die Aufrichtigkeit und hilft uns dabei, die Wahrheit zu entdecken (zu sehen!).

Kronenchakra
Weißer Achat.   Man nennt diesen Stein auch »Friedensachat«. Er ist der Stein der Ruhe, des Friedens und der Sicherheit. Dieser Stein fördert Toleranz und Nachsicht.

Musik und Klang

Bestimmte Musikstücke berühren jeden von uns zutiefst in der Seele, und vielleicht huscht auch schon einmal ein Tränchen über unser Gesicht. Bei mir lösen u. a. das »Ave Maria« oder auch das »Amazing Grace« in meiner Seele ein Echo aus. Dabei geht es nicht um den Text, sondern um einen bestimmten Klang/eine Stimmfarbe oder einen entsprechenden Ton. Anfangs war mir das ziemlich peinlich, doch wenn man sich mit dieser Thematik beschäftigt, wird einem so manches klarer.

Das Wissen, dass Klänge und Musik eine heilende Wirkung auf den Körper, die Seele und den Geist ausüben, ist so alt wie die Menschheit. Klänge, Rhythmen und Gesänge wurden meist von Schamanen in religiösen Heilungszeremonien eingesetzt. Monotone, sich stets wiederholende Rhythmen durch Trommeln und Gesang (z. B. Kehlgesang) versetzten die Teilnehmer in Trance, um mit der geistigen Welt Verbindung aufzunehmen. Mit diesen Ritualen erhofften sie die Ursachen für die Krankheit zu erfahren, die Geister zu besänftigen, Gefahren abzuwenden und letztlich Heilung zu erlangen.

Musik wird oft als Sprache der Gefühle bezeichnet. Sie stellt ein Medium dar, den eigenen Wahrnehmungen Ausdruck zu verleihen und uns einen Weg zu unseren tiefer liegenden Emotionen zu weisen. So können wir Erinnerungen beleben, uns scheinbar vergessene Erinnerungen ins Gedächtnis holen oder einfach nur entspannen und träumen.

Das Hören ist die zweitwichtigste Sinneswahrnehmung des Menschen. Bereits im Mutterleib registriert der Embryo Geräusche und lernt, die Stimme seiner Mutter von der der anderen Personen zu unterscheiden. Er lernt, das Gehörte in unangenehme oder angenehme Gefühle, in gefährliche sowie ungefährliche Geräusche einzuordnen. Dieses erlernte Wissen warnt später das Kind und den Erwachsenen frühzeitig vor herannahenden Gefahren und sichert so das Überleben. Die aufgenommenen akustischen Reize werden an das Gehirn weitergeleitet, dort gefiltert in harmlose und gefährliche Reize, sodass kein Dauerstress entsteht und wir ruhige, entspannte Tage verbringen können und nur im Notfall am Tage oder in unserer Nachtruhe gestört werden. Deshalb reagieren Ungeborene bereits im Mutterleib unterschiedlich auf Musik. Bestimmte Musikstücke wirken beruhigend, während andere das Strampeln an Mutters Bauchdecke auslösen.

In der Meditation lädt uns eine sanfte leise Hintergrundmusik ein, den Alltag loszulassen und zu entspannen. Es gibt Menschen, die keine inneren Bilder empfangen und nicht visualisieren können. Diese Menschen sind meist sehr empfänglich für Gefühle und musikalische Schwingungen. Sie lassen sich auf den Wellen der Musik in eine tiefe Entspannung tragen und erleben so die Meditation auf ihre ganz spezielle Weise.

Ich setze immer sanfte Hintergrundmusik ein, weil sie eine angenehme Atmosphäre schafft und eine weitere Möglichkeit bietet, in einen tiefen Entspannungszustand zu gelangen. Es gibt wunderschöne Meditationsmusik, die als Hintergrund gut einsetzbar ist. Achten Sie bitte darauf, dass nicht zu viel Bewegung in dem Musikstück ist, dass es seinen Charakter nicht zu abrupt ändert, dass nicht zu viele Beats vorkommen und es am besten auch nicht von Gesang begleitet wird, denn Sie möchten ja eine entspannende Stimmung schaffen und einen Meditationstext vorlesen. Stellen Sie sicher, dass die Hintergrundmusik nicht unterbrochen wird. Jede Unterbrechung und jeder abrupte Wechsel des Klangcharakters kann die Teilnehmer unsanft aus ihrer Meditation reißen. Da klassische Musik oft sehr schnell und abrupt ihren Charakter verändert, erscheint sie mir ungeeignet. Testen Sie einmal selbst, mit welcher Musik Sie am besten entspannen und dennoch eine Innenreise machen können.

Nun nähern wir uns dem eigentlichen Thema!

Die Meditation

Es gibt in der heutigen Zeit viele Meditationsformen und -techniken: die der ursprünglichen Religionen und solche, bei denen verschiedenste Techniken aus allen Kulturen miteinander kombiniert werden. Das Thema ist sehr umfangreich und kann hier nicht umfassend beschrieben werden. Ich fasse hier nur das Notwendigste zusammen, um dem unerfahrenen Leser einen kleinen Einblick zu ermöglichen.

Meditation (lat. meditatio: »das Nachdenken über« oder lat. medius: »die Mitte«) hat in unterschiedlichen Formen ihre Wurzeln in allen Religionen. Die Schamanen, Medizinmänner, Priester und Priesterinnen in den alten Kulturen benutzten meditative Praktiken, um veränderte Bewusstseinszustände zu erreichen, die als Trance bezeichnet werden. Durch monotone, sich stets wiederholende Rhythmen wie Trommeln, Gesang (z. B. Kehlgesang oder Tieftongesang), gleichartige Tanzschritte und manchmal durch die Einnahme von Halluzinogenen erreichten sie den erwünschten Zustand. So in Trance versetzt, verließen sie ihren Körper und reisten in die »Welt der Geister«. Von dort brachten sie heilige Weisheiten, heilende Fähigkeiten, magische Kräfte und Zukunftsvisionen mit zurück.

Die stille (passive, kontemplative) Meditation

- Bei der Stille- oder Ruhemeditation wird versucht, die Wahrnehmung von äußeren Reizen und jegliche gedankliche Aktivität auf ein Minimum zu reduzieren. Ziel ist das

Erreichen von Stille oder innerer Leere, verbunden mit dem Gefühl des »Eins-Sein« mit allem, was ist. Die Stillemeditation hat ihre Wurzeln in den östlichen Traditionen.

- Das kontemplative Gebet ist eine Form des Gebetes, bei der der Betende im Schweigen und in Liebe zu Gott schaut. Die heilige Theresa von Ávila beschreibt das kontemplative Gebet als einen freundschaftlichen Umgang, »bei dem wir oftmals ganz allein mit dem reden, von dem wir wissen, dass er uns liebt«. Kontemplation (»beschauliche Betrachtung«) ist auch als mystischer Weg der westlichen Tradition bekannt. Auch der »Rosenkranz« zählt zu den kontemplativen Gebeten. Der katholische Rosenkranz ist eine betende Betrachtung des Lebens Jesu Christi mit Maria als Wegbegleiterin.

- In der Einsichtsmeditation wird der Geist auf ein Objekt gerichtet, um über es Erkenntnisse zu erlangen.

Die aktive Meditation

- Geh-Meditation bedeutet das Gehen in Achtsamkeit und Bewusstheit. Diese Meditationsform gibt es in den östlichen Traditionen (z. B. Kinhin), ebenso in den westlichen Traditionen verschiedener Mönchsorden. Eine zurzeit sehr moderne Form der Geh-Meditation ist das Gehen des »Jakobsweges« in Spanien. Auf dieser Reise haben viele Pilger spirituelle Erlebnisse, die ihr Leben bereichern und ihre Persönlichkeit nachhaltig verändern.

- Zu der Tanz-Meditation zählen der Derwisch-Tanz und Dhikr im Sufismus der islamischen Tradition ebenso wie der Trancetanz der Naturvölker.

- In der indischen Yogatradition wird die Meditation durch verschiedene Körperhaltungen und Übungen unterstützt.
- Qigong ist eine chinesische Bewegungs-, Konzentrations- und Meditationsform, um Körper, Geist und Seele in harmonischen Einklang zu bringen bzw. den harmonischen Fluss zu erhalten.

Mantra-Meditation

Mantra bezeichnet eine meist kurze formelhafte Wortfolge, die monoton wiederholt und rezitiert wird. Dies kann sprechend, singend oder nur in Gedanken geschehen. In einigen Kulturen wird diese Form des meditativen Gebetes an Zählketten verrichtet.

- Das Jesusgebet ist ein besonders in der orthodoxen Kirche weitverbreitetes Gebet, in dem ununterbrochen Jesus Christus angerufen wird. Als Konzentrationshilfe wird eine Gebetskette benutzt, die üblicherweise aus 100 Knoten besteht (es gibt sie auch mit 30, 33, 50 und über 100 Knoten). Die geschlossene Gebetsschnur steht symbolisch für das nie endende monastische Gebet.
- Die islamische Gebetskette Tasbih gibt es in verschiedenen Formen mit 11, 33, 99 oder 1000 Perlen. Beim Gebet werden die 99 Namen Allahs rezitiert.
- Im Buddhismus sind Mantren heilige, energetisch geladene Wörter oder Silben, die den Geist vor Störungen schützen. Die buddhistische Gebetskette Mala besteht in der Regel aus 108 Perlen, die für die 108 Bände der gesammelten Lehre Buddhas stehen.

- Im Hinduismus stehen die 108 Perlen der Mala für die 108 Namen oder Attribute der angebeteten Gottheit. Das Rezitieren der Mantren dient dem Freisetzen mentaler Energien.

Geführte Meditation

Bereits in den Mysterienkulten der Antike führten Hierophanten (die »Offenbarer der Geheimnisse«, die an der Spitze der Priester im Tempel der Demeter in Eleusis standen) die einzuweihenden Schüler in geführten Reisen in die eigene Innenwelt und bereiteten so die notwendigen Entwicklungsschritte in ihrer Seelenlandschaft vor.

Geführte Meditationen dienen der Entspannung und können therapeutisch zum Aufdecken verdrängter Prozesse und Emotionen oder zum besseren Verstehen von Krankheitssymptomen genutzt werden.

Fantasiereisen gehören zu den geführten Meditationen. Es handelt sich hierbei um ein imaginatives Entspannungsverfahren für Kinder, Jugendliche und Erwachsene. Die Reisen nach innen vermitteln positive Gedanken und Gefühle. Außerdem fördern sie die Fantasie, die Kreativität und helfen uns dabei, Stress abzubauen und das innere Gleichgewicht wiederherzustellen.

Warum überhaupt meditieren?

Nicht nur wir Erwachsenen, auch viele unserer Kinder leiden heutzutage unter psychosomatischen Beschwerden wie Migräne, Konzentrationsstörungen, Schlafstörungen, innere Unruhe usw. Wir alle sind einer enormen Reizüberflutung ausgesetzt, der wir uns nicht immer entziehen können. Oft nehmen wir uns nicht die Zeit, uns zurückzuziehen, um uns auszuruhen oder einfach Dinge zu unternehmen, die uns Spaß machen. In unserer leistungsorientierten materialistischen Gesellschaft sind auch unsere Kinder einem enormen Erfolgsdruck ausgesetzt. Da bleibt für die so wichtigen Erholungsphasen durch Ruhe, Spaß und Spiel keine Zeit mehr und die kleinen Körper beginnen zu rebellieren, um uns darauf aufmerksam zu machen, dass etwas ganz und gar nicht mehr stimmig ist! Die Bilder in den Medien tragen ihr Übriges dazu bei, dass unsere Kinder und auch wir Erwachsenen in zusätzliche Stresssituationen geraten. Damit nicht genug, erwarten wir von unseren Kindern auch noch, dass sie hochbezahlte Berufe ergreifen, die meist ein Studium voraussetzen, obwohl sie vielleicht viel lieber ein Handwerk erlernen würden. Bei so viel Erfolgsdruck werden die eigenen Gefühle, Wünsche, Sehnsüchte und Träume unterdrückt, die uns aber, wenn wir sie leben dürften, zu einem glücklicheren und ausgeglicheneren Menschen machen würden. Stattdessen leiden unser Körper und unsere Seele!

In dieser stressigen Situation ist es für viele Meditationsanfänger sehr schwierig, mit einer Stille- oder einer Ruhemeditation zu beginnen. Ich glaube, dass dies ebenfalls ein Grund dafür ist, warum sich viele Menschen um ein kontemplatives Gebet herumdrücken. Einfacher ist es für die meisten Interessierten, sich einer Gruppe Gleichgesinnter anzuschließen, um in vertrautem Kreis eine geführte Meditation oder Fantasiereise zu erleben.

Mit meinen geführten Engelmeditationen möchte ich dazu beitragen, den Blick wieder auf das Wesentliche zu lenken. Darauf, ehrlicher mit sich und seinen Gefühlen umzugehen, ein positiveres Selbstbild zu entwickeln und seine Träume so weit wie möglich in das Leben zu integrieren. Sie sollen entspannen und zu mehr Miteinander für Jung und Alt, insbesondere in der Familie und im Freundeskreis führen. Diskutieren Sie über das Erlebte, über Werte und Tugenden, malen Sie Bilder über Ihre Gefühle oder setzen Sie sich mit Ihren Kindern vor eine Enzyklopädie, surfen Sie im Internet und schauen nach, ob es grüne Schmetterlinge wirklich gibt. Ihrer Fantasie, mit den Engeln auf Entdeckungsreise zu gehen, sind keine Grenzen gesetzt.

Was können Meditationen bewirken?

- In erster Linie sollen sie entspannen und helfen Stress abzubauen.
- Sie sollen helfen, die eigenen Gefühle und somit die eigene Persönlichkeit zu entdecken.
- Sie können dazu beitragen, die eigenen Gefühle als etwas zu mir Gehörendes anzunehmen, als etwas anzuerkennen, was mich zu dem Menschen formt, der ich bin und/oder der ich sein möchte.
- Mithilfe von Meditationen können sich Gefühle klären, indem ich sie entdecke, annehme und zum Ausdruck bringe.
- Indem sie ihre Gefühle entdecken und ausdrücken, akzeptieren die Meditierenden auch ihre versteckten Gefühle und können sich zu einem späteren Zeitpunkt von ihnen verabschieden. Heilung wird möglich.

- Regelmäßige Meditationspraktiken fördern die Eigenwahrnehmung.
- Geführte Meditationen und Fantasiereisen fördern die Kreativität und die Fantasie.

Noch ein paar Worte zum Thema Gefühle

Es liegt mir sehr am Herzen, den Versuch zu unternehmen, Ihnen, meine lieben Leserinnen und Leser, klarzumachen, dass alle Emotionen ihre Berechtigung haben. Sie sind ein Ausdruck dessen, was sich in unserem Inneren abspielt. Dazu gehören auch Tränen. Ich weiß aus eigener Erfahrung, wie schmerzhaft es sein kann, wenn sich die über Jahrzehnte unterdrückten Tränen den Weg nach außen bahnen. Tränen sind eine Form der inneren Reinigung! Sie können ein Zeichen des Leidens oder auch der Freude sein.

Beides sind sehr tief greifende Gefühle und haben ihre Wurzeln in unseren Herzen. Diese Gefühle zu unterdrücken käme dem Versuch gleich, sein Herz zu versteinern! Egal ob es Freudentränen, Tränen der Überforderung oder Tränen des Leidens oder des Schmerzes sind, sie sind ein sicheres Zeichen unserer Seele, dass wir durch eine wichtige Erfahrung gehen.

Tränen sind ein Zeichen der Erlösung aus unterdrückten Gefühlen. Wenn die Tränen unterdrückt werden, führt das zu innerer und äußerer Erstarrung, zur Verhärtung der eigenen Gefühle. Das kann sich im schlimmsten Fall in psychischer oder körperlicher Erkrankung äußern!

Natürlich ist es ebenso wichtig, sich nicht in Gefühlen wie

Trauer, Leid und Schmerz zu verlieren, ansonsten könnten wir keinen Schritt nach vorne, in die Besserung gehen, wo wir erkennen, was diese Erfahrung uns gelehrt hat.

Problemsituationen in der Meditation

Schwierige Emotionen

Gerade wir Erwachsenen haben gelernt (teilweise über Jahrzehnte hinweg) unsere Gefühle zu unterdrücken und zu verleugnen. Nun kann es in der Meditation passieren, dass unterdrückte Gefühle, verdrängte Erlebnisse und versteckte Erinnerungen ihren Weg zwecks Heilung aus dem Unterbewusstsein in das Bewusstsein suchen.

So ist es durchaus möglich, dass ein Teilnehmer ein Bild aus seiner Kindheit sieht und sich z. B. an den Tod seines Wellensittichs erinnert. Plötzlich schießen ihm Tränen in die Augen, weil er als Kind nicht geweint hat, schließlich sollte er ja stark sein. Manche Menschen kommen mit solchen Situationen nicht gut zurecht und möchten daher die Meditation lieber mittendrin abbrechen. Kein Problem!

Machen Sie mit Ihren Teilnehmern ein Handzeichen aus, durch das sie Ihnen mitteilen können, dass sie vorzeitig aus der Meditation herausgeführt werden möchten (z. B. durch einfaches Heben der Hand). Wenn Sie zu zweit die Meditation leiten, dann kann Ihr Assistent leise zu dem Meditierenden gehen, um ihn schnell herauszuführen. Sprechen Sie den Herauszuführenden leise mit seinem Namen an, bitten Sie ihn, sich Kerzen in den Farben Weiß, Violett, Hellblau, Grün, Goldgelb, Orange und Rot vorzustellen, die wie auf einer Geburtstagstorte im Kreis stehen und alle auf einmal ausgepustet werden. Geben Sie ihm einen Schluck Wasser zu trinken und lassen Sie ihm Zeit, sich zu sammeln.

Haben Sie keinen Assistenten, dann lesen Sie Ihren anderen Teilnehmern Folgendes vor: »Ich lasse euch nun eine kleine Weile in der Obhut eures Schutzengels.« Dann gehen Sie leise zu dem Herauszuführenden und verfahren weiter wie oben beschrieben, im Anschluss daran widmen Sie sich wieder Ihren Meditierenden und führen sie weiter.

Klären Sie im Vorfeld der Meditation ab, wie Sie die Meditation vorzeitig abbrechen, so wissen Ihre Teilnehmer, woran sie sind, und es kommt keine Unruhe auf, wenn Sie mitten in der Meditation Ihre Teilnehmer kurz alleine lassen müssen!

Ich habe diese Situation bisher noch nie erlebt! Aber im Falle eines Falles ist es besser zu wissen, wie man handeln kann.

Schwebende Teilnehmer

Ich habe auf Seminaren (speziell spirituelle und mediale Seminare) beobachten können, dass es immer wieder Menschen gibt, die die Meditation als Plattform benutzen, um ihrer Fantasterei oder, wie man so schön sagt, um ihrem Ego freien Lauf zu lassen. Sie sitzen dann zuckend und/ oder wackelnd auf ihren Stühlen und vermitteln so den Eindruck, in anderen Sphären zu schweben. Na ja, da spielt ihnen ihr Ego einen ganz besonderen Streich. Es gibt immer ein paar Auserwählte, die besonderer sein wollen als besonders! Hier wäre wohl zu klären, warum jemand diese extreme Form der Aufmerksamkeit sucht. Die englischen Medien, die ich kennenlernen durfte, lehrten mich, dass ich immer die Kontrolle über meinen Körper und meinen Verstand habe und dass es keinen Nutzen hat, diese Kontrolle scheinbar zu verlieren! Warum also zuckend auf dem Stuhl sitzen? Das sieht nur albern aus.

Und wenn man vernünftig darüber nachdenkt, wird man zu dem logischen Schluss kommen, dass diese Art der Meditation weder entspannend ist noch in irgendeiner Weise mein Leben und mein Wissen bereichert. Wäre es Sinn und Zweck unseres Lebens, in höheren Sphären zu schweben, dann wären wir wohl kaum hier auf Erden!

Einschlafen während der Meditation

Einschlafen während der Meditation, ob zu Hause oder in der Meditationsgruppe, ist überhaupt kein Problem! Es ist lediglich ein Zeichen dafür, dass der Schlaf notwendig war und die Person in eine tiefe Entspannung gegangen ist. In so einem Fall lesen Sie die Meditation auf jeden Fall zu Ende vor, um die Chakren zu schließen und dem Unterbewusstsein mitzuteilen, dass die Innenreise beendet ist. In der Meditationsgruppe werden die Teilnehmer meist beim Vorlesen des Ausklangs wieder wach. Sollte das nicht der Fall sein, dann wecken Sie die Meditierenden sanft durch Worte und Berührungen am Arm.

Ist Ihr Kind in seinem Bett eingeschlafen, während Sie die Meditation vorgelesen haben, dann lesen Sie bitte ebenfalls zu Ende vor, um dem Unterbewusstsein das Ende der Reise mitzuteilen, und lassen Sie Ihr Kind im Anschluss ruhig weiterschlafen. Wenn wir uns klarmachen, wie die Kinder beim Märchenvorlesen mitfühlen und in die Geschichten so richtig eintauchen, dann kann man sich gut vorstellen, wie erschöpft ein Kind sein muss, um bei einer geführten Meditation einzuschlafen.

»Ich kann nicht visualisieren«

Es gibt immer wieder Meditationsteilnehmer, die Schwierigkeiten haben, Bilder zu visualisieren, und sich deshalb unter Druck setzen. Das ist absolut unnötig! Manche Menschen sind absolute »Visualisationstypen« und haben schon in ihrer Kindheit gelernt, sich Bilder in ihrem Kopf vorzustellen, während ihnen Geschichten vorgelesen wurden oder sie selber gelesen haben.

Andere Menschen sind eher »Gefühlstypen«, das heißt, sie sind sehr empfänglich für Gefühle jeglicher Art und können vorgelesene Geschichten gut erfühlen, sie sind in der Lage, sich so richtig hineinzufühlen. Gefühle nachempfinden zu können ist etwas ganz Wichtiges!

Dann gibt es noch die Kombination aus beiden Typen, die sich sehr lebhaft und bildhaft in eine Geschichte einfühlen können.

Bitte setzen Sie sich keinem Erfolgsdruck aus! Das ist nicht Sinn und Zweck der Meditation! Oftmals können einige Teilnehmer, wenn sie gelernt haben, sich zu entspannen, doch noch Bilder oder Farben sehen.

Zum Aufbau des Buches

Die Punkte in den Meditationstexten zeigen eine kurze Lesepause an und sollen Ihnen das rhythmische Vortragen des Textes erleichtern sowie den Meditationsteilnehmern die Gelegenheit geben, sich in das Vorgetragene einzufühlen oder zu visualisieren. Ein Punkt signalisiert eine ganz kurze Pause (zählen Sie in Gedanken bis eins, bevor Sie rhythmisch weiterlesen), bei drei Punkten ist die Pause etwas länger (zählen Sie in Gedanken bis drei oder holen Sie einmal leise tief Luft, bevor Sie rhythmisch weiterlesen). Entwickeln Sie Ihren eigenen Rhythmus, indem Sie Ihre Meditationsteilnehmer beobachten und sich in sie hineinfühlen.

Die in den Text eingebauten Leerzeilen sollen dem Vortragenden und den Meditierenden dabei helfen, einen angenehmen Rhythmus zu finden, damit sie sich in das Vorgelesene einfühlen und visualisieren können, z.B. um die Farben auf sich wirken zu lassen. Wenn Sie im Text eine Leerzeile finden, schauen Sie sich Ihre Teilnehmer an und beobachten Sie, ob sich alle einfühlen können. Passen Sie sich so dem Rhythmus der Meditierenden an.

Das Buch ist in drei Teile gegliedert, wobei der erste Teil (Teil I) Meditationen für Kinder ab neun Jahren, für Jugendliche und Erwachsene enthält, die noch nicht viel Erfahrung mit der Meditation haben. (Wenn Sie diese Meditationen mit Teilnehmern durchführen möchten, die schon Erfahrungen mit Meditationen haben, oder mit Meditationskreisen und medialen Meditationszirkeln, dann wenden

Sie zusätzlich die Chakren-Atmung an. In diesem Fall muss den Teilnehmern die Lage der Chakren bekannt sein!)

Der zweite Teil (Teil II) hält Meditationen für Jugendliche ab 16 Jahren sowie Erwachsene mit Meditationserfahrung, Meditationskreise, Therapeuten und mediale Meditationszirkel nach englischem Vorbild bereit. (Möchten Sie diese Meditationen mit Kindern und/oder Erwachsenen mit wenig Meditationserfahrung durchführen, dann lassen Sie die Chakren-Atmung weg und verkürzen den Pausenblock auf zwei bis fünf Minuten.)

Der dritte Teil (Teil III) umfasst die Erzengelmeditationen. Da der Weg in die Entspannung länger dauert und wesentlich tiefer geht, ist zu prüfen, ob die Teilnehmer bereits über so viel Erfahrung verfügen, dass sie hieran Freude haben. Es ist nicht jedermanns/jederfrau Sache, eine Stunde in der Ruhe zu verbringen. Für Kinder ist diese Meditation nicht geeignet! Ich empfehle sie erfahrenen Meditationskreisen, Therapeuten und Meditationszirkeln nach englischem Vorbild.

Wichtig!
Bitte beachten Sie, dass für Teil II und III den Meditationsteilnehmern die Lage der Chakren bekannt sein muss.

Tipp!
Steigen Sie bei jeder neuen Meditationsgruppe mit der einfachen Schutzengelmeditation (aus Teil I) ein. In dieser Meditation werden den Meditierenden ihre Schutzengel zur Seite gestellt, die sie von nun an durch jede

Meditation begleiten. Die nachfolgenden Meditationen können Sie dann intuitiv oder nach aktueller Situation aussuchen.

Für fortgeschrittene Meditationsteilnehmer, die mit Teil II arbeiten, ist nach der Schutzengelmeditation die Meditation *Aktivierung der Energiezentren* (aus Teil II) sinnvoll. Danach können Sie die Meditationen wieder intuitiv oder nach aktueller Situation aussuchen.

Der Vertrautheit wegen sind die Meditationen in Du-Form geschrieben. Sie können aber jederzeit das »Du« durch ein »Sie« ersetzen.

Bitte beachten Sie, dass jedes Kind, dass jeder Mensch in seiner geistigen und emotionalen Entwicklung verschieden ist. Nur Sie können jetzt entscheiden, ob und welche Meditation für die Meditierenden – insbesondere Kinder – hilfreich ist!

Zur Durchführung der Meditationen

Ob zu Hause, in einem Meditationskreis oder in der Praxis, es gibt einige Regeln, die bei der Durchführung sehr wichtig sind!

Als Meditationsleiter sollten Sie folgende Punkte beachten:
- Sehr wichtig ist, dass Sie sich die Meditation vor Beginn wenigstens einmal laut vorlesen. Setzen Sie sich mit dem Thema der Meditation auseinander und überlegen Sie, wie Sie im Anschluss an die Meditation mit dem Thema umgehen möchten. Kinder und Erwachsene malen im

Anschluss an eine Meditation gerne ein Bild von ihren Erlebnissen und Empfindungen. Manche schreiben lieber ein paar Zeilen auf, in jedem Fall sprechen sie in vertrauter Runde gerne über das Erlebte.

- Schaffen Sie eine gemütliche Atmosphäre! Schalten Sie alle störenden Quellen aus, z. B. die Haustürklingel und das Telefon. Wenn vor der Haustüre Bauarbeiten stattfinden oder der Straßenlärm zu groß ist, dann schließen Sie die Fenster. Tragen Sie Sorge, dass Ihre Teilnehmer nicht abrupt aus der Meditation gerissen werden und sich wirklich ohne störende äußere Einflüsse in die Entspannung begeben können.

- Legen Sie Papier und Stifte bereit, sodass alles Erlebte sofort auf Papier gebracht werden kann. Bei Kindern entwickeln sich schon während des Malens wunderschöne Gespräche. Die meisten Erwachsenen bringen ihre Erlebnisse und Empfindungen lieber zuerst in Worten auf Papier, um im Anschluss daran darüber zu reden.

- In vielen Meditationskreisen liegen oder sitzen die Teilnehmer im Kreis und der Raum in der Mitte eignet sich sehr gut für Dekorationszwecke. Sie können z. B. Tücher in den Chakrenfarben in der Mitte platzieren und Heilsteine drauflegen oder das Ganze mit Blumen schmücken.

- Bitte Vorsicht mit Räucherstäbchen und/oder ätherischen Ölen. Das ist nicht jedermanns/jederfrau Sache. Bei geruchsempfindlichen Personen können diese sehr schönen Hilfsmittel zum Entspannungskiller werden.

- Lassen Sie eine ruhige, leise Hintergrundmusik laufen.

Wie schon erwähnt, achten Sie bitte darauf, dass nicht zu viel Bewegung in dem Musikstück ist, dass es möglichst ohne Gesang auskommt und dass es seinen Charakter nicht zu abrupt ändert. Stellen Sie sicher, dass die Musik nicht unterbrochen wird. Jeder abrupte Wechsel des Klangcharakters und jede Unterbrechung reißt die Meditierenden unsanft aus ihrer Entspannung.

- Bitten Sie im Vorfeld Ihre Teilnehmer darum, in angenehm lockerer bequemer Kleidung zu erscheinen. Nichts sollte drücken oder unbequem sein.

- Da in einem entspannten Zustand die Körpertemperatur etwas abfällt, ist es ratsam, dass sich die Meditationsteilnehmer mit einer leichten Decke zudecken und/oder dicke warme Socken tragen, damit sie nicht vor lauter Frösteln aus der Meditation gerissen werden.

- Der Meditationskreis sollte nicht zu groß sein! Ich empfehle zehn, maximal zwölf Teilnehmer.

- Klären Sie, ob die Meditationsteilnehmer besser im Liegen, in sitzender Position auf dem Boden oder in einem Stuhl sitzend meditieren bzw. entspannen können. Ältere Menschen haben manchmal Schwierigkeiten, auf dem Boden (auf der Meditationsmatte oder einer Decke) zu liegen. Ebenso gibt es Menschen, die nicht lange sitzen können. Klären Sie, ob körperliche Einschränkungen vorliegen.

- Klären Sie mit allen Teilnehmern, wie Sie einzelne Personen bei Bedarf aus der Meditation herausführen. Machen Sie ein Zeichen aus!

- Besprechen Sie mit Ihren Teilnehmern, wie lange sie pausieren (allein in der Stille) möchten und dass Sie die Pause mit den Worten »Wenn du magst, kannst du den Engeln eine Frage stellen oder sie um Rat bitten ...« einleiten.

• Wenn Sie sich entschieden haben, die Meditationen aus Teil II oder III vorzulesen, dann klären Sie bitte, ob alle Teilnehmer die Lage der Chakren kennen. Wenn nicht, dann sollten Sie eine kurze Einführung in das Thema geben.

• Stellen Sie vor jeden Meditationsplatz eine Box mit Taschentüchern. Es ist möglich, dass Tränen der Freude, der Rührung oder der Erinnerung an etwas Vergangenes fließen. Damit signalisieren Sie noch einmal, dass Gefühle vollkommen o. k. und bei therapeutischen Sitzungen ja manchmal auch erwünscht sind.

• Stellen Sie klar, dass aufkommende Gefühle, egal welcher Art, in Ordnung sind!

• Besprechen Sie mit den Teilnehmern, ob sie getröstet und/oder am Arm berührt werden dürfen, um sie z. B. zu wecken.

• Erklären Sie Kindern bitte, dass sie ihre Augen erst dann wieder öffnen sollen, wenn Sie die Meditation beendet haben.

• Lesen Sie die Meditation mit angenehmer, nicht zu lauter Stimme vor, und beachten Sie die Lesepausen, die durch Punkte und Leerzeilen gekennzeichnet sind.

• Lassen Sie Ihre Teilnehmer nicht aus den Augen, um gegebenenfalls den Lesestil anzupassen oder Pausen in ihrer Länge zu verändern. Achten Sie auf die Mimik der

Meditierenden, um eventuell eine Person früher aus der Meditation herauszuführen. In diesem Fall vergessen Sie nicht, die Chakren beispielsweise durch Auspusten der imaginären Kerzen zu schließen.

- Überspringen Sie bitte auf gar keinen Fall den Einklang und den Ausklang! Der Einklang bereitet das Unterbewusstsein darauf vor, auf »Reisen« zu gehen, und der Ausklang signalisiert dem Unterbewusstsein, wieder im Hier und Jetzt zu sein.

- Lassen Sie die Teilnehmer im Anschluss an die Meditation einen Schluck Wasser trinken oder ein Stück Schokolade (es kann natürlich auch etwas anderes geknabbert werden) naschen. Das erdet uns so richtig! Vergewissern Sie sich, dass alle Teilnehmer wieder auf dem Boden der Tatsachen angekommen sind.

- Lassen Sie keinen Teilnehmer mit aufgewühlten Gefühlen nach Hause gehen!

Meditation mit Ihren Kindern zu Hause

Wenn Sie mit Ihren Kindern zu Hause auf Entdeckungsreise gehen möchten, so gelten auch hier im Wesentlichen die oben genannten Regeln.

- Setzen Sie sich mit dem in der Meditation vorkommenden Thema auseinander und überlegen Sie, wie Sie im Anschluss mit dem Thema umgehen möchten. Sie könnten z. B. mit Ihren Kindern im Internet auf Entdeckungsreisen gehen und nachforschen, ob es den Blaulippen-Borstenzahndoktor-Fisch wirklich gibt. Oder kuscheln

53

Sie mit Ihren Kindern und reden mit ihnen über die Gefühle, die sie während der Meditation hatten, das schafft Nähe und fördert das Vertrauen. Fragen Sie Ihr Kind, was es im Anschluss an die Meditation gerne unternehmen würde.

- Schaffen Sie eine gemütliche Atmosphäre! Schalten Sie alle störenden Quellen aus und nehmen Sie sich Zeit für Ihr Kind. Da ist kein Platz für Handys oder sonstige Ablenkungen.

- Suchen Sie sich mit Ihren Kindern einen gemütlichen Platz aus, bauen Sie z. B. mit Decken eine gemütliche Höhle oder errichten Sie ein kleines Indianerzelt im Garten, machen Sie es sich gemeinsam auf der Couch bequem usw. Ihrer Fantasie sind keine Grenzen gesetzt.

- Kuscheln Sie sich mit Ihrem Kind in eine warme Decke ein, damit weder Sie noch Ihr Kind fröstelt und so den Spaß an der Meditation verliert.

- Besprechen Sie mit Ihrem Kind den Ablauf der Meditation.

- Erklären Sie bitte Ihren Kindern, dass sie ihre Augen erst dann wieder öffnen sollen, wenn Sie die Meditation beendet haben.

- Lesen Sie die Meditation mit angenehmer, nicht zu lauter Stimme vor und beachten Sie die Lesepausen, die durch Punkte und Leerzeilen gekennzeichnet sind.

- Überspringen Sie auf gar keinen Fall den Einklang und den Ausklang!

- Ist Ihr Kind während der Meditation eingeschlafen, dann lesen Sie bitte die Meditation zu Ende vor, um dem Un-

terbewusstsein das Ende der Reise mitzuteilen, und lassen
Sie Ihr Kind ruhig weiterschlafen.

Meditationen alleine oder mit dem Partner

Natürlich können Sie die Meditationen auch ganz entspannt für sich selbst lesen und im Anschluss daran über
das Thema in aller Ruhe nachdenken. Lassen Sie Ihren Gedanken freien Lauf und beobachten Sie, was diese in Ihnen zum Klingen bringen. Wenn Sie möchten, lassen Sie im
Hintergrund leise sanfte Musik laufen, kuscheln Sie sich in
Ihren Lieblingssessel, auf Ihr Sofa oder gehen Sie hinaus in
die Natur und setzen sich unter einen Baum. Machen Sie es
sich so richtig gemütlich und lauschen Sie Ihren Gedanken.
Vergessen Sie nicht, alle störenden Quellen auszuschalten,
und nehmen Sie sich Zeit für sich selbst!

Oder lesen Sie die Meditation Ihrem Partner oder Ihrer
Partnerin vor und sprechen Sie über das, was Sie bewegt.
Genießen Sie das vertraute Zusammensein mit sich selbst,
Ihrem Partner oder Ihrer Partnerin.

Ein letzter Hinweis, bevor die Reise losgehen kann!

Kinder und die meisten Erwachsenen können besser im
Liegen entspannen, infolgedessen sind die Einleitungen
zur Meditation (»Einklang«) diesem Wunsch angepasst.
Diese Form ist für Meditierende, die gerne sitzen, und Meditationszirkel nach englischem Vorbild nicht geeignet,
demzufolge biete ich Ihnen hier eine Alternative an, mit
der Sie die Meditation beginnen können.

Einklang

Setze dich ganz entspannt · auf deinen Stuhl. · Suche dir eine bequeme Sitzposition, · lehne dich mit geradem Rücken · an deine Stuhllehne. · Stelle deine Beine locker · und entspannt · nebeneinander. · Suche mit deinen Füßen festen Bodenkontakt, · lege deine Hände · locker auf deine Oberschenkel. · Schließe nun · deine Augen · und atme ruhig ein · und aus, · spüre, · wie du mit jedem Atemzug ruhiger wirst. · Bei jedem Ausatmen · lässt du von allem los, · was dich bisher noch beschäftigt hat. ··· Lass deine Gedanken ziehen · wie kleine weiße Wolken am sonnigen Himmel. ··· Der Druck in deinem Inneren wird leichter · und fließt mit dem Ausatmen davon. ··· Beim Einatmen · atmest du Leichtigkeit · und Freiheit ein, · die dir den Weg in die tiefe Ruhe deines Inneren erleichtert. ··· Du fühlst dich ruhig · und zufrieden, · bist völlig entspannt. ··· Nun kannst du mit deiner Fantasie in das Reich der Engel reisen.

Und nun wünsche ich allen eine »gute Reise« in das Reich der Engel. Kommen Sie erholt und glücklich wieder in Ihren Alltag zurück.

Geführte Engelmeditationen für Kinder

ab neun Jahren, Jugendliche und Erwachsene, die noch nicht viel Erfahrung mit der Meditation haben

Wichtig!

Wenn Sie diese Meditationen mit Teilnehmern durchführen möchten, die schon Erfahrungen mit Meditation haben, oder mit Meditationskreisen und medialen Meditationszirkeln, dann wenden Sie zusätzlich die Chakren-Atmung an. Für diese Technik muss den Teilnehmern die Lage der Chakren bekannt sein!

Engel der Barmherzigkeit

Barmherzigkeit bedeutet, sein Herz den Armen, den Unglücklichen und den Leidenden zu öffnen. Barmherzigkeit umschließt Zärtlichkeit, Mitgefühl und Liebe für unseren Nächsten wie für uns selbst.

Einklang

Lege dich ganz entspannt hin, · strecke die Beine aus · und lass die Füße · langsam nach außen fallen. ··· Deine Arme · ruhen locker · an deiner Seite. · Schließe deine Augen und atme ruhig ein · und aus. · Spüre, · wie du mit jedem Atemzug · ruhiger wirst. · Bei jedem Ausatmen · lässt du von allem los, · was dich bisher · noch beschäftigt hat. ··· Lass deine Gedanken ziehen · wie kleine weiße Wolken · am sonnigen Himmel. ··· Der Druck · in deinem Inneren · wird leichter · und fließt mit dem Ausatmen · davon. ··· Beim Einatmen · atmest du Leichtigkeit · und Freiheit ein, · die dir den Weg · in die tiefe Ruhe · deines Inneren · erleichtern. ··· Du fühlst dich ruhig · und zufrieden, · bist völlig entspannt. ··· Nun · kannst du mit deiner Fantasie · in das Reich · der Engel reisen.

Meditation

Stell dir vor, · du sitzt an einem wunderschönen Seerosenteich. ··· Es ist eine sternenklare, · angenehm warme Sommernacht. · Millionen Sterne glitzern · und funkeln · am dunkelblauen Himmelszelt. · Der Mond · strahlt leuchtend und hell · auf die Erde hinab. · Du hörst den lieblichen Gesang der Nachtigall · und das Rauschen der Birkenblätter im Wind. · Eine Eule · gleitet fast lautlos durch die Nacht. · Du bist ganz entspannt, · fühlst dich wohl · und geborgen.

Während du dem Gesang der Nachtigall lauschst, · spürst du, · wie dein Schutzengel neben dich tritt. · Es ist ein wohliges Gefühl, · seine Liebe, · seine Nähe · und sein Vertrauen in dich · zu spüren. · Er freut sich sehr, · dass du mit ihm zusammen bist. · Genieße · seine liebevolle Umarmung.

Heute · möchte dein Schutzengel dir den Engel der Barmherzigkeit vorstellen.

Du freust dich sehr · und weißt, · dass etwas ganz Besonderes geschehen wird. · Dein Schutzengel macht eine Handbewegung · und am Rand des Seerosenteichs · werden sieben wunderschöne Blumenfeen, · in herrlich schillernden Gewändern, · für dich sichtbar. · Ihre wallenden Gewänder · funkeln in den Farben des Regenbogens. · In ihren zierlichen, sanften Händen · tragen sie wunderschöne bunte Vögel. · ·· Sie lächeln dir zu · und lassen nacheinander · die Vögel in die Richtung des Himmels fliegen.

Als Erste · lässt die Blumenfee in dem wallenden · rot funkelnden Gewand · einen prachtvollen Vogel · in einem roten Federkleid fliegen. · Die Luft um dich herum · erstrahlt · in Kraft bringendem · rotem Licht.

Die Blumenfee in dem orange funkelnden Gewand · lässt nun einen niedlichen Vogel · in einem orangefarbenen Fe-

derkleid fliegen. · Die Luft um dich herum · erstrahlt · in
einem Heiterkeit bringenden · orangefarbenen Licht.

Die Blumenfee in dem gelb und gold funkelnden Gewand ·
lässt einen anmutigen Vogel · in einem goldgelben Federkleid fliegen. · Die Luft um dich herum erstrahlt · in Vertrauen bringendem · goldgelbem Licht.

Die Fee in dem grün funkelnden Gewand · lässt einen ent-
zückenden Vogel · in einem grünen Federkleid fliegen. ·
Die Luft um dich herum erstrahlt · in heilendem · grünem
Licht.

Die Fee in dem hellblau funkelnden Gewand · lässt einen
herrlichen Vogel · in einem hellblauen Federkleid fliegen. ·
Die Luft um dich herum erstrahlt · in himmlisch blauem
Licht.

Die Blumenfee in dem violett funkelnden Gewand · lässt einen prachtvollen Vogel · in einem violetten Federkleid fliegen. · Die Luft um dich herum erstrahlt · in Friede bringendem · violettem Licht.

Die Blumenfee in dem weiß und perlmuttfarben funkelnden Gewand · lässt nun eine wunderschöne weiße Taube ·
in einem schneeweißen Federkleid fliegen. · Die Luft um
dich herum erstrahlt · in makellosem weißem Licht. · Durch
das weiße Licht · bist du mit der göttlichen Quelle · allen
Lebens verbunden.

Die Feen summen eine liebliche Melodie, · öffnen ihre Hände in die Richtung des Sternenhimmels · und lassen regenbogenfarbene Lichtstrahlen aus ihren Händen herausfließen. ··· Die Lichtstrahlen bilden eine große Lichttüre, · die sich nun · für den Engel der Barmherzigkeit öffnet.

Der Engel der Barmherzigkeit schaut dich mit sanften Augen liebevoll an. ··· Geh auf ihn zu und begrüße ihn freundlich.

Er erklärt dir:

Barmherzigkeit bedeutet, · sein Herz den Armen, · den Unglücklichen · und den Leidenden · zu öffnen. · Barmherzigkeit umfasst · Zärtlichkeit, · Mitgefühl · und Liebe · für unseren Nächsten · wie · für uns selbst!

Setze dich · mit den beiden Engeln · in das angenehm warme · und weiche Gras. ··· Wenn du magst, · kannst du dem Engel der Barmherzigkeit eine Frage stellen · oder ihn um Rat bitten.

Kurze Pause

(Kinder 2 bis 5 Minuten, Erwachsene 5 bis 20 Minuten.)
Ganz allmählich · kommt nun der Augenblick, · da du zurückkehren musst.

Der Engel der Barmherzigkeit verabschiedet sich von dir mit den Worten:

Verurteile nicht deine Gedanken und Gefühle. · Bestrafe dich nicht dafür, · dass du in deinen Augen · scheinbar

*unvollkommen bist. · Sei liebevoll, · geduldig · und barm-
herzig zu dir selbst!*

Du bedankst dich bei dem Engel der Barmherzigkeit · und
verabschiedest dich für heute von ihm. Während er nun
durch die Lichttüre geht, · winkt er dir lächelnd zu.

Die Blumenfeen summen ihre Melodie. · Die Lichttüre
wird wieder unsichtbar für dich. · Nun fließen die bunten
Lichtstrahlen · zurück in ihre Hände, · und die Vögel · fliegen nacheinander · zu ihren Blumenfeen.

Die weiße Taube · fliegt zu der Blumenfee · in dem weiß
und perlmuttfarben funkelnden Gewand.

Der Vogel in dem violettfarbenen Federkleid · fliegt zu der
Fee · in dem violett funkelnden Gewand.

Nun fliegt der Vogel in dem hellblauen Federkleid · zu der
Blumenfee · in dem hellblau funkelnden Gewand.

Auch die Vögel in den grünen, · goldgelben · und orangefarbenen Federkleidern · fliegen zurück zu ihren Blumenfeen · in ihren grün, · gelbgold · und orange funkelnden
Gewändern.

Zum Schluss · fliegt der Vogel in dem roten Federkleid · zu
der Blumenfee · in dem rot funkelnden Gewand. · Nun · ist
von den bunten Lichtern · nichts mehr zu sehen.

Die Blumenfeen winken dir zum Abschied zu. ··· Dein Schutzengel macht eine Handbewegung, · und die Feen · werden wieder unsichtbar für dich. ··· Glücklich bedankst du dich bei deinem Schutzengel · und bist nun wieder bereit, · zurückzukommen in deinen Tag.

Ausklang

Atme nun tief ein · und aus. ··· Du spürst, · wie du langsam wacher wirst · und in deinen Alltag · zurückkehrst. ··· Atme noch einmal tief ein · und aus. · Du spürst nun wieder deinen Körper, ··· deine Arme ··· und deine Beine. ··· Atme noch einmal tief ein · und aus. · Bewege langsam deine Arme, ··· deine Hände, ··· deine Beine, ··· recke · und strecke dich, · öffne langsam deine Augen · und kehre fröhlich · und ausgeruht · zurück in deinen Tag.

Engel der Dankbarkeit

Dankbarkeit setzt voraus, dass du keine Erwartungshaltung an den anderen hast und keinen Anspruch auf die Wohltat, die ein anderer dir erweist. Dankbarkeit sollte von Herzen kommen, im Herzen gefühlt werden, sonst ist es nur ein Lippenbekenntnis!

Einklang

Lege dich ganz entspannt hin, · strecke die Beine aus · und lass die Füße · langsam nach außen fallen. ··· Deine Arme · ruhen locker und gelassen · an deiner Seite. · Schließe deine Augen · und atme ruhig ein · und aus. · Spüre, · wie du mit jedem Atemzug · ruhiger wirst. · Bei jedem Ausatmen · lässt du von allem los, · was dich bisher · noch beschäftigt hat. ··· Lass deine Gedanken ziehen · wie kleine weiße Wolken · am sonnigen Himmel. ··· Der Druck · in deinem Inneren · wird leichter · und fließt mit dem Ausatmen · davon. ··· Beim Einatmen · atmest du Leichtigkeit · und Freiheit ein, · die dir den Weg · in die tiefe Ruhe · deines Inneren · erleichtern. ··· Du fühlst dich ruhig · und zufrieden, · bist völlig entspannt. ··· Nun · kannst du mit deiner Fantasie · in das Reich · der Engel reisen.

Meditation

Stell dir vor, · du befindest dich auf der Felsterrasse · einer Steilküste, ··· von welcher du einen weitläufigen Ausblick · auf das Meer hast. ··· Es ist ein angenehm warmer Sommertag. · Die Luft ist klar, · die Sonne scheint golden, · und der Himmel · strahlt in seinem schönsten Blau. · Du bist ganz entspannt, · fühlst dich wohl · und geborgen.

Weiter hinten · am Horizont · kannst du verschieden große Nebelfontänen erkennen. ··· Du weißt, · diese Nebelfontänen entstehen durch die Luft, · die Wale ausatmen. · Schau, · da taucht eine große Walfamilie auf. · An den schmalen, · blaugrauen Körpern mit den winzigen Rückenflossen · kannst du erkennen, · dass es Blauwale sind. · Inmitten der Walfamilie · entdeckst du eine Blauwalmutter mit ihrem Kalb. · Es ist herrlich anzuschauen.

Während du die Wale betrachtest, · spürst du, · wie dein Schutzengel neben dich tritt. · Er schaut dich voller Liebe · und Vertrauen an. · Es ist ein wohliges Gefühl, · seine Liebe, · seine Nähe · und sein Vertrauen in dich · zu spüren. · Begrüße ihn · und genieße · seine liebevolle, · Kraft spendende Umarmung.

Heute · möchte dein Schutzengel dir den Engel der Dankbarkeit vorstellen. ··· Dein Schutzengel · hat dir eine ganz besondere Glaskugel mitgebracht, · die er nun · ins Gras legt. ··· Er summt eine Melodie, · und nacheinander · strahlen sieben Lichtfarben · aus der Kugel, · die, ähnlich einem Regenbogen, · über das Meer ziehen.

Zuerst · erstrahlt aus der Glaskugel · ein kraftvolles · rotes Licht, · welches als Lichtbogen · über das Meer zieht. · Dieses Licht · gibt dir Kraft, · Mut · und verbindet dich mit der Erde.

Nun erstrahlt ein leuchtend orangefarbenes Licht, · welches sich als orangefarbener Lichtbogen · über den roten Bogen legt. · Dieses orange Licht · gibt dir Heiterkeit · und zaubert ein Lächeln · auf dein Gesicht.

Ein Vertrauen bringendes · goldgelbes Licht erstrahlt · und legt sich · als goldgelber Lichtbogen · über den orangefarbenen Bogen. · Dieses goldgelbe Licht · gibt dir Lebensfreude, · Fröhlichkeit · und Selbstvertrauen.

Nun erstrahlt · aus der Glaskugel · ein heilendes · grünes Licht, · welches sich als grüner Lichtbogen · über den goldgelben Bogen legt. · Dieses grüne Licht · bringt dir Heilung, · spirituelles Wachstum · und inneres Gleichgewicht.

Ein himmlisch blaues Licht erstrahlt · und legt sich als himmelblauer Lichtbogen · über den grünen Bogen. · Dieses hellblaue Licht · bringt dir die richtigen Worte · zur rechten Zeit · auf deine Lippen.

Ein friedvolles · violettes Licht erstrahlt · und legt sich als violetter Lichtbogen · über den hellblauen Bogen. · Dieses violette Licht · bringt dir inneren Frieden · und schenkt dir angenehme Träume.

Nun erstrahlt · aus der Glaskugel · ein makellos weißes Licht, · welches sich als weißer Lichtbogen · über den violetten Bogen legt. · Dieses Licht · bringt dir allumfassenden Frieden, · allumfassende Ruhe · und allumfassende Si-

cherheit. · Durch das weiße Licht · bist du mit der Liebe ·
Gottes verbunden.

Dein Schutzengel · macht eine Handbewegung, · und neben ihm · wird der Engel der Dankbarkeit · für dich sichtbar. ··· Er lächelt dich liebevoll an. · Gehe auf ihn · zu und
begrüße ihn freundlich. ··· Er erklärt dir:

Dankbarkeit · setzt voraus, · dass du keine Erwartungs-
haltung an den anderen hast · und keinen Anspruch · auf
die Wohltat, · die dir ein anderer erweist. ··· Dankbarkeit
beinhaltet · die Wertschätzung, · die Achtung · und An-
erkennung · dessen, · was ein anderer dir gegeben · oder
für dich getan hat.

Rechts von dir · entdeckst du eine alte, · in Stein gehauene
Bank. · Gemeinsam mit den beiden Engeln · setzt du dich
auf diese Bank. · Genieße das Beisammensein · mit den Engeln · und den wunderbaren Ausblick · auf das weite Meer.

Wenn du magst, · kannst du dem Engel der Dankbarkeit ·
eine Frage stellen · oder ihn um Rat bitten.

Kurze Pause
(Kinder 2 bis 5 Minuten, Erwachsene 5 bis 20 Minuten.)
Ganz allmählich · kommt nun der Augenblick, · da du zu-
rückkehren musst.

Der Engel der Dankbarkeit verabschiedet sich von dir mit
den Worten:

Dankbarkeit · sollte von Herzen kommen, · im Herzen gefühlt werden, · sonst ist es nur ein Lippenbekenntnis. · Halte Ausschau · nach dem Guten in dir · und in deinem Leben. · Würdige das Gute, · wo immer du es auch entdeckst. · Konzentriere dich · in jeder Situation · und bei jedem Menschen · auf das Gute. · Achte die Aufgaben, · die auf deinem Lebensweg liegen · und die du meistern musst, · sie helfen dir, · deine Persönlichkeit zu entfalten.

Bedanke dich bei dem Engel der Dankbarkeit · für alles, · was du heute lernen durftest, · und verabschiede dich · für heute von ihm. ··· Er lächelt dich an, · dein Schutzengel macht eine Handbewegung, · und der Engel der Dankbarkeit · wird wieder unsichtbar für dich.

Dein Schutzengel · summt eine Melodie. · Der bunte Lichtbogen · beginnt nun sich aufzulösen, · indem nacheinander · die farbigen Lichter · in die Glaskugel zurückfließen.

Zuerst · löst sich der weiße Lichtbogen auf, · und das weiße Licht · fließt zurück · in die Glaskugel.

Dann lösen sich der violette, · der hellblaue · und der grüne Lichtbogen auf. · Das violette, · das hellblaue · und das grüne Licht · fließen zurück in die Glaskugel.

Nun lösen sich der goldgelbe, · der orange · und zum Schluss · der rote Lichtbogen auf. · Das goldgelbe, · das orange · und das rote Licht · fließen zurück · in die Glaskugel.

Jetzt · ist von den bunten Lichtbögen · nichts mehr zu

sehen. ··· Voller Liebe · und Dankbarkeit · bist du nun bereit, · zurückzukommen in deinen Tag.

Ausklang

Atme nun tief ein · und aus. ··· Du spürst, · wie du langsam wacher wirst · und in deinen Alltag · zurückkehrst. ···
Atme noch einmal tief ein · und aus. · Du spürst nun wieder deinen Körper, ··· deine Arme ··· und deine Beine. ···
Atme noch einmal tief ein · und aus. · Bewege langsam deine Arme, ··· deine Hände, ··· deine Beine, ··· recke · und
strecke dich, · öffne langsam deine Augen · und kehre fröhlich · und ausgeruht · zurück in deinen Tag.

Engel der Erde

Alle Menschen auf der Erde und alle Engel-kinder des Himmels können die Engel der Erde in ihrer Arbeit für die ganze Welt unter-stützen, indem alle Menschen singen, tanzen, lachen, Freude haben und fröhlich sind. Freu-de und Spaß am Leben und im Leben können dir helfen, deine Ziele leichter zu erreichen.

Einklang

Lege dich ganz entspannt hin, · strecke die Beine aus · und lass die Füße · langsam nach außen fallen. ··· Deine Arme · ruhen locker und gelassen · an deiner Seite. · Schließe dei-ne Augen · und atme ruhig ein · und aus. · Spüre, · wie du mit jedem Atemzug · ruhiger wirst. · Bei jedem Ausatmen · lässt du von allem los, · was dich bisher · noch beschäftigt hat. ··· Lass deine Gedanken ziehen · wie kleine weiße Wol-ken · am sonnigen Himmel. ··· Der Druck · in deinem In-neren · wird leichter · und fließt mit dem Ausatmen · da-von. ··· Beim Einatmen · atmest du Leichtigkeit · und Frei-heit ein, · die dir den Weg · in die tiefe Ruhe · deines Inne-ren · erleichtern. ··· Du fühlst dich ruhig · und zufrieden, · bist völlig entspannt. ··· Nun · kannst du mit deiner Fanta-sie · in das Reich · der Engel reisen.

Meditation

Stell dir vor, · du stehst an einem wunderschönen Wasserfall. ··· Der Fluss, · in den sein Wasser läuft, · ist kristallklar · und fließt ruhig · in die Richtung · des Meeres. · Es ist ein angenehm · warmer Sommertag.

Die Vögel zwitschern, · bunte Libellen · fliegen den Fluss auf und ab, · wunderschöne Schmetterlinge · tanzen im Sonnenlicht, · fleißige Bienen · fliegen fröhlich · von Blüte zu Blüte und sammeln Blütennektar.

Auf der gegenüberliegenden Seite des Flusses · hält eine Bärenfamilie · im Schatten eines großen Baumes · friedlich · ihren Mittagsschlaf. ··· Während du die Bärenfamilie beobachtest, · spürst du, · wie dein Schutzengel neben dich tritt. · Es ist ein wohliges Gefühl, · seine Liebe, · seine Nähe · und sein Vertrauen in dich · zu spüren. · Begrüße ihn · und genieße · seine liebevolle Umarmung.

Heute · möchte dein Schutzengel mit dir · den Engel der Erde besuchen. · Du freust dich sehr · und spürst, · etwas ganz Besonderes wird geschehen. ··· Du schaust zu dem Wasserfall · und siehst rechts von ihm · den Beginn eines Regenbogens. · Begleitet von deinem Schutzengel · gehst du den kurzen Weg · zu diesem Regenbogen.

Dein Schutzengel · summt eine Melodie, · und die bunten Farben des Regenbogens · verwandeln sich · in eine farbige · Regenbogenlichttüre.

Nun · macht dein Schutzengel eine Handbewegung. · Schau, was geschieht. · Die Lichttüre · beginnt zu glänzen · und zu funkeln. · Sie glitzert · und strahlt · wie Millionen winzig kleiner bunter Diamanten. · Sie öffnet sich auf wundersame Weise · und gibt den Weg frei · zu einer herrlich bunten Lichttreppe. · Die Farben strahlen ganz intensiv. · Auch wenn die Treppenstufen aus Licht sind, · so können sie dich doch sicher · tragen.

Dein Schutzengel nimmt dich an die Hand · und betritt mit dir die erste Stufe. ··· Diese besteht aus einem strahlend · roten Licht, · einem so intensiven Rot, · wie du es vorher · noch nie gesehen hast. · Die Luft um dich herum · flimmert ebenso rot. · Es ist die Farbe der Kraft, · des Mutes · und der Erdung.

Nun · gehe auf die nächste Stufe. ··· Sie besteht aus einem funkelnden · orangefarbenen Licht. · Die Luft um dich herum · leuchtet in diesem funkelnden Orange. · Es ist die Farbe der Leidenschaft, · der Heiterkeit, · der Kreativität · und des Lachens.

Gehe nun · auf die goldgelbe Stufe. ··· Dieses Gelb · ist so leuchtend · und angenehm warm · wie die Sonnenstrahlen, · die deine Haut wärmen · und dich in Liebe umarmen. · Die Luft um dich herum · flimmert gelb · und golden. · Erfreue dich · an der Wärme · und an dem Leuchten. · Dies ist die Farbe der Lebensfreude, · der Fröhlichkeit · und des Vertrauens.

Du gehst nun · die nächste Stufe hinauf. ··· Diese Stufe · glüht sanft · in einem leuchtenden Grün. · Schau genau

73

hin, · und du erkennst, · dass in diesem Grün · auch ein strahlendes · pinkfarbenes Licht leuchtet. · Grün · ist die Farbe der Heilung, · des spirituellen Wachstums · und des inneren Gleichgewichts. · Pink · ist die Farbe der Liebe.

Freudig · steigst du nun auf die nächste Stufe. ··· Diese flimmert in einem himmlischen Blau. · Die Luft um dich herum funkelt · und leuchtet · in Himmelblau · und Silber. · Dies · ist die Farbe der Kommunikation.

Schau, · die nächste Stufe · glänzt in einem wunderschönen Violett. · Du gehst die violette Stufe hinauf. ··· Die Luft um dich herum glitzert · in allen Farbschattierungen · von Violett · bis Indigo. · Es ist die Farbe der Spiritualität, · des Glaubens, · der Intuition · und des inneren Friedens.

Gemeinsam mit deinem Schutzengel · betrittst du nun · die strahlend weiße Stufe. ··· Die Luft um dich herum ist strahlend weiß, · sie leuchtet, · rein · und hell. · Es glänzt, · glitzert · und funkelt um dich herum. · Dies ist die Farbe · der allumfassenden Ruhe, · des allumfassenden Friedens · und der allumfassenden Sicherheit.

In diesem weißen Licht · kannst du eine Türe erkennen. · Es ist die Türe · zum Wolkentempel · des Engels der Erde. · Sanft · und bedächtig · öffnet sich die Türe.

Begleitet von deinem Schutzengel · betrittst du nun · den Wolkentempel. ··· Überall, wohin deine Augen blicken, · siehst du kleine · lachende Engelkinder. · Sie tollen über den weißen Wolkenteppich, · rutschen johlend eine Regenbogenrutsche hinab, · spielen mit glitzernden Sternen · und reiten auf kleinen, · schneeweißen Himmelswölkchen. · Du spürst, · dass die Engelkinder darauf vertrauen, · dass die ganze Welt · und der Himmel · voller Wunder ist.

Ein großer, · ganz in weißem · und perlmuttfarbenem Licht · strahlender · Engel · kommt lachend auf dich zu. · Er ist ein Engel der Erde. · Du begrüßt ihn · mit einem staunenden Gesichtsausdruck · und Freude · im Herzen. · ·· Er erklärt dir:

Alle Menschen auf der Erde · und die Engelkinder im Himmel · können die Engel der Erde · in ihrer Arbeit · auf der ganzen Welt unterstützen, · indem alle Menschen singen, · tanzen, · lachen, · Freude haben · und fröhlich sind. · Durch diese Fröhlichkeit · können die Engel · viel näher · zu den Menschen herantreten, · um ihnen zu helfen.

Dein Schutzengel · und der Engel der Erde · schauen sich fröhlich · und augenzwinkernd an. · ·· Ein Engelkind · kommt auf dich zugelaufen, · reicht dir die Hand · und lädt dich ein · mit ihm zu spielen. · Fröhlich nimmst du seine Hand · und gehst mit ihm · in die Richtung der Regenbogenrutsche.

Genieße · das Spiel mit den Engelkindern. · ·· Wenn du magst, · kannst du ihnen eine Frage stellen · oder sie um Rat bitten.

Kurze Pause

(Kinder 2 bis 5 Minuten, Erwachsene 5 bis 20 Minuten.)

Ganz allmählich · ist es Zeit, · dich von den Engelkindern zu verabschieden.

Dein Spielkamerad verabschiedet sich von dir mit den Worten:

Erschaffe für dich · ein Gleichgewicht · zwischen Schule, · Arbeit, · Spiel · und Spiritualität. · Freude · und Spaß am Leben · und im Leben · können dir helfen, · deine Ziele leichter zu erreichen.

Er drückt dir einen dicken Engelkuss · auf die Wange · und winkt dir zum Abschied zu.

Der Engel der Erde · strahlt dich freudig an · und überreicht dir zum Abschied · eine kleine blaue Kugel. ··· Er verabschiedet sich von dir mit den Worten:

Diese blaue Kugel · soll dich daran erinnern, · dass die Engel Spiel · und Spaß lieben.

Du bedankst dich bei dem Engel der Erde · und umarmst ihn glücklich. · Verabschiede dich · für heute · von ihm.

Voll Lebensfreude · gehst du nun, · begleitet von deinem Schutzengel, · durch die Lichttüre des Wolkentempels · auf die weiße Stufe · der Regenbogenlichttreppe.

Dein Schutzengel hat noch eine Überraschung für dich. · Er macht eine Handbewegung, · und die bunte Lichttreppe · verwandelt sich · in eine großartige · Regenbogenlicht-

rutsche. ··· Hand in Hand · rutschst du mit deinem Schutzengel · durch die bunten · funkelnden Lichter.

Zuerst · durch das weiße Licht, ··· dann durch das violette
Licht, ··· durch das hellblaue, ··· das grüne, ··· das goldgelbe, ··· das orange ··· und zum Schluss · durch das rote Licht.

Freudestrahlend · stehst du nun · wieder auf der Wiese · vor · der Regenbogenlichttüre. ··· Dein Schutzengel
macht augenzwinkernd eine Handbewegung, · die Lichttüre schließt sich · und verblasst, · bis sie nicht mehr · zu sehen ist. ··· Fröhlich · und entspannt · bist du nun bereit, ·
zurückzukommen · in deinen Tag.

Ausklang

Atme nun tief ein · und aus. ··· Du spürst, · wie du langsam wacher wirst · und in deinen Alltag · zurückkehrst. ···
Atme noch einmal tief ein · und aus. · Du spürst nun wieder deinen Körper, ··· deine Arme ··· und deine Beine. ···
Atme noch einmal tief ein · und aus. · Bewege langsam deine Arme, ··· deine Hände, ··· deine Beine, ··· recke · und
strecke dich, · öffne langsam deine Augen · und kehre fröhlich · und ausgeruht · zurück in deinen Tag.

Engel der Gebete

Das Gebet ist ein vertrautes Gespräch mit Gott. Sprich zu ihm aus vollem und reinem Herzen. Er antwortet immer auf deine Gebete. Seine Antwort fällt sehr oft nicht so aus, wie du es dir vorgestellt hast. Darum suche seine Antwort auf deine Gebete in den sichtbaren und den nutzbaren Dingen deines Lebens!

Einklang

Lege dich ganz entspannt hin, · strecke die Beine aus · und lass die Füße · langsam nach außen fallen. ··· Deine Arme · ruhen locker und gelassen · an deiner Seite. · Schließe deine Augen · und atme ruhig ein · und aus. · Spüre, · wie du mit jedem Atemzug · ruhiger wirst. · Bei jedem Ausatmen · lässt du von allem los, · was dich bisher · noch beschäftigt hat. ··· Lass deine Gedanken ziehen · wie kleine weiße Wolken · am sonnigen Himmel. ··· Der Druck · in deinem Inneren · wird leichter · und fließt mit dem Ausatmen · davon. ··· Beim Einatmen · atmest du Leichtigkeit · und Freiheit ein, · die dir den Weg · in die tiefe Ruhe · deines Inneren · erleichtern. ··· Du fühlst dich ruhig · und zufrieden, · bist völlig entspannt. ··· Nun · kannst du mit deiner Fantasie · in das Reich · der Engel reisen.

Meditation

Stell dir vor, · du befindest dich auf einer wunderschönen Bergwiese. ··· Es ist ein angenehm warmer, · klarer, · sonniger Herbsttag. · Die Natur um dich herum · trägt schon ihre prachtvolle Herbstkleidung, · die Blätter der Laubbäume sind gelb, · golden · und in allen Rottönen gefärbt. · Du kannst den Duft · der Herbstkräuter riechen.

Zu deiner rechten Seite · siehst du einen schmalen Weg, · der auf den Gipfel · eines Berges führt. ··· Während du den Weg betrachtest, · spürst du, · wie dein Schutzengel · neben dich tritt. · Es ist ein wohliges Gefühl, · seine Liebe, · seine Nähe · und sein Vertrauen in dich · zu spüren. · Begrüße ihn · und genieße · seine liebevolle Umarmung.

Heute · möchte dein Schutzengel mit dir · die Engel der Gebete besuchen. ··· Du freust dich sehr · und spürst, · dass dich etwas ganz Besonderes erwartet.

Begleitet von deinem Schutzengel · spazierst du den Weg entlang · in die Richtung des Berggipfels. · Nach ein paar Schritten · erblickst du bunte Fahnen, · die in gleichmäßigen Abständen · am Wegesrand stehen. · Sie wehen fröhlich · in dem angenehm warmen Herbstwind.

Dein Schutzengel macht eine Handbewegung. · Nacheinander · erstrahlen die Fahnen · in regenbogenfarbenem Licht, · welches sich in einen Lichtgang verwandelt, · der dich zum Tempel · der Engel der Gebete führt.

Begleitet von deinem Schutzengel · gehst du zuerst · durch das rote Licht. · Dieses Licht gibt dir Kraft, · Mut · und verbindet dich mit der Erde.

Gehe nun · durch das orange Licht. · Dieses orange Licht · gibt dir Heiterkeit · und zaubert ein Lächeln · auf dein Gesicht.

Jetzt · gehe durch das goldgelbe Licht. · Dieses goldgelbe Licht · gibt dir Lebensfreude, · Fröhlichkeit · und Selbstvertrauen.

Gehe nun · durch das grüne Licht. · Dieses grüne Licht · bringt dir Heilung, · spirituelles Wachstum · und inneres Gleichgewicht.

Nun · gehe durch das hellblaue Licht. · Dieses · hellblaue Licht · bringt dir die richtigen Worte · zur rechten Zeit · auf deine Lippen.

Gehe jetzt · durch das violette Licht. · Dieses violette Licht · bringt dir inneren Frieden · und erhellt deine Spiritualität.

Du gehst nun · durch das makellose weiße Licht. · Dieses weiße Licht bringt dir allumfassenden Frieden, · allumfassende Ruhe · und allumfassende Sicherheit. · Durch das weiße Licht · bist du mit der göttlichen Quelle · allen Lebens verbunden.

In diesem weißen Licht · kannst du eine goldene Türe · erkennen. · Dies · ist die Türe zum Lichttempel · der Engel der Gebete. · Sanft · und geräuschlos · öffnet sich die Türe. · Gemeinsam mit deinem Schutzengel · betrittst du den großen, · hell erleuchteten · Gebetsraum des Tempels.

Die Luft um dich herum funkelt weiß, · rosa, · hellblau, · violett · und golden. · Du kannst die liebende, · kraftvolle · und mächtige Energie der Gebete · in deinem Herzen fühlen.

Wohin deine Augen auch schauen, · überall · erblickst du betende Engel, · Mönche, · Nonnen, · Priester, · Vertreter aller Religionen. · Sie alle sind versunken im Gebet · für das Wohl der gesamten Menschheit, · für das Wohl aller Seelen.

Du bist ganz entspannt, · fühlst dich geliebt · und geborgen. ··· Ein strahlender Engel · kommt lächelnd auf dich zu. ··· Er ist der Engel · der Gebete, · der dich · in deinen Gebeten unterstützt. · Gehe auf ihn zu · und begrüße ihn freundlich.

Er erklärt dir:

Das Gebet · ist ein vertrautes Gespräch mit Gott! · Sprich zu ihm · aus vollem · und aus reinem Herzen. · Er antwortet immer · auf deine Gebete. · Seine Antwort · fällt sehr oft nicht so aus, · wie du es dir vorgestellt hast. · Darum suche · seine Antwort auf deine Gebete · in den täglichen Erlebnissen · deines Lebens.

Wenn du magst, · lade den Engel der Gebete jetzt ein, · mit dir · ein stilles Gebet zu sprechen. ··· Du darfst ihm auch eine Frage stellen · oder ihn um Rat bitten.

Kurze Pause
(Kinder 2 bis 5 Minuten, Erwachsene 5 bis 20 Minuten.)

Ganz allmählich · kommt nun der Augenblick, · da du zurückkehren musst.

Der Engel der Gebete · verabschiedet sich von dir · mit den Worten:

Sei im Gebet voller Vertrauen · und voller Zuversicht! · Erkläre Gott · deine Ziele · und erzähle ihm, · welche Schritte du bereits unternommen hast, · um diese Ziele · zu verwirklichen. · Dann bitte ihn darum, · dein Partner zu sein, · der dich auf deinem Weg, · bei dem Erreichen deiner Ziele · unterstützt. · Bedanke dich bei ihm · und bereite dich darauf vor, · das zu empfangen, · worum du ihn gebeten hast.

Liebevoll · und voller Vertrauen · verabschiedest du dich für heute · von dem Engel der Gebete. · Bedanke dich bei ihm · für all seine Liebe · und all seine Gebete, · die er für dich · und alle Menschen betet.

Fröhlich, · durch die Liebe der Engel gestärkt · und voller Vertrauen in dein Leben · nimmst du lächelnd die Hand · deines Schutzengels. ··· Begleitet von ihm · gehst du nun · zurück durch die goldene Türe, · die sich sanft · hinter dir schließt. ··· Gehe jetzt · durch den regenbogenfarbenen Lichtgang · zurück zu deiner Bergwiese.

Du gehst durch das weiße Licht, ··· dann durch das violette Licht, ··· durch das hellblaue, ··· durch das grüne, ··· durch das goldgelbe, ··· durch das orange ··· und zum Schluss · durch das rote Licht.

Dein Schutzengel macht eine Handbewegung, · und der regenbogenfarbene Lichtgang · verwandelt sich wieder · in die sanft wehenden, · bunten Fahnen am Wegesrand.

Du gehst noch ein paar Schritte · und bist nun · wieder auf der Bergwiese angekommen. ··· Vor Glück strahlend, · schaust du deinen Schutzengel an · und bist jetzt · bereit, · wieder zurückzukommen · in deinen Tag.

Ausklang

Atme nun tief ein · und aus. ··· Du spürst, · wie du langsam wacher wirst · und in deinen Alltag · zurückkehrst. ··· Atme noch einmal tief ein · und aus. · Du spürst nun wieder deinen Körper, ··· deine Arme ··· und deine Beine. ··· Atme noch einmal tief ein · und aus. · Bewege langsam deine Arme, ··· deine Hände, ··· deine Beine, ··· recke · und strecke dich, · öffne langsam deine Augen · und kehre fröhlich · und ausgeruht · zurück in deinen Tag.

Engel der Geduld

Geduld beinhaltet Toleranz, Standhaftigkeit, Durchhaltevermögen, Hoffnung, Gelassenheit und Wartenkönnen. Wenn du eine Lösung für deine Probleme erzwingen möchtest, dann erreichst du dein Ziel möglicherweise zu einer Zeit, in der du nichts gewinnen kannst.

Einklang

Lege dich ganz entspannt hin, · strecke die Beine aus · und lass die Füße · langsam nach außen fallen. ··· Deine Arme · ruhen locker und gelassen · an deiner Seite. · Schließe deine Augen · und atme ruhig ein · und aus. · Spüre, · wie du mit jedem Atemzug · ruhiger wirst. · Bei jedem Ausatmen · lässt du von allem los, · was dich bisher · noch beschäftigt hat. ··· Lass deine Gedanken ziehen · wie kleine weiße Wolken · am sonnigen Himmel. ··· Der Druck · in deinem Inneren · wird leichter · und fließt mit dem Ausatmen · davon. ··· Beim Einatmen · atmest du Leichtigkeit · und Freiheit ein, · die dir den Weg · in die tiefe Ruhe · deines Inneren · erleichtern. ··· Du fühlst dich ruhig · und zufrieden, · bist völlig entspannt. ··· Nun · kannst du mit deiner Fantasie · in das Reich · der Engel reisen.

Meditation

Stell dir vor, · du befindest dich in einem wunderschönen Klostergarten. ··· Es ist ein angenehm · warmer Frühlingstag. · Die Luft ist klar, · der Himmel strahlt in seinem schönsten Blau, · und die wärmenden Strahlen der Sonne · tauchen den Garten in goldfarbenes Licht.

Der zentral gelegene Klostergarten · wird von vier Gebäudeflügeln · und einem überdachten Säulengang, · dem Kreuzgang, · umrahmt. · Im Garten · zählst du zwölf rechteckige Beete, · in denen Heilkräuter · und Nutzpflanzen gedeihen. ··· An diesem friedvollen Ort · fühlst du dich sehr wohl · und geborgen.

Während du die Kräuter betrachtest, · spürst du, · wie dein Schutzengel neben dich tritt. · Es ist ein wohliges Gefühl, · seine Liebe, · seine Nähe · und sein Vertrauen in dich · zu spüren. · Begrüße ihn · und genieße · seine liebevolle Umarmung.

Heute · möchte dein Schutzengel dir · den Engel der Geduld vorstellen. ··· Du freust dich sehr · und weißt, · dass dich etwas ganz Besonderes erwartet. ··· Hand in Hand mit deinem Schutzengel · spazierst du den Säulengang entlang. ··· Vor einer großen alten Eichentüre · bleibst du stehen. · Dein Schutzengel öffnet die Türe, · und gemeinsam · betretet ihr den Meditationsraum · des Klosters.

Du befindest dich nun · in einem kreisrunden Raum, · in dem, · in sieben großen Wandnischen, · bunte Kerzen · und verschieden große Klangschalen stehen. · Die Wände · und die Decke dieses Meditationsraumes · sind mit wunderschönen Himmelsbildern · kunstvoll bemalt.

Auf dem Boden liegen, · im Kreis angeordnet, · sieben Meditationskissen · in den Farben des Regenbogens. · In ihrer Mitte · steht eine sehr wertvolle · antike Klangschale.

Zünde nun · mit Hilfe deines Schutzengels · die sieben Kerzen · nacheinander an.

Zünde zuerst · die rote Kerze an. · Sie erstrahlt nun · in einem sanften, · Kraft bringenden · roten Licht. · Dieses Licht · gibt dir Kraft und · Mut · und verbindet dich mit der Erde. · Dein Schutzengel · lässt die Klangschale · der roten Kerze · erklingen.

Gehe nun · zu der nächsten Kerze · und zünde sie an. · Sie erstrahlt · in einem leuchtend · orangefarbenen Licht. · Dieses Licht · gibt dir Heiterkeit · und zaubert ein Lächeln · auf dein Gesicht. · Dein Schutzengel · lässt nun · die Klangschale · der orangefarbenen Kerze · erklingen.

Gehe weiter · zu der goldgelben Kerze · und zünde sie an. · Sie erstrahlt · in einem Vertrauen bringenden · goldgelben Licht. · Dieses Licht · gibt dir Lebensfreude, · Fröhlichkeit · und Selbstvertrauen. · Nun · erklingt die Klangschale · der goldgelben Kerze.

Gehe nun · zu der grünen Kerze · und zünde sie an. · Sie erstrahlt · in einem heilenden · grünen Licht. · Dieses Licht · bringt dir Heilung, · spirituelles Wachstum · und inneres Gleichgewicht. · Die Klangschale · der grünen Kerze · erklingt.

Gehe nun · zu der hellblauen Kerze · und zünde sie an. · Sie erstrahlt · in himmlisch · blauem Licht. · Dieses Licht · bringt dir die richtigen Worte · zur rechten Zeit · auf deine

Lippen. · Dein Schutzengel · lässt nun · die Klangschale · der hellblauen Kerze · erklingen.

Gehe nun · zu der violetten Kerze · und zünde sie an. · Sie erstrahlt · in einem friedvollen · violetten Licht. · Dieses Licht · bringt dir inneren Frieden · und erhellt deine Spiritualität. · Die Klangschale · der violetten Kerze · erklingt.

Gehe nun · zu der weißen Kerze · und zünde sie an. · Sie erstrahlt · in einem Ruhe bringenden · weißen Licht. · Dieses Licht · bringt dir allumfassenden Frieden, · allumfassende Ruhe · und allumfassende Sicherheit. · Dein Schutzengel · lässt die Klangschale · der weißen Kerze · erklingen.

Schau, · der Meditationsraum · erstrahlt im Licht · der von dir angezündeten Kerzen. · Das bunte Licht · sowie die himmlischen Wand- · und Deckengemälde · geben dir das Gefühl, · an einem magischen Ort zu sein. · ··· Du bist ganz entspannt, · fühlst dich wohl · und geborgen.

Dein Schutzengel · lässt nun die antike · Klangschale · erklingen. · ··· Die Luft im Raum · beginnt zu flimmern · und zu funkeln. · In der Mitte · des Meditationsraumes · wird der Engel der Geduld · für dich sichtbar. · Er lächelt dich liebevoll an. · Geh auf ihn zu · und begrüße ihn freundlich. · Er erklärt dir:

Geduld · beinhaltet Toleranz, · Standhaftigkeit, · Durchhaltevermögen, · Hoffnung, · Gelassenheit · und Wartenkönnen. · Wenn du eine Lösung · für deine Probleme erzwingen möchtest, · dann erreichst du dein Ziel · mög-

licherweise · zu einer Zeit, · in der du nichts gewinnen kannst. · Lass dir Zeit, · dass sich etwas ändern kann!

Setze dich nun · auf das Meditationskissen, · dessen Farbe · dich am meisten anspricht. · Es ist die Farbe, · die dir jetzt · die Energie gibt, · die zurzeit · für dich am wichtigsten ist. · Die Engel · setzen sich auf die Meditationskissen · zu deiner rechten · und zu deiner linken Seite. · Genieße · das Beisammensein · mit ihnen. ··· Wenn du magst, · kannst du dem Engel der Geduld eine Frage stellen · oder ihn um Rat bitten.

Kurze Pause

(Kinder 2 bis 5 Minuten, Erwachsene 5 bis 20 Minuten.)
Ganz allmählich · kommt nun der Augenblick, · da du zurückkehren musst.

Der Engel der Geduld · hat noch ein Geschenk für dich, · das nur du · sehen · und fühlen kannst. Er überreicht es dir jetzt · und verabschiedet sich · mit den Worten:

Die volle Entfaltung deiner Persönlichkeit · ist ein großartiger Entwicklungsprozess, · der genügend Zeit braucht. · Ein Schmetterling · durchlebt vier Entwicklungsstadien. · Aus einem Ei · schlüpft nach einer angemessenen Entwicklungszeit · eine Raupe. · Die Raupe häutet sich mehrfach, · bis sie ihre endgültige Größe erreicht hat. · Sobald sie ausgewachsen ist, · verpuppt sie sich. · Im Puppenstadium · findet die Umwandlung · von der Raupe · zum Schmetterling statt. · Erreicht die Puppe ihr Endstadium, · schlüpft der Schmetterling · in vier Phasen. · Erst · wenn alle Pha-

*sen · des Schlüpfens · komplett vollzogen wurden, · kann
der Schmetterling · fliegen.*

Liebevoll bedankst du dich · bei dem Engel der Geduld ·
und verabschiedest dich · für heute · von ihm.

Die antike Klangschale · erklingt, · die Luft · beginnt zu
vibrieren · und der Engel der Geduld · wird wieder unsichtbar für dich.

Nacheinander · pustest du nun · die bunten Kerzen aus. ·
Zuerst · die weiße Kerze, ··· dann die violette Kerze, ··· die
hellblaue, ··· die grüne, ··· die goldgelbe, ··· die orange, ···
und zum Schluss · pustest du die rote Kerze aus.

Begleitet von deinem Schutzengel · gehst du nun · durch
die Eichentüre · und schließt für heute · die Türe des Meditationsraumes. ··· Gehe jetzt · den Säulengang entlang ·
zum Klostergarten.

Im Klostergarten angekommen, · schaust du deinen
Schutzengel freudestrahlend an · und bist nun bereit, · zurückzukommen · in deinen Tag.

Ausklang

Atme nun tief ein · und aus. ··· Du spürst, · wie du langsam wacher wirst · und in deinen Alltag · zurückkehrst. ···
Atme noch einmal tief ein · und aus. · Du spürst nun wieder deinen Körper, ··· deine Arme ··· und deine Beine. ···
Atme noch einmal tief ein · und aus. · Bewege langsam deine Arme, ··· deine Hände, ··· deine Beine, ··· recke · und
strecke dich, · öffne langsam deine Augen · und kehre fröhlich · und ausgeruht · zurück in deinen Tag.

Engel der Heilsteine

Heilsteine sind Geschenke der Erde. Sie möchten dich dabei unterstützen, deine Selbstheilungskräfte zu aktivieren und zu stärken.

Einklang

Lege dich ganz entspannt hin, · strecke die Beine aus · und lass die Füße · langsam nach außen fallen. ··· Deine Arme · ruhen locker und gelassen · an deiner Seite. · Schließe deine Augen · und atme ruhig ein · und aus. · Spüre, wie du mit jedem Atemzug · ruhiger wirst. · Bei jedem Ausatmen · lässt du von allem los, · was dich bisher · noch beschäftigt hat. ··· Lass deine Gedanken ziehen · wie kleine weiße Wolken · am sonnigen Himmel. ··· Der Druck · in deinem Inneren · wird leichter · und fließt mit dem Ausatmen · davon. ··· Beim Einatmen · atmest du Leichtigkeit · und Freiheit ein, · die dir den Weg · in die tiefe Ruhe · deines Inneren · erleichtern. ··· Du fühlst dich ruhig · und zufrieden, · bist völlig entspannt. ··· Nun · kannst du mit deiner Fantasie · in das Reich · der Engel reisen.

Meditation

Stell dir vor, · du befindest dich auf einer farbenfrohen Wiese. · Die Sonne scheint goldgelb, · und der Himmel strahlt · in seinem himmlischsten Blau. · Du spürst · das liebevolle Streicheln · der Sonnenstrahlen · auf deiner Haut · und die zärtliche Umarmung des Windes.

Vögel · zwitschern ein wunderschönes Lied für dich. ··· Du

fühlst dich wohl · und geborgen … ··· Ein weißer Schmetterling · tanzt in der klaren, · angenehm warmen, · sonnigen Luft.

Während du den Schmetterling beobachtest, · spürst du, · wie dein Schutzengel neben dich tritt. · Es ist ein wundervolles Gefühl, · seine Nähe · und seine Liebe · zu spüren. · Er freut sich sehr, · dass du mit ihm zusammen bist. · Begrüße ihn · und genieße · seine liebevolle Umarmung.

Heute · hat dein Schutzengel eine Überraschung für dich. · Er möchte mit dir · den Engel der Heilsteine besuchen. · Du freust dich sehr · und spürst, · dass dich ein himmlisches Abenteuer erwartet.

Dein Schutzengel nimmt dich an die Hand, · und gemeinsam · geht ihr auf eine große Blumenhecke zu. · Er streichelt ein Blatt, · auf wundersame Weise · gleitet die Hecke zur Seite · und gibt den Blick · auf eine bunte Edelsteintreppe frei.

Du gehst auf die Edelsteintreppe zu · und gemeinsam mit deinem Schutzengel · steigst du auf die erste Stufe. ··· Die erste Stufe · besteht aus roten Steinen, · die man Jaspis nennt. · Jaspis · ist der Stein des Mutes, · der Kraft · und der Energie. · Die Luft um dich herum · flimmert in einer kraftvollen · roten Farbenergie. · Dies ist die Farbe des Mutes, · der Kraft · und der Erdung. · Atme · diese rote Farbenergie tief ein · und spüre, · wie sie dir Heilung bringt.

Nun · gehe auf die nächste Stufe. · Diese besteht aus orangefarbenen Karneolen. · Der Karneol ist der Stein der Tatkraft, · der Standfestigkeit · und der guten Laune. · Um dich herum · flimmert die Luft strahlend orange. · Dies ist die Farbe der Leidenschaft, · der Kreativität, · der Heiterkeit · und des Lachens. · Atme · diese orange Farbenergie tief ein · und spüre, · wie sie dir Heilung bringt.

Vor dir · siehst du nun · eine goldgelbe Stufe aus Bernstein. · Dies ist der Stein der Fröhlichkeit · und des Vertrauens. · Er stärkt deinen Glauben · an dich selbst. · Du gehst nun auf die Bernsteinstufe. · Die Luft um dich herum · flimmert goldgelb. · Dies ist die Farbe der Lebensfreude, · der Fröhlichkeit · und des Vertrauens. · Atme · diese goldgelbe Farbenergie tief ein · und spüre, · wie sie dir Heilung bringt.

Du gehst nun · die nächste Stufe hinauf. · Diese Stufe · besteht aus grünem Peridot. · Der Peridot löst Wut, · Ärger · und Schuldgefühle auf, · die in unseren Herzen festhängen. · Er schafft Platz · für die Liebe. · Die Luft um dich herum strahlt · in einem leuchtenden Grün. · Dies ist die Farbe der Heilung, · des spirituellen Wachstums · und des inneren Gleichgewichts. · Atme · diese grüne Farbenergie tief ein · und spüre, · wie sie dir Heilung bringt.

Freudig · steigst du nun auf die nächste Stufe. · Diese Stufe · besteht aus blauem Chalcedon. · Der hellblaue Chalcedon · stärkt die Redekunst. · Er hilft hinzuhören, · zu verstehen · und sich mitzuteilen. · Die Luft um dich herum · leuchtet himmelblau. · Dies ist die Farbe der Kommunikation. · Atme · diese hellblaue Farbenergie tief ein · und spüre, · wie sie dir Heilung bringt.

Schau, · die nächste Stufe besteht aus hellviolettem Amethyst. · Dieser Edelstein stärkt die Intuition, · verbessert un-
ruhigen Schlaf · und schenkt dir klare Träume. · Du betrittst
nun · die Amethyststufe. · Die Luft um dich herum · flimmert hellviolett. · Hellviolett ist die Farbe der Spiritualität, ·
des Friedens · und des Glaubens. · Atme · diese hellviolette
Farbenergie tief ein · und spüre, · wie sie dir Heilung bringt.

Gemeinsam mit deinem Schutzengel · betrittst du nun · die
weiße Achatstufe. · Den weißen Achat · nennt man auch
den Friedensachat. · Dieser Stein fördert Toleranz · und
Nachsicht. · Die Luft um dich herum · leuchtet in makellos · weißem Licht. · Dies · ist die Farbe der allumfassenden
Ruhe, · der allumfassenden Sicherheit · und des allumfassenden Friedens. · Atme · diese weiße Farbenergie tief ein ·
und spüre, · wie sie dir Heilung bringt.

Schau, · wie es nun um dich herum · glitzert · und
strahlt. ··· Genau vor dir · siehst du die Eingangshalle · des
Edelsteintempels. · Begleitet von deinem Schutzengel · betrittst du jetzt · den Tempel. ··· Überall, · wohin deine Augen schauen, · siehst du Edelsteine · in allen Formen und
Farben. · Sie leuchten · und glitzern so wunderbar. · Du
schaust dich in aller Ruhe um.

Etwas weiter hinten im Tempel · erblickst du · den Engel
der Heilsteine. · Er schaut dich liebevoll · und weise an. ·
Geh auf ihn zu · und begrüße ihn freundlich.
Er erklärt dir:

Heilsteine · sind Geschenke der Erde. · Sie möchten dich dabei unterstützen, · deine Selbstheilungskräfte zu aktivieren · und zu stärken.

Vor dir steht ein großer Tisch, · auf dem viele verschiedene Heilsteine liegen. · Schau dir die Steine · in aller Ruhe an. ··· Wenn du magst, · kannst du dem Engel der Heilsteine eine Frage stellen · oder ihn um Rat bitten.

Kurze Pause
(Kinder 2 bis 5 Minuten, Erwachsene 5 bis 20 Minuten.)
Ganz allmählich · kommt nun der Augenblick, · da du zurückkehren musst.

Der Engel der Heilsteine · überreicht dir · zum Abschied · noch ein Geschenk. · Er überreicht dir einen Heilstein, · der für dich wichtig ist, · und verabschiedet sich von dir mit den Worten:

Die Edelsteine · möchten dich dabei unterstützen, · deine Chakren · auf liebevolle Weise · zu entfalten · und deinen Entwicklungsweg · in Liebe · und Geduld zu gehen.

Mit einer innigen Umarmung · bedankst du dich bei dem Engel der Heilsteine · und verabschiedest dich für heute von ihm.

Du fühlst dich sehr wohl, · kraftvoll · und ausgeglichen. ···
Begleitet von deinem Schutzengel · gehst du langsam wieder den Weg zurück, · den du gekommen bist.

Von der weißen Edelsteinstufe steigst du hinab, · erst auf die violette, ··· dann auf die hellblaue, ··· dann auf die grüne Stufe ··· und weiter hinunter auf die goldgelbe Stufe, ··· auf die orange ··· und zuletzt auf die rote Stufe. ··· Von der roten Stufe aus · betrittst du nun · wieder die Erde.

Dein Schutzengel führt dich durch die Blumenhecke · auf die Wiese. · Hinter euch · schließt sich auf wundersame Weise · die Blumenhecke. ··· Fröhlich · und entspannt · bist du nun bereit, · zurückzukommen in deinen Tag.

Ausklang

Atme nun tief ein · und aus. ··· Du spürst, · wie du langsam wacher wirst · und in deinen Alltag · zurückkehrst. ··· Atme noch einmal tief ein · und aus. · Du spürst nun wieder deinen Körper, ··· deine Arme ··· und deine Beine. ··· Atme noch einmal tief ein · und aus. · Bewege langsam deine Arme, ··· deine Hände, ··· deine Beine, ··· recke · und strecke dich, · öffne langsam deine Augen · und kehre fröhlich · und ausgeruht · zurück in deinen Tag.

Engel des Lernens

Schule, Ausbildung und/oder Studium statten dich mit dem nötigen Grundwissen aus, um deinen Lebensweg erfolgreich zu gehen. Leben ist lernen!

Einklang

Lege dich ganz entspannt hin, · strecke die Beine aus · und lass die Füße · langsam nach außen fallen. ··· Deine Arme · ruhen locker und gelassen · an deiner Seite. · Schließe deine Augen · und atme ruhig ein · und aus. · Spüre, · wie du mit jedem Atemzug · ruhiger wirst. · Bei jedem Ausatmen · lässt du von allem los, · was dich bisher · noch beschäftigt hat. ··· Lass deine Gedanken ziehen · wie kleine weiße Wolken · am sonnigen Himmel. ··· Der Druck · in deinem Inneren · wird leichter · und fließt mit dem Ausatmen · davon. ··· Beim Einatmen · atmest du Leichtigkeit · und Freiheit ein, · die dir den Weg · in die tiefe Ruhe · deines Inneren · erleichtern. ··· Du fühlst dich ruhig · und zufrieden, · bist völlig entspannt. ··· Nun · kannst du mit deiner Fantasie · in das Reich · der Engel reisen.

Meditation

Stell dir vor, · du befindest dich in einem wunderschönen großen Park. · Es ist ein angenehm · warmer Frühlingstag. · Die Sonne scheint goldgelb, · die Luft ist klar · und rein.

Du siehst große, · prachtvolle, · bunte Blumenbeete, · herrliche alte Bäume, · viele exotische Pflanzen, · und in der Mitte des Parks · entdeckst du · einen majestätischen Springbrunnen, · in dem klares Wasser plätschert.

Während du den Brunnen betrachtest, · spürst du, · wie dein Schutzengel neben dich tritt. · Du fühlst seine tiefe Liebe zu dir · und sein Vertrauen in dich. · Begrüße ihn · und genieße · seine liebevolle Umarmung.

Heute · möchte er mit dir · die Engel des Lernens besuchen. ··· Du freust dich sehr · und spürst, · dass etwas Wundervolles geschehen wird. ··· Zu deiner Rechten · siehst du · eine große prachtvolle Laube, · an der · verschiedene Kletterpflanzen · mit vielen bunten Blumenknospen hochwachsen. · Sie ist so groß · und lang · wie ein kleiner Tunnel, · durch den man gemütlich · hindurchspazieren kann.

Gemeinsam mit deinem Schutzengel · gehst du nun · den kurzen Weg · zu der großen Laube.

Dein Schutzengel macht eine Handbewegung, · und während · du durch die Gartenlaube spazierst, · öffnen nacheinander · die vielen bunten Blumen · ihre Blütenkelche.

Zuerst · öffnen sich alle roten Blumen. · Sie erstrahlen · in einem kraftvollen, · erdenden · roten Licht. · Spüre, · wie die Energie des roten Lichts · dir Kraft · und Mut gibt · auf all deinen Wegen.

Nun · öffnen sich die orangefarbenen Blumen. · Sie erstrahlen · in einem Freude bringenden · orangefarbenen Licht. · Spüre, · wie die Energien der Freude · und der Heiterkeit · in dir erstrahlen.

Die goldgelben Blumen · öffnen nun · ihre Blütenblätter. · Sie erstrahlen · in einem Vertrauen bringenden · goldgelben Licht. · Spüre, wie die Energien des Selbstvertrauens · und der Lebensfreude · in dir wachsen.

Die grünen Blätter · der pinkfarbenen Blumen · öffnen sich, um danach · ihre pinkfarbenen Blütenblätter · zu entfalten. · Sie erstrahlen · in einem leuchtenden · grünen · und pinkfarbenen Licht. · Spüre, · wie die Energien der Harmonie, · der Heilung · und der Liebe · deine Seele berühren.

Die hellblauen Blumen öffnen jetzt · ihre Blütenblätter. · Sie erstrahlen · in einem himmlisch blauen Licht. · Spüre, · wie die Energie der Kommunikation · und die Energie der heilenden Worte · dein Herz berühren.

Nun · öffnen die violetten Blumen · ihre Blütenpracht. · Sie erstrahlen · in einem leuchtenden, · Frieden bringenden · violetten Licht. · Spüre, · wie die Energie des Friedens · in dir immer stärker wird.

Die weißen Blumen · öffnen nun · ihre wunderschönen Blütenblätter. · Sie erstrahlen · in einem makellosen · weißen Licht. · Spüre, · wie die Energie des weißen Lichts · dir Sicherheit · und Ruhe gibt.

Du stehst nun · vor der großen · zweiflügeligen Türe · zum Tempel des Lernens. ··· Dein Schutzengel summt eine Melodie. · Die Türe öffnet sich sanft · und geräuschlos. · Gemeinsam · betretet ihr jetzt · den Tempel.

Der Tempel des Lernens · ist durchzogen · von vielen Gängen · und Nebengängen. · Hier befinden sich viele, · wunderschöne, · alte, · mit Ornamenten verzierte Regale, · in denen unzählige Bücher, · Tontafeln · und Papyrusrollen stehen.

Fasziniert · schaust du dich · in aller Ruhe um. ··· Du betrittst nun · einen großen Vorlesungsraum. · An einem Lesepult · steht ein Engel des Lernens. · Er schaut dich liebevoll · und augenzwinkernd an. · Geh auf ihn zu · und begrüße ihn freundlich.

Er erklärt dir:

Die Schule, · die Ausbildung, · das Studium · und der Beruf · sind wichtige Stationen auf deinem Lebensweg. · Schule, · Ausbildung · und Studium · statten dich mit dem nötigen Grundwissen aus, · um deinen Weg · erfolgreich zu gehen.

Begleitet von den Engeln · setzt du dich in einen sehr bequemen Sessel · in der Leseecke · des Vorlesungsraums. ··· Wenn du magst, · kannst du dem Engel des Lernens eine Frage stellen · oder ihn um Rat bitten.

Genieße · das Beisammensein · mit dem Engel.

Kurze Pause

(Kinder 2 bis 5 Minuten, Erwachsene 5 bis 20 Minuten.)

Ganz allmählich · kommt nun der Augenblick, · da du zurückkehren musst.

Der Engel des Lernens · verabschiedet sich von dir mit den Worten:

Es gibt eine Zeit des Lernens, · eine Zeit des Spielens · und die Zeit der Spiritualität. · Erschaffe für dich · ein Gleichgewicht · zwischen Lernen, · Arbeit, · Spiel · und Spiritualität, · das wird dir helfen, · deine Ziele · zu erreichen.

Liebevoll verabschiedest du dich für heute · von dem Engel des Lernens. ··· Immer · wenn du seine Hilfe brauchst, · dann denke an ihn · und seine Antwort · wird dich finden.

Begleitet von deinem Schutzengel · gehst du nun · den Weg zurück · durch die zweiflügelige Türe · hinaus · zu der Gartenlaube. · Dein Schutzengel summt eine Melodie, · und die Türe · schließt sich hinter dir. · Jetzt macht er eine Handbewegung, · und während du den Weg · durch die Gartenlaube zurückgehst, · schließen sich nacheinander · die Blütenkelche · der bunten Kletterpflanzen.

Zuerst · schließen die weißen Blumen · ihre Blütenkelche. ··· Dann · schließen die violetten ··· und die hellblauen Blumen · ihre Blütenkelche. ··· Die pinkfarbenen Blumen · schließen ihre Blütenkleider · mit ihren grünen Blättern. ··· Die goldgelben, ··· die orangefarbenen ··· und die roten Blumen · schließen zum Schluss · ihre Blütenkelche.

Gut gelaunt · und ausgeruht · bist du wieder im Park angekommen. ··· Du bist nun bereit, · zurückzukommen · in deinen Tag.

Ausklang

Atme nun tief ein · und aus. ··· Du spürst, · wie du langsam wacher wirst · und in deinen Alltag · zurückkehrst. ··· Atme noch einmal tief ein · und aus. · Du spürst nun wieder deinen Körper, ··· deine Arme ··· und deine Beine. ··· Atme noch einmal tief ein · und aus. · Bewege langsam deine Arme, ··· deine Hände, ··· deine Beine, ··· recke · und strecke dich, · öffne langsam deine Augen · und kehre fröhlich · und ausgeruht · zurück in deinen Tag.

Engel der Meere

Wenn du etwas von ganzem Herzen möchtest, wenn du an dich und deine Träume glaubst, dann kannst du alles erreichen.

Einklang

Lege dich ganz entspannt hin, · strecke die Beine aus · und lass die Füße · langsam nach außen fallen. ··· Deine Arme · ruhen locker und gelassen · an deiner Seite. · Schließe deine Augen · und atme ruhig ein · und aus. · Spüre, · wie du mit jedem Atemzug · ruhiger wirst. · Bei jedem Ausatmen · lässt du von allem los, · was dich bisher · noch beschäftigt hat. ··· Lass deine Gedanken ziehen · wie kleine weiße Wolken · am sonnigen Himmel. ··· Der Druck · in deinem Inneren · wird leichter · und fließt mit dem Ausatmen · davon. ··· Beim Einatmen · atmest du Leichtigkeit · und Freiheit ein, · die dir den Weg · in die tiefe Ruhe · deines Inneren · erleichtern. ··· Du fühlst dich ruhig · und zufrieden, · bist völlig entspannt. ··· Nun · kannst du mit deiner Fantasie · in das Reich · der Engel reisen.

Meditation

Stell dir vor, · du befindest dich auf einem wunderschönen Strand. · Es ist ein herrlich · warmer Sommertag. · Die Luft ist klar, · die Sonne scheint golden · und der Himmel strahlt · in seinem himmlischsten Blau. · Der Wind · weht liebevoll · durch dein Haar, · und die Sonnenstrahlen · kitzeln sanft · deine Nasenspitze.

Du bist ganz entspannt, · fühlst dich wohl · und geborgen. ··· Setze dich in den weichen, · angenehm warmen Sand · und genieße · das Glitzerspiel des Meeres.

Öffne · den Sonnenstrahlen deine Handflächen · und spüre, · wie dich dein Schutzengel · an die Hand nimmt. · Es ist ein wohliges Gefühl, · seine Liebe, · seine Nähe · und sein Vertrauen in dir · zu spüren. · Begrüße ihn · und genieße · seine liebevolle Umarmung.

Heute · möchte dein Schutzengel mit dir · den Engel der Meere besuchen. ··· Du freust dich sehr · und spürst, · dass dich etwas ganz Besonderes erwartet. ··· Rechts von dir · befindet sich eine Felsformation. · Begleitet von deinem Schutzengel · gehst du den kurzen Weg · zu den Felsen. · Dort · vor den Felsen · liegen ganz besondere, · große, · bunte Muscheln.

Dein Schutzengel macht eine Handbewegung, · schau, · was geschieht. · Nacheinander · öffnen sich die Muscheln · und strahlen ein wundervolles Licht aus, · welches sich als Lichtbogen · auf die Felswand legt.

Zuerst · öffnet sich die rote Muschel. · Aus ihr · strahlt kraftvolles · rotes Licht heraus, · welches sich als roter Lichtbogen · auf die Felswand legt.

Jetzt · öffnet sich die orange Muschel. · Aus ihr · erstrahlt leuchtend · orangefarbenes Licht, · welches sich als orangefarbener Lichtbogen · über den roten Bogen legt.

Die goldgelbe Muschel öffnet sich. · Aus ihr · erstrahlt Vertrauen bringendes · goldgelbes Licht, · welches sich als goldgelber Lichtbogen · über den orangefarbenen Bogen legt.

Jetzt · öffnet sich die grüne Muschel. · Aus ihr · erstrahlt heilendes · grünes Licht, · welches sich als grüner Lichtbogen · über den goldgelben Bogen legt.

Die hellblaue Muschel öffnet sich. · Aus ihr · erstrahlt himmlisches · blaues Licht, · welches sich als hellblauer Lichtbogen · über den grünen Bogen legt.

Nun · öffnet sich die königsblaue Muschel. · Aus ihr · erstrahlt beruhigendes · königsblaues Licht, · welches sich als königsblauer Lichtbogen · über den hellblauen Bogen legt.

Jetzt · öffnet sich die violette Muschel. · Aus ihr · erstrahlt Friede bringendes · violettes Licht, · welches sich als violetter Lichtbogen · über den königsblauen Bogen legt.

Nun · öffnet sich die weiße Muschel. · Aus ihr · erstrahlt makelloses · weißes Licht, · welches zum Lichtbogen · an die Felswand zieht · und den bunten Lichtbogen · in ein Lichttor verwandelt.

Dein Schutzengel lächelt dich an · und führt dich · durch das Tor · in das Reich · des Engels der Meere. ··· Du stehst nun · an einem wunderschönen, · glitzernden Strand · in einer prachtvollen Lagune.

Alles glitzert, · funkelt · und leuchtet · in den herrlichsten

Farben, · wohin deine Augen auch schauen. · Das Meer funkelt in allen Tönen · von Blau · bis Grün. · Das Wasser ist so klar, · dass du bis ganz tief · auf den Meeresgrund schauen kannst. · Du siehst Korallen, · Seepferdchen · und Fische · in allen Größen · und Farben.

Diese bunte, · lebendige Meereswelt · ist herrlich anzuschauen. · Da gibt es den Gelbflossen-Eichhörnchenfisch, · den zweifarbigen Papageifisch, · bunte Feenbarsche, · den Blaulippen-Borstenzahndoktor-Fisch, · den Weißstreifen-Kofferfisch · und noch viele mehr.

Du bist ganz fasziniert · von dieser märchenhaften Unterwasserwelt. · Ein Gefühl der Freiheit, · der Fröhlichkeit · und des Einsseins mit der Natur · erwacht in dir.

Du bist ganz entspannt, · fühlst dich wohl · und geborgen.

Dein Schutzengel · legt sanft · seine Hand ·auf deine Schulter, · denn er möchte dir jemanden vorstellen. · Neben ihm steht, · in das Licht der Meeresfarben gehüllt, · der Engel der Meere. · Er schaut dich liebevoll · und fröhlich an. · Es gefällt ihm, · wie sehr dich diese Meereswelt fasziniert. · Geh auf ihn zu · und begrüße ihn freundlich.

Der Engel der Meere · hat eine Überraschung für dich. · Er legt eine Hand an seinen Mund · und summt · eine kaum wahrnehmbare Melodie. · Nach einer kleinen Weile · zeigt er mit seiner Hand · auf das Meer hinaus, · und du kannst sehen, · dass sich dort · etwas bewegt. Was kann das nur sein?

Die beiden Engel lächeln · und zwinkern sich mit den Augen zu. · Ein Kichern · erklingt · vom Meer her · bis zu dir. ·

Langsam · beginnst du zu ahnen, · woher dieses Kichern kommt, · da schwimmt auch schon eine Gruppe Delfine · in die Lagune hinein.

Sie spielen · und tollen im Wasser, · machen Kunststücke · und freuen sich des Lebens. · Die Lebensfreude der Delfine · macht auch dich glücklich. · Am liebsten würdest du mit ihnen schwimmen, · alle Sorgen · und alle Ängste hinter dir lassen · und das Leben · einfach genießen.

Der Engel der Meere · kennt deinen Wunsch. · Er hüllt dich in schützendes weißes Licht, · so kannst du ohne Gefahr · im Meer · mit den Delfinen spielen.

Die beiden Engel · führen dich in das angenehm warme Wasser. · Dort · wartet schon ein junger Delfin auf dich, · der mit dir spielen · und mit dir schwimmen möchte. · Du hältst dich an seiner Rückenflosse fest, · und schon geht der Spaß los.

Genieße das Spiel mit den Delfinen. ··· Wenn du magst, · kannst du ihnen eine Frage stellen · oder sie um Rat bitten.

Kurze Pause

(Kinder 2 bis 5 Minuten, Erwachsene 5 bis 20 Minuten.)
Ganz allmählich · ist es Zeit, · dich von den Delfinen · zu verabschieden.

Der junge Delfin, · dein Spielgefährte, · verabschiedet sich von dir mit den Worten:

Wenn du etwas von ganzem Herzen möchtest, · wenn du an dich · und deine Träume glaubst, · dann kannst du alles erreichen. · Gib acht · auf alles, was du tust · und

was du siehst, · dann wirst du sehr viel lernen · und erken-
nen, · wie du deine Träume realisieren kannst.

Er gibt dir einen Kuss auf die Nasenspitze · und schwimmt ·
wieder ins Meer hinaus. ··· Glücklich über dieses Erlebnis ·
schaust du die beiden Engel · freudestrahlend an.

Der Engel der Meere verabschiedet sich von dir mit den
Worten:

Dein Schutzengel · ist stets an deiner Seite. · Er stärkt dir
den Rücken · und dein Herz, · damit du all deine Träu-
me · verwirklichen kannst. · Die Liebe · und die Freund-
schaft aller Engel · begleiten dich · auf all deinen Wegen!

Du bedankst dich bei dem Engel der Meere · und verabschiedest dich für heute von ihm.

Fröhlich · und glücklich · gehst du nun, · begleitet von
deinem Schutzengel, · den Weg zurück · durch das Lichttor · zum Strand. Dein Schutzengel macht eine Handbewegung, · nacheinander · schließen sich jetzt · die bunten Muscheln, · und das Lichttor · wird wieder unsichtbar für dich.

Zuerst · schließt sich die weiße Muschel, ··· dann · schließen sich die violette, ··· die königsblaue, ··· die hellblaue, ···
die grüne, ··· die goldgelbe, ··· die orange, ··· und zum
Schluss · schließt sich die rote Muschel.

Glücklich · und entspannt, · bist du nun bereit, · zurückzukommen · in deinen Tag.

Ausklang

Atme nun tief ein · und aus. ··· Du spürst, · wie du langsam wacher wirst · und in deinen Alltag · zurückkehrst. ··· Atme noch einmal tief ein · und aus. · Du spürst nun wieder deinen Körper, ··· deine Arme ··· und deine Beine. ··· Atme noch einmal tief ein · und aus. · Bewege langsam deine Arme, ··· deine Hände, ··· deine Beine, ··· recke · und strecke dich, · öffne langsam deine Augen · und kehre fröhlich · und ausgeruht · zurück in deinen Tag.

Engel des Mutes

Engel des Mutes sind immer für ihre Schütz-linge da. Symbolisch für den Lebensweg eines jeden Menschen brennen die großen weißen Kerzen. Jeder Engel des Mutes bestärkt sei-nen Schützling im Gebet darin, mutig seinen eigenen Lebensweg zu gehen, ohne sich den Vorstellungen anderer anzupassen.

Einklang

Lege dich ganz entspannt hin, · strecke die Beine aus · und lass die Füße · langsam nach außen fallen. ··· Deine Arme · ruhen locker und gelassen · an deiner Seite. · Schließe dei-ne Augen · und atme ruhig ein · und aus. · Spüre, wie du mit jedem Atemzug · ruhiger wirst. · Bei jedem Ausatmen · lässt du von allem los, · was dich bisher · noch beschäftigt hat. ··· Lass deine Gedanken ziehen · wie kleine weiße Wol-ken · am sonnigen Himmel. ··· Der Druck · in deinem In-neren · wird leichter · und fließt mit dem Ausatmen · da-von. ··· Beim Einatmen · atmest du Leichtigkeit · und Frei-heit ein, · die dir den Weg · in die tiefe Ruhe · deines Inne-ren · erleichtern. ··· Du fühlst dich ruhig · und zufrieden, · bist völlig entspannt. ··· Nun · kannst du mit deiner Fanta-sie · in das Reich · der Engel reisen.

Meditation

Stell dir vor, · du befindest dich an einem wunderschönen Waldsee. · Es ist eine sternenklare, · angenehm warme Sommernacht. · Millionen Sterne · glitzern am königsblauen Himmel. · Der silberne Mond · strahlt leuchtend · und hell · auf die Erde hinab.

Sanft · streichelt der Wind · durch dein Haar. ··· Der wunderschöne Gesang · einer Nachtigall erklingt, · Birkenblätter rascheln im Wind, · und unzählige Glühwürmchen · tanzen in der warmen Sommernacht.

Du bist ganz entspannt, · fühlst dich wohl · und geborgen. ··· Während du den Tanz der Glühwürmchen beobachtest, · spürst du, · wie dein Schutzengel neben dich tritt. · Es ist ein wohliges Gefühl, · seine Liebe, · seine Nähe · und sein Vertrauen in dich · zu spüren. · Begrüße ihn · und genieße · seine liebevolle Umarmung.

Heute · möchte er mit dir · den Engel des Mutes besuchen. · Dein Herz jubelt vor Freude, · und du weißt, · etwas ganz Besonderes wird geschehen. ··· Dein Schutzengel macht eine Handbewegung, · und am Sommernachtshimmel · verwandeln sich · sieben Sterne · in sieben prachtvolle Sternschnuppen. ··· Nacheinander · beginnen sie in den Farben des Regenbogens zu leuchten · und lassen glitzernden Sternenstaub · auf den Waldsee herabrieseln.

Zuerst · erstrahlt eine Sternschnuppe · in Kraft bringendem · rotem Licht · und lässt roten, · glitzernden Sternenstaub · auf den Waldsee herabrieseln. · Die Luft um dich herum · erstrahlt nun · in diesem roten Licht.

Die zweite Sternschnuppe · erstrahlt · in Heiterkeit bringendem · orangefarbenem Licht · und lässt orangefarbenen · glitzernden Sternenstaub · auf den Waldsee herabrieseln. · Die Luft um dich herum erstrahlt · in orangefarbenem Licht.

Die nächste Sternschnuppe · erstrahlt · in Vertrauen schenkendem · goldgelbem Licht · und lässt goldgelben · glitzernden Sternenstaub · auf den Waldsee herabrieseln. · Die Luft um dich herum erstrahlt · in goldgelbem Licht.

Die vierte Sternschnuppe · erstrahlt · in heilendem · grünem Licht · und lässt grünen · glitzernden Sternenstaub · auf den Waldsee herabrieseln. · Die Luft um dich herum erstrahlt · in grünem Licht.

Die fünfte Sternschnuppe · erstrahlt · in himmlisch · blauem Licht · und lässt blauen · glitzernden Sternenstaub · auf den Waldsee herabrieseln. · Die Luft um dich herum erstrahlt · in hellblauem Licht.

Die nächste Sternschnuppe · erstrahlt · in einem Friede bringenden · violetten Licht · und lässt violetten · glitzernden Sternenstaub · auf den Waldsee herabrieseln. · Die Luft um dich herum erstrahlt · in violettem Licht.

Eine makellos weiße Sternschnuppe erstrahlt · und lässt perlmuttfarbenen · glitzernden Sternenstaub · auf den Waldsee herabrieseln. · Die Luft um dich herum erstrahlt · in weißem Licht.

Dein Schutzengel summt eine Melodie, · und der bunte, · glitzernde Sternenstaub · verwandelt sich in ein Lichttor. · Hinter dem Tor · wartet eine große, · gemütliche, · kuschelige weiße Wolke auf dich, · die dich sicher · zum Sternentempel · der Engel des Mutes bringen wird.

Gemeinsam mit deinem Schutzengel · nimmst du auf der Wolke Platz, · und schon schwebt sie langsam · durch den glitzernden Sternenstaub · in die Richtung · des königsblauen Sternenhimmels. ··· Du bist ganz entspannt, · fühlst dich sicher · und geborgen.

Sanft · steigt die Wolke immer höher · und höher · durch den roten glitzernden Sternenstaub, ··· durch den orangefarbenen Sternenstaub, ··· den goldgelben, ··· den grünen, ··· den hellblauen, ··· den violetten ··· und den perlmuttfarbenen Sternenstaub.

Vor dem prachtvollen, · zweiflügeligen · goldenen Tor · des Sternentempels · hält deine weiße Wolke an. ··· Das Tor öffnet sich, · dein Schutzengel nimmt dich lächelnd an die Hand, · und gemeinsam · betretet ihr den Sternentempel. ··· Welch eine Pracht!

Überall, · wohin deine Augen schauen, · siehst du große weiße Kerzen brennen. · Ein Lichtermeer · aus Millionen · leuchtender Kerzen. ··· Vor jeder Kerze · steht ein strahlend schöner, · kraftvoller Engel, · im Gebet versunken. · Es sind die Engel des Mutes.

Einer der Engel kommt lächelnd auf dich zu, · er ist der Engel des Mutes, · der dir · zur Seite steht. · Er schaut dich

liebevoll · und weise an. · Geh ihm entgegen · und begrüße ihn freundlich.

Er erklärt dir:

*Alle Engel des Mutes · sind immer für ihre Schützlin-
ge da. · Symbolisch · für den Lebensweg eines jeden Menschen · brennen die großen weißen Kerzen. · Jeder Engel
des Mutes · bestärkt im Gebet · seinen Schützling darin, ·
mutig seinen eigenen Lebensweg zu gehen, · ohne · sich den
Vorstellungen anderer anzupassen.*

In einem Seitenraum des Sternentempels · steht ein großes
sternenförmiges Bett.

Lege dich vertrauensvoll auf dieses Bett · und lass dich
von dem Engel des Mutes · heilen. · ··· Wenn du magst, ·
kannst du ihm eine Frage stellen · oder ihn um Rat bitten.

Kurze Pause
(Kinder 2 bis 5 Minuten, Erwachsene 5 bis 20 Minuten.)
Ganz allmählich · kommt nun der Augenblick, · da du zu-
rückkehren musst.

Der Engel des Mutes hat noch ein Geschenk für dich.

Er überreicht dir eine weiße Kerze · und verabschiedet
sich von dir mit den Worten:

*Immer · wenn du wichtige Entscheidungen treffen
musst · oder du dir unsicher bist, · dann zünde eine Kerze
an, · mit der Bitte, · zu erkennen, · was jetzt angemessen ·
und richtig ist. · Die Antwort der Engel · wird dich stets*

*finden! · Du musst deinen eigenen Weg gehen. · Nur dein
ganz persönlicher Weg · mit all seinen Möglichkeiten · und
all seinen Herausforderungen · lässt dich spirituell wachsen und deine Persönlichkeit reifen.*

Du bedankst dich bei dem Engel des Mutes · und verabschiedest dich · mit einer liebevollen Umarmung · von
ihm. ··· Du weißt, · du bist auf deinem Lebensweg · nie alleine!

Begleitet von deinem Schutzengel · gehst du nun · den Weg
zurück · durch das goldene Tor des Sternentempels · und
nimmst wieder Platz · auf der kuscheligen weißen Wolke, ·
die dich sicher · und bequem · zum Waldsee zurückbringt. ·
Langsam · gleitet die Wolke durch den glitzernden Sternenstaub · zurück · in Richtung des Sees.

Zuerst · durch den perlmuttfarbenen Sternenstaub, ··· dann
durch den violetten Sternenstaub, ··· durch den hellblau-
en, ··· den grünen, ··· den goldgelben, ··· den orangefarbenen ··· und zum Schluss · durch den roten Sternenstaub.

Gemeinsam mit deinem Schutzengel · betrittst du nun ·
wieder die Wiese · vor dem Waldsee. ··· Dein Schutzengel
summt eine Melodie, · und das Lichttor · verwandelt sich
wieder · in den bunten glitzernden Sternenstaub. ··· Nacheinander · fließt der bunte Sternenstaub · wieder zurück ·
zur farblich passenden Sternschnuppe.
    Der perlmuttfarbene Sternenstaub · fließt zurück · zu

der weißen Sternschnuppe, ··· der violette Sternenstaub · fließt zurück · zu der violetten Sternschnuppe, ··· der hellblaue Sternenstaub · fließt zurück · zu der hellblauen Sternschnuppe, ··· der grüne Sternenstaub · fließt zurück · zu der grünen Sternschnuppe, ··· der goldgelbe Sternenstaub · fließt zurück · zu der goldgelben Sternschnuppe, ··· der orange Sternenstaub · fließt zurück · zu der orangefarbenen Sternschnuppe, ··· und zum Schluss · fließt der rote Sternenstaub · zurück · zu der roten Sternschnuppe.

Dein Schutzengel macht eine Handbewegung, · und die bunten Sternschnuppen · verwandeln sich wieder · in die leuchtenden · hellen Sterne · an dem königsblauen Sommernachtshimmel.

Vor Glück strahlend · schaust du deinen Schutzengel an · und bist nun wieder bereit, · zurückzukommen · in deinen Tag.

Ausklang

Atme nun tief ein · und aus. ··· Du spürst, · wie du langsam wacher wirst · und in deinen Alltag · zurückkehrst. ··· Atme noch einmal tief ein · und aus. · Du spürst nun wieder deinen Körper, ··· deine Arme ··· und deine Beine. ··· Atme noch einmal tief ein · und aus. · Bewege langsam deine Arme, ··· deine Hände, ··· deine Beine, ··· recke · und strecke dich, · öffne langsam deine Augen · und kehre fröhlich · und ausgeruht · zurück in deinen Tag.

Engel der Natur

Wenn du etwas von ganzem Herzen errei-chen willst, dann können dich nur deine ei-genen Ängste aufhalten. Höre auf deine in-nere Stimme, auf dein Herz, das genau weiß, was du tun musst, um dein Ziel zu erreichen, um deinen Traum zu verwirklichen. Lausche in dein Herz und lebe deinen Traum!

Einklang

Lege dich ganz entspannt hin, · strecke die Beine aus · und lass die Füße · langsam nach außen fallen. ··· Deine Arme · ruhen locker und gelassen · an deiner Seite. · Schließe dei-ne Augen · und atme ruhig ein · und aus. · Spüre, · wie du mit jedem Atemzug · ruhiger wirst. · Bei jedem Ausatmen · lässt du von allem los, · was dich bisher · noch beschäftigt hat. ··· Lass deine Gedanken ziehen · wie kleine weiße Wol-ken · am sonnigen Himmel. ··· Der Druck · in deinem In-neren · wird leichter · und fließt mit dem Ausatmen · da-von. ··· Beim Einatmen · atmest du Leichtigkeit · und Frei-heit ein, · die dir den Weg · in die tiefe Ruhe · deines Inne-ren · erleichtern. ··· Du fühlst dich ruhig · und zufrieden, · bist völlig entspannt. ··· Nun · kannst du mit deiner Fanta-sie · in das Reich · der Engel reisen.

Meditation

Stell dir vor, · du befindest dich auf einer wunderschönen Waldwiese. · Es ist ein angenehm warmer, · sonniger Tag. · Kleine weiße Wölkchen · schaukeln gemütlich · am klaren blauen Himmel. · Die Vögel zwitschern ein fröhliches Lied, · Eichhörnchen spielen auf der Wiese, · Grashüpfer springen lustig · von einer Blume zur nächsten, · große und kleine Schmetterlinge · tanzen einen wundervollen Tanz · in der klaren Luft. · Es ist herrlich anzuschauen.

Zu deiner rechten Seite · plätschert ein Bach · unbesorgt · in Richtung des Waldes. · Auf seiner gegenüberliegenden Seite · grasen friedlich · junge Wildpferde. · Während du die jungen Pferde beobachtest, · spürst du, · wie dein Schutzengel neben dich tritt. · Es ist ein wohliges Gefühl, · seine Liebe, · seine Nähe · und sein Vertrauen in dich · zu spüren. · Begrüße ihn · und genieße · seine liebevolle Umarmung.

Heute · möchte dein Schutzengel mit dir · den Engel der Natur besuchen. ··· Du freust dich sehr · und weißt, · etwas ganz Besonderes wird geschehen. ··· Du schaust deinen Schutzengel freudestrahlend an, · reichst ihm deine Hand, · und gemeinsam · folgt ihr dem Lauf des Baches · in Richtung des Waldes. · Es ist nur ein kurzer Weg.

Am Waldrand angekommen, · entdeckst du prachtvolle Blumen. · Sie leuchten in besonders intensiven Farben. · Ihre Blütenkelche · sind noch geschlossen. ··· Dein Schutzengel macht eine Handbewegung, · die Luft um dich herum · beginnt zu glitzern, · und nacheinander · öffnen die prachtvollen Blumen · ihre Blütenkelche.

Zuerst · öffnet die rote Blume · ihr Blütenkleid. · Schau, was geschieht. · Eine kleine Elfe · in einem leuchtend roten Klatschmohnkleid · fliegt fröhlich aus der Blüte heraus · und tanzt vor dir · in der glitzernden Luft. · Aus der Blume · erstrahlt kraftvolles · rotes Licht. · Die Luft um dich herum · leuchtet nun ebenfalls · in diesem roten Licht. · Dies ist die Farbe des Mutes, · der Kraft · und der Erdung.

Jetzt · öffnet sich die orange Blume. · Eine kleine Elfe · in einem wunderschönen · orangefarbenen Schönmalvenkleid · fliegt lachend aus der Blüte heraus · zu ihrer Schwester, der Klatschmohnelfe. · Aus der Blume · erstrahlt Heiterkeit bringendes · orangefarbenes Licht. · Die Luft um dich herum · leuchtet nun ebenfalls · in diesem orangefarbenen Licht. · Dies ist die Farbe der Leidenschaft, · der Kreativität, · der Heiterkeit · und des Lachens.

Nun · öffnet sich eine goldgelbe Blume. · Fröhlich lachend · fliegt eine kleine Elfe · in einem goldgelben Osterglockenkleid · zu ihren Elfenschwestern, · der Klatschmohnelfe · und der Schönmalvenelfe. · Aus der Blume · erstrahlt Vertrauen schenkendes · goldgelbes Licht. · Die Luft um dich herum · leuchtet nun ebenfalls · in diesem goldgelben Licht. · Dies ist die Farbe der Lebensfreude, · der Fröhlichkeit · und des Vertrauens.

Die grünen Blätter · einer pinkfarbenen Rose · öffnen sich, · und eine Elfe · in einem pinkfarbenen Apothekerrosenkleid · fliegt aus der Blume heraus · zu ihren Elfenschwestern. · Aus der Blume · erstrahlt heilendes · grünes Licht. · Die Luft um dich herum · leuchtet nun ebenfalls · in diesem grünen Licht. · Dies ist die Farbe der Heilung, · des spirituellen Wachstums · und des inneren Gleichgewichts.

Eine himmlisch blaue Blume · öffnet jetzt · ihr Blütenkleid · für eine kleine lachende Elfe · in einem hellblauen Vergissmeinnichtkleid. · Aus der Blume · erstrahlt himmelblaues Licht. · Die Luft um dich herum · leuchtet nun ebenfalls · in diesem himmlisch blauen Licht. · Dies ist die Farbe · der Kommunikation.

Eine königsblaue Blume · öffnet jetzt · ihr Blütenkleid · für eine kleine, · fröhlich tanzende Elfe · in einem blauen Ritterspornkleid. · Aus der Blume · erstrahlt Ruhe bringendes · königsblaues Licht. · Die Luft um dich herum · leuchtet nun ebenfalls · in diesem königsblauen Licht. · Dies ist die Farbe der inneren Ruhe · und der Intuition.

Die violette Kletterpflanze · öffnet jetzt · einen Blütenkelch · für eine kleine · strahlende Elfe · in einem violetten Clematiskleid. · Aus der Blume · erstrahlt Frieden bringendes · violettes Licht. · Die Luft um dich herum · leuchtet nun ebenfalls · in diesem violetten Licht. · Dies ist die Farbe der Spiritualität, · des inneren Friedens · und des Glaubens.

Nun · öffnet eine große weiße Blume · ihren Blütenkelch, · und eine kleine Elfe · in einem weißen Lilienkleid · fliegt zu ihren Elfenschwestern. · Aus der Blume · erstrahlt makelloses · weißes Licht. · Die Luft um dich herum · leuchtet nun ebenfalls · in diesem weißen Licht. · Dies ist die Farbe der Reinheit, · der allumfassenden Sicherheit, · der allumfassenden Ruhe · und des allumfassenden Friedens. · Durch das weiße Licht · bist du mit der göttlichen Quelle · allen Lebens verbunden.

Die Elfenschwestern · fassen sich lachend an den Händen · und tanzen fliegend · im Kreis. · Du freust dich mit ihnen. · Es ist herrlich anzuschauen.

Dein Schutzengel · nickt mit seinem Kopf · den Elfenschwestern · lachend zu. · Fröhlich und voller Lebensfreude · werfen die kleinen Elfen · glitzerndes · regenbogenfarbenes Elfenpulver · in die Luft. · Schau, was geschieht. · Durch das glitzernde Elfenpulver · öffnet sich eine unsichtbare Türe, · die den Weg freigibt · in das Reich der Engel der Natur.

Begleitet von deinem Schutzengel · gehst du durch die Türe, · den Weg entlang, · der dich in einen paradiesischen Garten führt. · In diesem Garten · sind die Farben leuchtender · und viel intensiver · in ihren Farbtönen. · Alles glitzert · und funkelt, · wohin deine Augen auch schauen.

Kleine Elfenkinder · in ihren bunten schillernden Blumenkleidern · tanzen fröhlich und ausgelassen · in der sonnigen Luft · und auf der leuchtend grünen Wiese.

Alle Lebewesen in diesem Garten sind friedlich, · glücklich · und begegnen einander voller Liebe. · Die unterschiedlichsten Tiere · spielen friedlich · miteinander · ihre Lieblingsspiele.

Alle Pflanzen sind prächtig gewachsen · und in leuchtende Farben gehüllt. · Die Sonne strahlt in ihrem schönsten Goldgelb, · und am Himmel · prangen Millionen klitzekleiner blauer Herzen · der himmlischen Liebe.

Weiter vorne · siehst du einen sehr alten, · großen, · kraftvollen Baum. · Über ihm · erstrahlt in den schönsten Farben · ein majestätischer Regenbogen. ··· Gehe den kurzen Weg · zu diesem Baum. · Lege dich unter ihn · in das warme, · weiche, · grüne Gras · und lasse die heilenden Farbenergien · des Regenbogens · deinen Körper heilen. · Diese heilenden Farben · wissen genau, · wohin sie fließen müssen, · um ihr Bestes · für dich zu tun. ··· Genieße jetzt · diese heilenden Farbenergien.

Kurze Pause

(Kinder 2 bis 5 Minuten, Erwachsene 5 bis 10 Minuten.)
Während du gemütlich im Gras liegst, · hörst du leise Schritte, · die sich dir nähern. · Du schaust dich um · und siehst den Engel der Natur · auf dich zukommen. · Er schaut dich liebevoll · und weise an. · Gehe ihm entgegen · und begrüße ihn freundlich.

Du bist umgeben von Liebe · und fühlst dich richtig wohl. ··· Der Engel der Natur legt eine Hand auf deine Schulter · und zeigt mit der anderen Hand · hinter dich. ··· Voll freudiger Erwartung drehst du dich um. · Hinter dir · steht ein wunderschönes · weißes Einhorn. · Es kommt jetzt langsam auf dich zu, · bleibt dann ganz ruhig vor dir stehen · und schaut dich mit seinen liebevollen, weisen Augen an.

Dein Schutzengel · und der Engel der Natur · lächeln dich an · und heben dich behutsam · auf den Rücken des Einhorns. · Auf seinem Rücken · bist du sicher · und geborgen. · Ganz gemütlich · trabt das Einhorn · mit dir · durch den paradiesischen Garten. · Es zeigt dir alle Pflanzen, · Bäume, · Tiere · und erklärt dir · die Lebensabläufe in der Natur, · den Frühling, · den Sommer, · den Herbst · und den Winter. · Das Wachsen, · das Erblühen, · das Welken · und das Ruhen in Gott.

Auf dem Rücken des Einhorns · fühlst du dich sicher, · wohl und geborgen. · Genieße · das Beisammensein mit ihm. · ·· Wenn du magst, · kannst du ihm eine Frage stellen · oder es um Rat bitten.

Kurze Pause
(Kinder 2 bis 5 Minuten, Erwachsene 5 bis 10 Minuten.)
Ganz allmählich · kommt nun der Augenblick, · da du zurückkehren musst. · Das Einhorn · verabschiedet sich von dir:

Verbringe mehr Zeit in der Natur · und beachte ihren Rhythmus. · Das Erkennen · und das Verstehen · der natürlichen Lebensabläufe · wird dir helfen, · dich selbst · und deine Talente zu entdecken · und zu entwickeln. · Dann kannst du ergründen, · was wirklich in dir steckt, · und die Grenzen in dir selbst · überwinden.

Das Einhorn · berührt sanft deine Hand · mit seinem glitzernden Horn, · und ein Lichtstrahl seiner Liebe · strömt aus dem Horn · durch deine Hand · in dein Herz, · um dich, · dein ganzes Sein · zu stärken.

Du umarmst das Einhorn liebevoll · und verabschiedest dich für heute von ihm.

Glücklich · über dieses himmlische Abenteuer · schaust du die beiden Engel an.

Der Engel der Natur · verabschiedet sich von dir mit den Worten:

> *Wenn du etwas von ganzem Herzen erreichen willst, · dann können dich nur · deine eigenen Ängste aufhalten. · Höre · auf deine innere Stimme, · auf dein Herz, · das genau weiß, · was du tun musst, · um dein Ziel zu erreichen, · um deinen Traum zu verwirklichen. · Lausche in dein Herz · und lebe deinen Traum!*

Du bedankst dich bei dem Engel der Natur · und verabschiedest dich für heute von ihm.

Dein Schutzengel nimmt dich lächelnd an die Hand. · Begleitet von ihm, · gehst du zurück · durch die Elfenlichttüre · auf die Waldwiese. · Die Elfenschwestern · erwarten dich freudestrahlend. · Sie strecken ihre zierlichen Hände in die Luft, · die Elfenlichttüre wird wieder unsichtbar für dich, · und das glitzernde Elfenpulver · fließt zurück · in ihre sanften Elfenhände.

Nacheinander · fliegen sie jetzt · in ihre Blumenhäuser · und schließen für heute · ihre Blütenkelche. ··· Die Lilienelfe · fliegt in ihre große weiße Blume, · die Clematiselfe ·

fliegt in ihre violette Blume, · die Rittersporelfe · fliegt in ihre königsblaue Blume, · und die Vergissmeinnichtelfe · fliegt in ihre hellblaue Blume. · Du kannst sehen, · wie sich die weißen, ··· die violetten, ··· die königsblauen ··· und die hellblauen Blütenkelche · für heute · schließen.

Die pinkfarbene Apothekerrosenelfe · fliegt zu den grünen Blättern · ihrer pinkfarbenen Rose · und schließt jetzt · den Blütenkelch · mit den grünen Blättern.

Auch die Osterglockenelfe, · die Schönmalvenelfe · und die Klatschmohnelfe · fliegen in ihre Blumenhäuser · und schließen für heute · ihr goldgelbes, ··· ihr orangefarbenes ··· und zum Schluss · ihr rotes Blütenkleid.

Du bedankst dich bei deinem Schutzengel · für diese märchenhafte Reise · und bist nun bereit, · zurückzukommen · in deinen Tag.

Ausklang

Atme nun tief ein · und aus. ··· Du spürst, · wie du langsam wacher wirst · und in deinen Alltag · zurückkehrst. ··· Atme noch einmal tief ein · und aus. · Du spürst nun wieder deinen Körper, ··· deine Arme ··· und deine Beine. ··· Atme noch einmal tief ein · und aus. · Bewege langsam deine Arme, ··· deine Hände, ··· deine Beine, ··· recke · und strecke dich, · öffne langsam deine Augen · und kehre fröhlich · und ausgeruht · zurück in deinen Tag.

Die Schatzengel

Der größte und wertvollste Schatz der Erde, den die Engel im Auftrag Gottes beschützen und behüten, bist du! Die Schatzengel behüten alle Kinder der Erde und des Himmels, vom Anbeginn der Zeit bis in alle Ewigkeit. Auch wenn manch einer die Engel vergessen hat oder nicht mehr an sie glaubt, so sind sie doch immer für uns da. Gott und die Engel lieben dich so, wie du bist!

Einklang

Lege dich ganz entspannt hin, · strecke die Beine aus · und lass die Füße · langsam nach außen fallen. ··· Deine Arme · ruhen locker und gelassen · an deiner Seite. · Schließe deine Augen · und atme ruhig ein · und aus. · Spüre, · wie du mit jedem Atemzug · ruhiger wirst. · Bei jedem Ausatmen · lässt du von allem los, · was dich bisher · noch beschäftigt hat. ··· Lass deine Gedanken ziehen · wie kleine weiße Wolken · am sonnigen Himmel. ··· Der Druck · in deinem Inneren · wird leichter · und fließt mit dem Ausatmen · davon. ··· Beim Einatmen · atmest du Leichtigkeit · und Freiheit ein, · die dir den Weg · in die tiefe Ruhe · deines Inneren · erleichtern. ··· Du fühlst dich ruhig · und zufrieden, · bist völlig entspannt. ··· Nun · kannst du mit deiner Fantasie · in das Reich · der Engel reisen.

Meditation

Stell dir vor, · du befindest dich an einem wunderschönen Strand. · Es ist ein angenehm · warmer Sommertag. · Das Meer · glitzert und funkelt · in der strahlenden Sonne. · Dieses Strahlen sieht aus · wie das Funkeln · von Millionen · auf dem Meer tanzender Sterne.

Kleine Schäfchenwolken · ziehen ruhig · am klaren blauen Himmel entlang. · Bunte Vögel · gleiten anmutig · durch die sonnige Luft. · · · Zu deiner Rechten · siehst du große, · exotische Bäume · in satten, · leuchtenden Grüntönen, · deren Äste und Zweige · große bunte Blüten tragen.

Zu deiner linken Seite · siehst du einen glitzernden Wasserfall. · In seiner Gischt · tanzt das farbige Licht · eines Regenbogens. · · · Während du das Glitzerspiel des Meeres betrachtest, · spürst du, · wie dein Schutzengel neben dich tritt. · Es ist ein wohliges Gefühl, · seine Liebe · und seine Nähe zu spüren. · Er freut sich sehr, · dass du mit ihm zusammen bist. · Begrüße ihn · und genieße · seine liebevolle Umarmung.

Heute · möchte dein Schutzengel mit dir · die Schatzengel besuchen. · · · Du freust dich sehr · auf dieses himmlische Abenteuer, · auf den Schatz, · den du finden darfst. · · · Gemeinsam mit deinem Schutzengel · gehst du den kurzen Weg · zu dem Wasserfall. · Vor einer Rosenhecke · bleibt ihr stehen. · · · Dein Schutzengel streichelt ein Blatt, · und auf wundersame Weise · gleitet die Hecke zur Seite. · · · Schau, · in die Felswand ist eine Steintreppe gehauen, · die dich hinter den Wasserfall führt.

Mit freudiger Erwartung · steigst du, · begleitet von dei-

nem Schutzengel, · die Treppe nach oben. · Sie führt dich
in einen Gang, · hinter den Wasserfall.

Dein Schutzengel schaut dich lächelnd an, · macht eine
Handbewegung, · und nacheinander · erstrahlen bunte Fackeln, · die den Gang · in regenbogenfarbenes Licht · tauchen.

Zuerst · erstrahlt eine Fackel · in einem kraftvollen · roten Licht. · Das erste Stück des geheimen Felsgangs · und
die Luft um dich herum · leuchten nun · in diesem kraftvollen, · erdigen roten Licht. · Spüre, · wie die Energie des
roten Lichts · dir Kraft · und Mut gibt · auf all deinen Wegen.

Du gehst drei Schritte · und kommst zu der nächsten Fackel. ··· Diese Fackel · lässt den Gang · und die Luft um
dich herum · in einem Heiterkeit bringenden, · orangefarbenen Licht erstrahlen. · Spüre, · wie die Energie des orangefarbenen Lichts · deine Kreativität stärkt · und in dir Leidenschaft, · die dir · bei der Verwirklichung deiner Träume
hilft, · weckt.

Gehe drei Schritte · zu der nächsten Fackel. ··· Diese Fackel · lässt den Gang · und die Luft um dich herum · in Vertrauen bringendem, · goldgelbem Licht erstrahlen. · Spüre, · wie die Energie des Selbstvertrauens · und der Lebensfreude · in dir wächst.

Gehe noch einmal drei Schritte · zu der nächsten Fackel. ···
Diese Fackel · lässt den Gang · und die Luft um dich he-

rum · in heilendem, grünem Licht erstrahlen. · Spüre, · wie die Energie der Heilung, · der Harmonie · und des spirituellen Wachstums · deine Seele berührt.

Nach weiteren drei Schritten ··· lässt die nächste Fackel · den Gang · und die Luft um dich herum · in himmlisch blauem Licht erstrahlen. · Spüre, · wie die Energie der Kommunikation, · die Energie der heilenden Worte · dein Herz berührt.

Gehe drei Schritte · zu der nächsten Fackel. ··· Diese Fackel · lässt den Gang · und die Luft um dich herum · in Friede bringendem, · violettem Licht erstrahlen. · Spüre, · wie sich die Energie des Friedens in dir ausbreitet, · deinen Glauben stärkt · und deine Spiritualität erhellt.

Gehe nun · noch einmal drei Schritte · zu der nächsten Fackel. ··· Diese siebte Fackel · lässt den Gang · und die Luft um dich herum · in makellosem weißem Licht erstrahlen. · Spüre, · wie sich die Energie der allumfassenden Ruhe, · des allumfassenden Friedens · und der allumfassenden Sicherheit · in dir ausbreitet.

Begleitet von deinem Schutzengel · gehst du durch das weiße Licht · und betrittst jetzt · den Eingang · zu einem märchenhaften Tal. ··· Es glitzert und funkelt · in wunderschönen, · paradiesischen Farben, · wohin du auch schaust. · Die Luft in diesem Tal · schimmert einen Hauch golden, · alle Pflanzen sind majestätisch gewachsen · und leuchten in Farben, · die du vorher · noch nie gesehen hast. · Eine

Regenbogenlichtbrücke · führt über einen kleinen, · friedlich dahinfließenden Fluss.

Alle Lebewesen in diesem Tal · sind friedlich, · glücklich · und begegnen einander voller Liebe. ··· Am Himmel · schwingen sich fröhliche Engelkinder · glücklich · auf ihren Wolkenschaukeln hin und her. ··· Es ist herrlich anzuschauen. · Du bist ganz entspannt, · fühlst dich wohl · und geborgen.

Dein Schutzengel · legt liebevoll · seine Hand auf deine Schulter. · Neben ihm steht, · in himmlisches, · glitzerndes, · blaues, · weißes · und perlmuttfarbenes Licht gehüllt, · ein Schatzengel. · Er schaut dich voller Liebe an. · Geh auf ihn zu · und begrüße ihn freundlich.

Du bist umgeben von Liebe · und fühlst dich sehr wohl. ··· Hand in Hand · mit den beiden Engeln · gehst du auf eine große, · goldene Schatztruhe zu. ··· Die Engel möchten dir · die größten Schätze der Erde zeigen, · die sie im Auftrag Gottes, · im Auftrag seiner unendlichen Liebe · beschützen.

Der Schatzengel · klatscht einmal in seine Hände, · und der Deckel · der Schatztruhe springt auf. · Schau dir die größten Schätze der Erde · genau an. · Hm, · was ist das?

In der Schatztruhe · befindet sich ein goldener, · mit Juwelen besetzter Handspiegel. · Du nimmst ihn in die Hand. · Der Schatzengel lächelt dich liebevoll an, · und du beginnst zu verstehen. ··· Du · bist der größte Schatz der Erde.

Schau genau in den Spiegel. · In dem Spiegel · kannst du alle Menschen sehen. · Babys, · Kinder, · Erwachsene, · Mütter, · Väter, · Omas, · Opas, · Freunde, · Geschwister, · Menschen aus allen Nationen.

Du hörst die Worte:

Wir behüten alle Kinder · der Erde · und des Himmels, · vom Anbeginn der Zeit · bis in alle Ewigkeit. · Auch wenn manch einer uns vergessen hat · oder nicht mehr an uns glaubt, · sind wir doch immer · für alle Menschen dieser Erde da.

Die beiden Engel schauen dich liebevoll an, · nehmen dich an die Hände · und gehen mit dir zu einer herrlichen Wolkenschaukel. ··· Genieße · das Beisammensein mit ihnen · und das gemütliche Wiegen · in der Wolkenschaukel. ··· Wenn du magst, · kannst du ihnen eine Frage stellen · oder sie um Rat bitten.

Kurze Pause
(Kinder 2 bis 5 Minuten, Erwachsene 5 bis 20 Minuten.)
Ganz allmählich · kommt nun der Augenblick, · da du zurückkehren musst.

Der Schatzengel hat noch ein Geschenk für dich. ··· Er überreicht dir · einen kleinen Handspiegel · und verabschiedet sich von dir mit den Worten:

Gott · und die Engel · lieben dich so, · wie du bist! · Immer · wenn du Selbstzweifel hast, · schau in den Spiegel, · betrachte den größten Schatz der Erde · und erinnere dich · an unsere Liebe. · Lerne, · du selbst · zu sein!

Du bedankst dich bei dem Schatzengel · und verabschiedest dich für heute · von ihm.

Fröhlich · und glücklich · gehst du nun, · begleitet von deinem Schutzengel, · den Weg zurück, · den du gekommen bist.

Während du · durch den erleuchteten Felsgang · hinter dem Wasserfall gehst, · erlöschen nacheinander · die bunten Fackeln.

Du gehst drei Schritte · durch das weiße Licht. ··· Die weiße Fackel · erlischt · jetzt. ··· Du gehst drei Schritte · durch das violette Licht. ··· Die violette Fackel · erlischt · jetzt. ··· Gehe nun · drei Schritte · durch das hellblaue Licht. ··· Die hellblaue Fackel · erlischt · jetzt. ··· Nun · gehe drei Schritte · durch das grüne Licht. ··· Die grüne Fackel · erlischt · jetzt. ··· Gehe jetzt · drei Schritte · durch das goldgelbe Licht. ··· Die goldgelbe Fackel · erlischt · jetzt. ··· Gehe nun · drei Schritte · durch das orange Licht. ··· Die orange Fackel · erlischt · jetzt. ··· Zum Schluss · gehe drei Schritte · durch das rote Licht. ··· Die rote Fackel · erlischt · jetzt.

Hand in Hand · gehst du, · geleitet von deinem Schutzengel, · die Steintreppe hinab, · durch die Rosenhecke · auf den Strand. · Hinter euch · schließt sich · auf wundersame Weise · die Rosenhecke. · Nun · ist von der Steintreppe · nichts mehr zu sehen. ··· Fröhlich · und entspannt · bist du nun bereit, · zurückzukehren · in deinen Tag.

Ausklang

Atme nun tief ein · und aus. ··· Du spürst, · wie du langsam wacher wirst · und in deinen Alltag · zurückkehrst. ···
Atme noch einmal tief ein · und aus. · Du spürst nun wieder deinen Körper, ··· deine Arme ··· und deine Beine. ···
Atme noch einmal tief ein · und aus. · Bewege langsam deine Arme, ··· deine Hände, ··· deine Beine, ··· recke · und strecke dich, · öffne langsam deine Augen · und kehre fröhlich · und ausgeruht · zurück in deinen Tag.

Der Schutzengel

*Engel Gottes, du mein Hort, durch den
mich seine Liebe schützt, ob Tag oder
Nacht, sei mir zur Seite, leuchte und schütze, lenke und leite!*

(Volksgut)

Einklang

Lege dich ganz entspannt hin, · strecke die Beine aus · und
lass die Füße · langsam nach außen fallen. ··· Deine Arme ·
ruhen locker und gelassen · an deiner Seite. · Schließe deine Augen · und atme ruhig ein · und aus. · Spüre, · wie du
mit jedem Atemzug · ruhiger wirst. · Bei jedem Ausatmen ·
lässt du von allem los, · was dich bisher · noch beschäftigt
hat. ··· Lass deine Gedanken ziehen · wie kleine weiße Wolken · am sonnigen Himmel. ··· Der Druck · in deinem Inneren · wird leichter · und fließt mit dem Ausatmen · davon. ··· Beim Einatmen · atmest du Leichtigkeit · und Freiheit ein, · die dir den Weg · in die tiefe Ruhe · deines Inneren · erleichtern. ··· Du fühlst dich ruhig · und zufrieden, ·
bist völlig entspannt. ··· Nun · kannst du mit deiner Fantasie · in das Reich · der Engel reisen.

Meditation

Stell dir vor, · du befindest dich auf einer farbenprächtigen
Wiese. · Es ist ein · warmer Sommertag. · Kleine weiße Wölkchen · schaukeln gemütlich · am klaren blauen Himmel.

Du siehst Blumen · in allen Farben. · Rote, · orange, · goldgelbe, · pinkfarbene · mit wunderschönen grünen Blättern, · hellblaue, · königsblaue, · violette · und weiße Blumen. · Sie öffnen jetzt · alle ihre Blütenkelche · und leuchten · in ihren prachtvollen Blütenkleidern.

Schau, · überall tanzen bunte Schmetterlinge · in der klaren, · warmen · sonnigen Luft. · Es ist herrlich anzuschauen. · Du bist ganz entspannt, · fühlst dich wohl · und geborgen.

Ein Eichhörnchen · hüpft fröhlich über die Wiese. · Du schaust ihm nach · und entdeckst einen mächtigen, · kraftvollen · alten Baum. · Dort, · unter dem Baum, · erwartet dich dein Schutzengel.

Gehe freudig auf ihn zu · und begrüße ihn herzlich. · Fühle · seine vertraute Nähe, · seine Liebe zu dir · und sein Vertrauen in dich. · Er freut sich sehr, · dass du mit ihm zusammen bist. · Genieße · seine liebevolle · und Kraft spendende Umarmung.

Dein Schutzengel kennt dich ganz genau. · Er kennt dich schon · seit Anbeginn der Zeit. · Er weiß von all deinen Zielen, · deinen Wünschen, · deinen Sorgen · und deinen Ängsten. · Er steht dir stets helfend zur Seite. · Du kannst dich immer · vertrauensvoll · an ihn wenden.

Genieße · das Beisammensein mit ihm. · ·· Wenn du magst, · kannst du ihm eine Frage stellen · oder ihn um Rat bitten.

Kurze Pause

(Kinder 2 bis 5 Minuten, Erwachsene 5 bis 20 Minuten.)
Ganz allmählich · kommt nun der Augenblick, · da du zurückkehren musst.

Du bedankst dich bei deinem Schutzengel · für die Zeit mit
ihm · und für all das, · was er dir gibt · und dir gegeben hat.

Er überreicht dir · eine weiße glitzernde Feder, · die nur
du sehen · und fühlen kannst. · Sie ist ein Zeichen seiner
Liebe · und seiner Verbundenheit mit dir. · Du weißt, ·
er ist immer für dich da! · Immer · wenn du seine Hilfe
brauchst, · dann denke an ihn, · und seine Antwort · wird
dich finden!

Begleitet von deinem Schutzengel · spazierst du über die
Wiese. ··· Gemeinsam schaut ihr euch die farbenprächtigen Blumen an, · die jetzt · nacheinander · ihre Blütenkelche schließen.

Zuerst · schließt die weiße Blume ihr Blütenkleid, ··· dann
schließen die violette, ··· die königsblaue ··· und die hellblaue Blume · ihr Blütenkleid. ··· Die pinkfarbene Blume ·
schließt ihr Blütenkleid mit ihren grünen Blättern. ··· Auch
die goldgelbe, ··· die orange ··· und zum Schluss · die rote
Blume · schließen jetzt ihre Blütenkleider.

Fröhlich · und entspannt · bist du nun bereit, · zurückzukommen · in deinen Tag

Ausklang

Atme nun tief ein · und aus. ··· Du spürst, · wie du langsam wacher wirst · und in deinen Alltag · zurückkehrst. ··· Atme noch einmal tief ein · und aus. · Du spürst nun wieder deinen Körper, ··· deine Arme ··· und deine Beine. ··· Atme noch einmal tief ein · und aus. · Bewege langsam deine Arme, ··· deine Hände, ··· deine Beine, ··· recke · und strecke dich, · öffne langsam deine Augen · und kehre fröhlich · und ausgeruht · zurück in deinen Tag.

Engel der Träume

Die große Herausforderung des Lebens besteht darin, die Grenzen in dir selbst zu überwinden und so weit zu gehen, wie du dir niemals hättest träumen lassen. Achte auf die Zeichen, die dir auf deinem selbst gewählten Weg begegnen, und du wirst dir deinen Traum erfüllen. Träume sind dazu da, verwirklicht zu werden. Höre auf die Stimme deines Herzens und lebe deinen Traum!

Einklang

Lege dich ganz entspannt hin, · strecke die Beine aus · und lass die Füße · langsam nach außen fallen. ··· Deine Arme · ruhen locker und gelassen · an deiner Seite. · Schließe deine Augen · und atme ruhig ein · und aus. · Spüre, · wie du mit jedem Atemzug · ruhiger wirst. · Bei jedem Ausatmen · lässt du von allem los, · was dich bisher · noch beschäftigt hat. ··· Lass deine Gedanken ziehen · wie kleine weiße Wolken · am sonnigen Himmel. ··· Der Druck · in deinem Inneren · wird leichter · und fließt mit dem Ausatmen · davon. ··· Beim Einatmen · atmest du Leichtigkeit · und Freiheit ein, · die dir den Weg · in die tiefe Ruhe · deines Inneren · erleichtern. ··· Du fühlst dich ruhig · und zufrieden, · bist völlig entspannt. ··· Nun · kannst du mit deiner Fantasie · in das Reich · der Engel reisen.

Meditation

Stell dir vor, · du befindest dich auf einem wunderschönen Strand. · Es ist ein angenehm · warmer Sommertag. · Das Meer · glitzert und funkelt · in der strahlenden goldgelben Sonne. · Es sieht aus · wie das Funkeln · von Millionen auf dem Meer schwimmender Diamanten.

Die Luft ist klar, · der Himmel strahlt · in seinem schönsten Blau, · und kleine weiße Schäfchenwolken · wandern ruhig am Himmelszelt. · Der Wind umarmt dich sanft · und trägt einen unverwechselbaren Hauch Meeresluft · auf deine Lippen.

Der Sand unter deinen Füßen · fühlt sich warm · und weich an. ··· Du bist ganz entspannt, · fühlst dich wohl · und geborgen.

Zu deiner Rechten · siehst du eine Düne, · einen sehr großen Sandhügel, · den der Wind · im Laufe der Zeit geschaffen hat. · Während du die Düne betrachtest, · spürst du, · wie dein Schutzengel neben dich tritt. · Es ist ein wundervolles Gefühl, · seine Liebe, · seine Nähe · und sein Vertrauen in dich · zu spüren. · Er freut sich sehr, · dass du mit ihm zusammen bist. · Begrüße ihn · und genieße · seine liebevolle Umarmung.

Heute · möchte dein Schutzengel mit dir · den Engel der Träume besuchen. ··· Du freust dich sehr · auf dieses himmlische Abenteuer. ··· Dein Schutzengel macht eine Handbewegung, · und vor der Düne · erscheint, · auf wundersame Weise, · eine Staffelei aus Buchenholz. · Auf der Staffelei steht ein · mit weißem Leinen bespannter Keilrahmen.

Dein Schutzengel nimmt dich lächelnd an die Hand, ·

und gemeinsam · geht ihr den kurzen Weg · zu der Staffelei. ··· Auf einer Ablage · stehen sieben Porzellanschalen, · sieben breite Pinsel · und sieben Flaschen, · gefüllt mit verschiedenen, matt satinierten Farbtönen.

Fülle jeweils eine Farbe · in eine Schale · und male ein Bild · in den Farben des Regenbogens · auf die Leinwand.

Benutze zuerst · die rote Farbe. · Schau, was passiert. · Sobald die Farbe · auf der Leinwand ist, · strahlt sie eine Kraft bringende, · erdende · rote Farbenergie aus, · die als roter Lichtbogen · über das Meer zieht. · Jetzt · leuchtet die Luft um dich herum · ebenfalls · in diesem roten Licht. · Dies ist die Farbe des Mutes, · der Kraft · und der Erdung.

Nun · benutze die orange Farbe. · Kaum ist die Farbe auf der Leinwand, · strahlt sie eine fröhliche, · orange Farbenergie aus, · die sich als orangefarbener Lichtbogen · über den roten Bogen legt. · Jetzt · leuchtet die Luft um dich herum · in diesem orangefarbenen Licht. · Dies ist die Farbe der Leidenschaft, · der Kreativität, · der Heiterkeit · und des Lachens.

Nun · male mit der goldgelben Farbe. · Auf der Leinwand · strahlt diese Farbe · eine Vertrauen bringende, · lebensbejahende · goldgelbe Farbenergie aus, · die sich als goldgelber Lichtbogen · über den orangefarbenen Bogen legt. · Jetzt · leuchtet die Luft um dich herum · in diesem goldgelben Licht. · Dies ist die Farbe der Lebensfreude, · der Fröhlichkeit · und des Vertrauens.

Male nun · mit der grünen Farbe. · Auf der Leinwand · strahlt diese Farbe · eine heilende, · harmonisierende, · grüne Farbenergie aus, · die sich als grüner Lichtbogen · über den goldgelben Bogen legt. · Jetzt · leuchtet die Luft um dich herum · in diesem grünen Licht. · Dies ist die Farbe der Heilung, · des spirituellen Wachstums · und des inneren Gleichgewichts.

Benutze nun · die hellblaue Farbe. · Auf der Leinwand · strahlt diese Farbe · eine heilende, · kommunikative · hellblaue Farbenergie aus, · die sich als hellblauer Lichtbogen · über den grünen Bogen legt. · Jetzt · leuchtet die Luft um dich herum · in diesem hellblauen Licht. · Diese Farbe · bringt dir die richtigen Worte · zur rechten Zeit · auf deine Lippen.

Nun · male mit der violetten Farbe. · Auf der Leinwand · strahlt diese Farbe · eine Frieden bringende · violette Farbenergie aus, · die sich als violetter Lichtbogen · über den hellblauen Bogen legt. · Jetzt · leuchtet die Luft um dich herum · in diesem violetten Licht. · Dies ist die Farbe der Spiritualität, · des inneren Friedens · und des Glaubens.

Benutze nun · die weiße Farbe. · Schau, · was jetzt geschieht. · Sobald die Farbe auf der Leinwand ist, · strahlt sie eine Ruhe bringende, · friedvolle · weiße Farbenergie aus, · die die Luft um dich herum · in weißem Licht · funkeln und glitzern lässt. · Dies ist die Farbe der allumfassenden Ruhe, · des allumfassenden Friedens · und der allumfassenden Sicherheit. · Durch das weiße Licht · bist du mit der göttlichen Quelle · allen Lebens verbunden.

Dein Schutzengel · summt eine Melodie, · und in der weißen glitzernden Luft · wird eine Türe aus Licht · für dich sichtbar. ··· Langsam · öffnet sich die Lichttüre, · und eine große, · gemütliche, · kuschelige weiße Wolke · wartet dort auf dich, · die dich sicher · zum Tempel der Träume bringt.

Gemeinsam · mit deinem Schutzengel · nimmst du auf der Wolke Platz, · und schon schwebt sie langsam · nach oben · in Richtung des Himmels. ··· Du bist ganz entspannt, · fühlst dich wohl · und geborgen. ··· Vor einer glitzernden, · weißen Wolkenlandschaft · hält deine Wolke an. · Etwas weiter vor dir kannst · du einen hell strahlenden · Tempel · aus Licht sehen.

Dein Schutzengel nimmt dich lächelnd an die Hand, · und gemeinsam · geht ihr den kurzen Weg · zu dem Tempel der Träume. ··· Vor dem Lichttempel · erblickst du den Engel der Träume. · Geh auf ihn zu · und begrüße ihn freundlich. · Er erklärt dir:

Träume · sind während des Schlafens · auftretende · Vorstellungen · und Bilder. · Manchmal · erlebt man auch den Traum · im Wachzustand · als Tagtraum. · Es gibt unterschiedliche Traumqualitäten. · Während des Schlafens · verarbeitet der Mensch seine Sorgen · und Ängste, · die sich dann im Traum · oft als Alb- oder Angsttraum zeigen. · Dieser Traum · hilft den Menschen, · ihre Gefühle zu erkennen · und zu verarbeiten. · Dann gibt es noch

*den Wunschtraum, · der eine Reflexion dessen ist, · was
der Träumende · sich wünscht.*

*Traum · bedeutet jedoch auch, · den sehnlichsten
Wunsch · tief im Herzen zu fühlen, · die Vision · seiner
selbst · zu verwirklichen. · Du musst nur deinen Traum
wahr machen, · um zu wissen, · wer du wirklich bist.*

Gemeinsam · mit den beiden Engeln · betrittst du den Tempel der Träume. · In der Mitte des Tempels · steht ein kuscheliges Wolkenbett. · Lege dich vertrauensvoll · auf das Bett · und lass den Engel der Träume · dich heilen. ··· Wenn du magst, · kannst du ihm eine Frage stellen · oder ihn um Rat bitten.

Kurze Pause

(Kinder 2 bis 5 Minuten, Erwachsene 5 bis 20 Minuten.)
Ganz allmählich · ist es Zeit · zurückzukehren.
   Der Engel der Träume verabschiedet sich von dir mit den Worten:

*Die große Herausforderung des Lebens · besteht darin, ·
die Grenzen in dir selbst · zu überwinden · und so weit zu
gehen, · wie du dir niemals · hättest träumen lassen. · Achte auf die Zeichen, · die dir · auf deinem selbst gewählten
Weg · begegnen, · und du wirst dir deinen Traum · erfüllen. · Träume · sind dazu da, · verwirklicht zu werden. ·
Höre · auf die Stimme deines Herzens · und lebe deinen
Traum!*

Du bedankst dich bei dem Engel der Träume · und verabschiedest dich · mit einer liebevollen Umarmung von ihm.

Begleitet von deinem Schutzengel · gehst du nun · den Weg zurück, · den du gekommen bist, · und nimmst wieder Platz · auf der großen, · kuscheligen, · weißen Wolke, · die dich sicher · und bequem · wieder zum Strand bringt.

Langsam · gleitet die Wolke zurück · zu deinem Strand. ··· An dem Strand angekommen, · gehst du nun · wieder durch die Lichttüre. · Dein Schutzengel summt eine Melodie, · die Lichttüre schließt sich · und wird wieder unsichtbar für dich.

Das weiße glitzernde Licht · zieht sich zurück · zu der Leinwand, · und das Licht der weißen Farbe · erlischt · jetzt. ··· Nacheinander · lösen sich die bunten Lichtbögen auf, · indem sie zu ihren passenden Farben · auf der Leinwand ziehen.

Zuerst · löst sich der violette Lichtbogen auf, ··· dann folgt der hellblaue Lichtbogen, ··· der grüne Lichtbogen, ··· der goldgelbe, ··· der orange, ··· und zum Schluss · löst sich der rote Lichtbogen auf.

Dein Schutzengel macht eine Handbewegung, · die Lichtstrahlen der Farben erlöschen, · und die Staffelei · wird wieder unsichtbar für dich. ··· Liebevoll · schaust du deinen Schutzengel an · und bist nun bereit, · zurückzukommen · in deinen Tag.

Ausklang

Atme nun tief ein · und aus. ··· Du spürst, · wie du langsam wacher wirst · und in deinen Alltag · zurückkehrst. ···
Atme noch einmal tief ein · und aus. · Du spürst nun wieder deinen Körper, ··· deine Arme ··· und deine Beine. ···
Atme noch einmal tief ein · und aus. · Bewege langsam deine Arme, ··· deine Hände, ··· deine Beine, ··· recke · und strecke dich, · öffne langsam deine Augen · und kehre fröhlich · und ausgeruht · zurück in deinen Tag.

Engel des Verstehens

Verstehen bedeutet, dem anderen und auch dir selbst zuzuhören, ohne zu werten, ohne zu beurteilen und ohne dich oder den anderen zu verurteilen. Sei nicht so streng zu dir selbst! Verletze deine Seele nicht, indem du schlecht über dich urteilst und dich selber niedermachst. Nur wenn man Fehler machen darf, gewinnt man an Erfahrung und kann daran wachsen.

Einklang

Lege dich ganz entspannt hin, · strecke die Beine aus · und lass die Füße · langsam nach außen fallen. ··· Deine Arme · ruhen locker und gelassen · an deiner Seite. · Schließe deine Augen · und atme ruhig ein · und aus. · Spüre, · wie du mit jedem Atemzug · ruhiger wirst. · Bei jedem Ausatmen · lässt du von allem los, · was dich bisher · noch beschäftigt hat. ··· Lass deine Gedanken ziehen · wie kleine weiße Wolken · am sonnigen Himmel. ··· Der Druck · in deinem Inneren · wird leichter · und fließt mit dem Ausatmen · davon. ··· Beim Einatmen · atmest du Leichtigkeit · und Freiheit ein, · die dir den Weg · in die tiefe Ruhe · deines Inneren · erleichtern. ··· Du fühlst dich ruhig · und zufrieden, · bist völlig entspannt. ··· Nun · kannst du mit deiner Fantasie · in das Reich · der Engel reisen.

Meditation

Stell dir vor, · du befindest dich auf einer wunderschönen Bergwiese. · Es ist ein angenehm · warmer Frühlingstag. · Die Luft ist klar, · und am Himmelszelt · ziehen kleine Schäfchenwolken gemütlich dahin.

Die Sonne · schickt ihre wärmenden Strahlen · über das Land. · Die Wiesen und Wälder · schmücken sich in neuen Grüntönen, · und die Frühlingsblumen · zeigen ihre ersten · farbenfrohen Blüten.

Die Vögel · zwitschern fröhlich ihre Frühlingsmusik, · und du hörst · das leise Singen des Windes · in den Wipfeln der Bäume. ··· Du bist ganz entspannt, · fühlst dich wohl · und geborgen.

Während du dem Wind lauschst, · spürst du, · wie dein Schutzengel neben dich tritt. · Es ist ein wohliges Gefühl, · seine Liebe, · seine Nähe · und sein Vertrauen in dich · zu spüren. · Begrüße ihn · und genieße · seine liebevolle, · Kraft bringende Umarmung.

Heute · möchte er mit dir · den Engel des Verstehens besuchen. ··· Du freust dich sehr · und fühlst, · dass dich etwas ganz Besonderes erwartet. ··· Dein Schutzengel · lenkt deinen Blick zu einem Berg, · der zu deiner Rechten liegt. · Schon von Weitem · kannst du ein großes Höhlenportal erkennen. ··· Begleitet von deinem Schutzengel · gehst du den kurzen Weg · zu dem Höhleneingang.

Vor dem Eingang angekommen · siehst du auf dem Boden · warme Winterkleidung · und feste Schuhe · in deiner Größe liegen. · Ziehe nun · diese Kleidung und die Schuhe an, · denn im Inneren der Höhle · beträgt die Temperatur ·

auch im Frühjahr · nur null Grad. · In der Kleidung fühlst du dich wohl · und dir ist angenehm warm.

Dein Schutzengel macht eine Handbewegung, · und Magnesiumfackeln im Inneren der Höhle · erleuchten den begehbaren Weg, · der dich in das Reich · der Engel des Verstehens führt.

Nach ein paar Schritten · verändert sich deine Umgebung, · und du siehst, · dass du dich in einer wunderschönen Eishöhle befindest. ··· Die Höhlenwände zeigen Eiskaskaden · in jeglicher Größe. · Während du, · begleitet von deinem Schutzengel, · immer weitergehst, · entdeckst du zu deiner Linken · eine imposante Eismauer. · Du kannst deutlich · die verschiedenen Eisschichten erkennen. · Rechts von dir · ragt ein großer Eisberg auf, · und ein Stückchen weiter · entdeckst du majestätische Eisskulpturen.

Nun · bist du in einer großen, · prachtvollen Eishalle angekommen. · An der Decke · funkeln Millionen wunderschöner Eiskristalle. · Zu deiner linken Seite · befinden sich verschieden große Eisstalagmiten. · Vor dir · siehst du einen kleinen Wasserfall · und einen See, · die beide · zu Eis gefroren sind. · Der See ist gesäumt · von wunderschönen Eisskulpturen. · Sie haben die Form von Engeln, · und dazwischen entdeckst du · die Eisskulptur · einer fliegenden Taube. · Es ist herrlich anzuschauen.

Dein Schutzengel lächelt dich an · und summt eine himmlische Melodie. ··· Schau, was passiert. · Die Eiskristalle beginnen nacheinander · in den Farben des Regenbogens zu

strahlen · und verwandeln · die Eishalle · in einen wundervollen · mystischen Ort.

Die ersten Eiskristalle · erstrahlen in einem kraftvollen · roten Licht. · Die Luft um dich herum · leuchtet jetzt · ebenfalls · in diesem roten Licht. · Dieses Licht · gibt dir Kraft ·
und Mut · und verbindet dich mit der Erde.

Die nächsten Eiskristalle · erstrahlen nun · in einem fröhlichen · orangefarbenen Licht. · Die Luft um dich herum ·
leuchtet jetzt · ebenfalls · in diesem orangen Licht. · Dieses
Licht · gibt dir Heiterkeit · und zaubert ein Lächeln · auf
dein Gesicht.

Nun · erstrahlt ein Vertrauen bringendes · goldgelbes
Licht. · Die Luft um dich herum · leuchtet jetzt · ebenfalls · in goldgelbem Licht. · Dieses Licht · gibt dir Lebensfreude, · Fröhlichkeit · und Selbstvertrauen.

Ein heilendes · grünes Licht erstrahlt. · Die Luft um dich
herum · leuchtet jetzt · in sanftem grünem Licht. · Dieses
Licht · gibt dir Heilung, · spirituelles Wachstum · und inneres Gleichgewicht.

Nun · erstrahlen Eiskristalle · in hellblauem Licht. · Die Luft
um dich herum · leuchtet jetzt · in diesem himmlisch blau-
en Licht. · Dieses Licht · bringt dir die richtigen Worte · zur
rechten Zeit · auf deine Lippen.

Die nächsten Eiskristalle · erstrahlen in violettem Licht. ·
Die Luft um dich herum · leuchtet jetzt · in Friede bringendem · violettem Licht. · Dieses Licht · bringt dir inneren Frieden, · stärkt deinen Glauben · und erhellt deine
Spiritualität.

Ein makelloses · weißes Licht · erstrahlt. · Die Luft um dich
herum · funkelt und glitzert · in reinem · weißem Licht. ·
Dieses Licht · bringt dir allumfassenden Frieden, · allumfassende Ruhe · und allumfassende Sicherheit.
    Schau, · wie es nun · in der Eishalle strahlt · und funkelt.

Vor dem zugefrorenen See · erblickst du · den Engel des
Verstehens. · Er schaut dich liebevoll · und weise an. · Geh
auf ihn zu · und begrüße ihn freundlich.
    Er erklärt dir:

*Verstehen bedeutet, · dem anderen · und dir selbst · zu-
zuhören, · ohne zu werten, · ohne zu beurteilen · und ohne
dich · oder den anderen · zu verurteilen. · Befreie dich von
der Angst, · du seist nicht gut genug · oder du dürftest
nicht so sein, · wie du bist.*

Vor dem See · stehen neue Schlittschuhe · in deiner Größe. · Ziehe sie an · und genieße · die Schlittschuhfahrt mit
den Engeln · auf dem See aus Eis, · der euch sicher trägt. · · ·
Wenn du magst, · kannst du dem Engel des Verstehens eine
Frage stellen · oder ihn um Rat bitten.

Kurze Pause

(Kinder 2 bis 5 Minuten, Erwachsene 5 bis 20 Minuten.)

Ganz allmählich · kommt nun der Augenblick, · da du zurückkehren musst.

Der Engel des Verstehens verabschiedet sich von dir mit den Worten:

Sei nicht so streng zu dir selbst! · Verletze deine Seele nicht, · indem du schlecht über dich urteilst · und dich selber niedermachst. · Die Engel · verurteilen dich nicht! · Gott · verurteilt dich nicht! · Nur wenn man Fehler machen darf, · gewinnt man an Erfahrung · und kann daran wachsen. · Wir wissen · um die größeren Zusammenhänge · deines Lebens · und verstehen dein Handeln. · Wir betrachten dich · durch die Augen der bedingungslosen Liebe · und stehen schützend vor dir. · Gott · liebt dich!

Glücklich über dieses Erlebnis · bedankst du dich bei dem Engel des Verstehens · und verabschiedest dich · für heute von ihm.

Während du nun · die Schlittschuhe aus- · und die festen Schuhe anziehst, · summt dein Schutzengel seine Melodie. ··· Nacheinander · gehen nun · die bunten Lichter aus.

Zuerst · erlischt das weiße Licht, ··· dann das violette, ··· das hellblaue ··· und das grüne Licht, ··· jetzt · erlöschen das goldgelbe, ··· das orange ··· und zum Schluss · das rote Licht.

Jetzt · ist von den bunten Lichtern · nichts mehr zu sehen.

Begleitet von deinem Schutzengel · gehst du den Höhlenweg hinaus · auf die Bergwiese. · Am Höhlenportal angekommen, · legst du die warme Winterkleidung ab. ··· Dein Schutzengel macht eine Handbewegung, · und die Magnesiumfackeln · gehen alle aus.

Wieder auf der Bergwiese angekommen, · bedankst du dich bei deinem Schutzengel · mit einer innigen Umarmung · dafür, · dass er immer an deiner Seite · und immer für dich da ist. ··· Nun · bist du bereit, · zurückzukommen · in deinen Tag.

Ausklang

Atme nun tief ein · und aus. ··· Du spürst, · wie du langsam wacher wirst · und in deinen Alltag · zurückkehrst. ··· Atme noch einmal tief ein · und aus. · Du spürst nun wieder deinen Körper, ··· deine Arme ··· und deine Beine. ··· Atme noch einmal tief ein · und aus. · Bewege langsam deine Arme, ··· deine Hände, ··· deine Beine, ··· recke · und strecke dich, · öffne langsam deine Augen · und kehre fröhlich · und ausgeruht · zurück in deinen Tag.

Engel des Vertrauens

Vertrauen bedeutet, sicher zu sein, dass man sich auf jemanden oder auf etwas verlassen kann. Vertrauen in dich selbst und in die göttliche Führung schenkt dir die Freiheit, auf andere Menschen zuzugehen und das Spiel des Lebens zu meistern.

Einklang

Lege dich ganz entspannt hin, · strecke die Beine aus · und lass die Füße · langsam nach außen fallen. ··· Deine Arme · ruhen locker und gelassen · an deiner Seite. · Schließe deine Augen · und atme ruhig ein · und aus. · Spüre, · wie du mit jedem Atemzug · ruhiger wirst. · Bei jedem Ausatmen · lässt du von allem los, · was dich bisher · noch beschäftigt hat. ··· Lass deine Gedanken ziehen · wie kleine weiße Wolken · am sonnigen Himmel. ··· Der Druck · in deinem Inneren · wird leichter · und fließt mit dem Ausatmen · davon. ··· Beim Einatmen · atmest du Leichtigkeit · und Freiheit ein, · die dir den Weg · in die tiefe Ruhe · deines Inneren · erleichtern. ··· Du fühlst dich ruhig · und zufrieden, · bist völlig entspannt. ··· Nun · kannst du mit deiner Fantasie · in das Reich · der Engel reisen.

Meditation

Stell dir vor, · du befindest dich auf deinem Lieblingsstrand. · Es ist ein angenehm · warmer Sommertag. · Das Meer · glitzert und funkelt · in der strahlenden goldenen

Sonne. · Weiße Schmetterlinge · tanzen in der klaren Sommerluft. · Der Sand glänzt, · als wären Millionen · winzig kleiner Diamanten · darin versteckt.

Setze dich in den weichen, · angenehm warmen Sand · und genieße · das Glitzerspiel des Meeres. · Spüre · die nährende Energie der Erde · und verbinde dich · in Leichtigkeit mit ihr.

Öffne deine Handflächen · den himmlischen Sonnenstrahlen · und spüre, · wie dich unser himmlischer Vater · durch diese Strahlen · an die Hand nimmt. ··· Genieße · die liebevolle Verbindung · zwischen Himmel und Erde.

Dein Schutzengel · tritt nun neben dich, · und du spürst, · dass deine Liebe zu ihm · immer stärker, · immer vertrauter wird. · Es ist ein wohliges Gefühl, · seine Liebe, · seine Nähe · und sein Vertrauen in dich · zu fühlen. · Begrüße ihn · und genieße · seine liebevolle Umarmung.

Heute · möchte dein Schutzengel mit dir · über das Meer segeln · zu den Engeln des Vertrauens. ··· Du schaust auf das Meer hinaus · und siehst ein großes, · prachtvolles Segelschiff · auf dich zusteuern. ··· Ein wohliges Gefühl durchflutet dich, · denn du weißt, · der Kapitän des Schiffes · ist ein himmlischer Freund, · den du schon sehr lange kennst.

Freudig gehst du an Bord · des jetzt · vor Anker liegenden Segelschiffes. · Begrüße · deinen himmlischen Freund, · den Kapitän. ··· Dein Kapitän hebt lachend die Hand, · der Anker wird gelichtet · und schon geht die Reise los.

Während das Schiff auf das Meer hinaussegelt, · reicht der Kapitän · dir acht farbige Seesterne. ··· Auf ein Zeichen von ihm · wirfst du die Seesterne · nacheinander · in das Meer. ·

Zuerst · den roten Seestern, · dann den orangefarbenen, · den goldgelben, · den grünen, · den hellblauen, · den königsblauen, · den violetten · und den weißen Seestern. · Die auf der Meeresoberfläche tanzenden Seesterne · sind herrlich anzuschauen.

Dein Schutzengel macht eine Handbewegung, · und nacheinander · verwandeln sich die bunten Seesterne · in leuchtende Meeresblumen, · die ihre Blütenkelche langsam entfalten.

Zuerst · verwandelt sich der rote Seestern · in eine kraftvoll strahlende · rote Meeresblume, · die jetzt · ihr rotes Blütenkleid öffnet. · Schau, was geschieht. · Eine Meerjungfrau · mit leuchtend roten Haaren · schwimmt lachend auf dich zu · und steckt sich die rote Blume in ihr Haar.

Nun · verwandelt sich der orange Seestern · in eine prächtige · orange Meeresblume, · die jetzt · ihr Blütenkleid öffnet. · Eine kleine Meerjungfrau · steckt sich die orange Blume · in ihr langes, · wallendes · orangefarbenes Haar · und schwimmt lachend · zu ihrer rothaarigen Schwester.

Der goldgelbe Seestern · verwandelt sich in eine strahlend · goldgelbe Meeresblume, · die jetzt · ihr Blütenkleid öffnet. · Diese goldgelbe Blume · findet ihren Platz · in den lockigen · gelben Haaren · einer lachenden Meerjungfrau. · Sie lächelt dich an, · und die Blume · beginnt in Gold · und Gelb zu funkeln.

Der grüne Seestern · verwandelt sich in eine glitzernde · grüne Meeresblume, · die jetzt · ihr Blütenkleid öffnet. · Eine grünhaarige Meerjungfrau · steckt sich diese prachtvolle · grüne Blume · in ihr Haar. · Sie winkt dir lächelnd zu.

Der hellblaue Seestern · verwandelt sich in eine himmlische · hellblaue Meeresblume, · die jetzt · ihr Blütenkleid öffnet. · Die Blume · findet ihren Platz · in den hellblauen, · lockigen Haaren · einer singenden Meerjungfrau.

Der königsblaue Seestern · verwandelt sich in eine königliche · dunkelblaue Meeresblume, · die jetzt · ihr Blütenkleid öffnet. · Eine Meerjungfrau taucht lachend auf · und steckt sich die königsblaue Blume · in ihr langes, · glattes, · nass glänzendes Haar.

Der violette Seestern · verwandelt sich in eine faszinierende, · leuchtend violette Meeresblume, · die jetzt · ihr Blütenkleid öffnet. · Eine violetthaarige Meerjungfrau · steckt sich diese leuchtend violette Blume · in ihr welliges Haar.

Nun · verwandelt sich der weiße Seestern · in eine makellos weiße Meeresblume, · die jetzt · ihr Blütenkleid öffnet. · Diese weiße Blume · findet ihren Platz · in den langen, · weiß und silbrig glänzenden Haaren · einer strahlenden Meerjungfrau.

Die Meerjungfrauen · formieren sich · zu einem schwimmenden Kreis. · Sie summen eine liebliche Melodie, · öffnen ihre Handflächen in Richtung des Himmels · und lassen regenbogenfarbene Lichtstrahlen · aus ihren Händen herausfließen.

Diese Lichtstrahlen · verwandeln sich · in ein riesiges Tor aus Licht, · durch das ihr mit dem Segelschiff · in das Reich · der Engel des Vertrauens · reisen könnt. ··· Ihr segelt durch das Lichttor · und geht nun · an einem golden glitzernden Strand · vor Anker. · Begleitet von deinem Schutzengel · betrittst du diesen Strand.

Überall · glitzert es golden, · weiß · und perlmuttfarben. · Die Sonne · strahlt in sanftem Gold, · am Himmel · funkeln Millionen · klitzekleiner goldener Lichtherzen, · welche die Luft um dich herum · golden schimmern lassen. ··· Auf dem Strand · liegt eine große perlmuttfarbene Muschel, · die sich nun · ganz langsam öffnet. ··· Aus ihr heraus · strahlt regenbogenfarbenes Licht, · das einen majestätischen, · prachtvoll leuchtenden Regenbogen · in den Himmel zeichnet, · der zu einer glänzenden · goldenen Lichtpyramide zieht. ··· Dort, · wo der Regenbogen endet, · befindet sich die goldene Pforte · der Lichtpyramide. ··· Dein Schutzengel nimmt dich lächelnd an die Hand · und gemeinsam · geht ihr den kurzen Weg · zu der Pyramide.

Vor der goldenen Pforte angekommen, · öffnet sich diese sanft · und geräuschlos. · Hinter der Pforte steht, · in goldenes Licht gehüllt, · der Engel des Vertrauens. ··· Er schaut dich liebevoll · und weise an. · Geh auf ihn zu · und begrüße ihn freundlich. · Mit einer einladenden Handbewegung · bittet er dich, · in die Lichtpyramide einzutreten.

Du siehst · in jeder Ecke der Pyramide · einen · in goldenes Licht gehüllten, · betenden Engel stehen. · Dies · sind die Engel des Vertrauens, · die im Gebet · den Menschen Mut machen, · sich selbst zu vertrauen, · in das Leben · und in Gott zu vertrauen.

Der Engel des Vertrauens erklärt dir:

Vertrauen bedeutet, · sicher zu sein, · dass man sich auf jemanden · oder auf etwas · verlassen kann. · Vertrauen in dich selbst · und in die göttliche Führung · schenkt dir die Freiheit, · auf andere Menschen zuzugehen · und das Spiel des Lebens · zu meistern.

In der Mitte der Pyramide · steht eine große goldene Muschel. ··· Der Engel des Vertrauens macht eine Handbewegung, · die Muschel öffnet sich · und verwandelt sich · in ein wunderbares Muschelbett.

Lege dich vertrauensvoll auf das Bett, · ruhe dich aus · und lass die Gebete der Engel · dich heilen. ··· Du bist ganz entspannt, · fühlst dich wohl · und geborgen. ··· Wenn du magst, · kannst du den Engeln eine Frage stellen · oder sie um Rat bitten.

Kurze Pause
(Kinder 2 bis 5 Minuten, Erwachsene 5 bis 20 Minuten.)

Ganz allmählich · kommt nun der Augenblick, · da du zurückkehren musst.

Der Engel des Vertrauens · hat noch ein Geschenk für

dich. · Er überreicht dir · eine kleine goldene Muschel · und verabschiedet sich von dir mit den Worten:

Immer · wenn du das Gefühl hast, · dein Selbstvertrauen ist zu klein, · dann öffne diese goldene Muschel · und lass die Energie des Vertrauens · dich stärken. · Du weißt, · die Engel sind immer für dich da · und stehen dir mit Rat · und Tat · zur Seite. · Unsere Antwort · findet immer · ihren Weg zu dir.

Liebevoll · verabschiedest du dich · von den Engeln des Vertrauens · und bedankst dich · für all ihre Geschenke · und Gebete.

Fröhlich, · gestärkt · und voller Vertrauen · nimmst du lächelnd die Hand deines Schutzengels. · Begleitet von ihm, · gehst du den Weg zurück · durch die goldene Pforte, · den golden glitzernden Strand entlang · zu dem Segelschiff.
   Der Kapitän begrüßt euch zurück an Bord · und segelt mit euch · durch das Lichttor · hinaus auf das Meer.

Die Meerjungfrauen erwarten euch schon. ··· Sie zwinkern dir zu, · klatschen dreimal in die Hände, ··· das Lichttor wird wieder unsichtbar, · und die farbigen Lichtstrahlen · fließen in die jeweils farblich passenden Meeresblumen.
   Die Meerjungfrauen nehmen die Meeresblumen aus ihren Haaren, · nacheinander schließen sich die Blütenkelche · und verwandeln sich wieder · in die farbigen Seesterne.

Zuerst · schließt sich die weiße Meeresblume, ··· dann schließt sich die violette, ··· die königsblaue, ··· die hellblaue, ··· die grüne, ··· die goldgelbe, ··· die orange, ··· und zum Schluss · schließt sich die rote Meeresblume.

Die Meerjungfrauen · legen die Seesterne in ein Netz, · und der Kapitän zieht sie an Bord. ··· Jetzt · seid ihr bereit, · den kurzen Weg zurückzusegeln · an deinen Lieblingsstrand. · Dort angekommen, · verabschiedest du dich liebevoll · von deinem Kapitän · und gehst, · begleitet von deinem Schutzengel, · zurück an deinen Strand.

Glücklich · und entspannt · bist du nun bereit, · zurückzukommen · in deinen Tag.

Ausklang

Atme nun tief ein · und aus. ··· Du spürst, · wie du langsam wacher wirst · und in deinen Alltag · zurückkehrst. ··· Atme noch einmal tief ein · und aus. · Du spürst nun wieder deinen Körper, ··· deine Arme ··· und deine Beine. ··· Atme noch einmal tief ein · und aus. · Bewege langsam deine Arme, ··· deine Hände, ··· deine Beine, ··· recke · und strecke dich, · öffne langsam deine Augen · und kehre fröhlich · und ausgeruht · zurück in deinen Tag.

Der Weihnachtsengel

Weihnachten ist das Fest der Liebe. Wir feiern die Geburt Jesu Christi, die Geburt der Liebe. Jedes Jahr an Weihnachten erinnert der Weihnachtsengel die Menschen daran, dass Gott sie liebt. Gott macht in seiner Liebe keinen Unterschied zwischen armen und reichen, zwischen kranken und gesunden oder zwischen jungen und alten Menschen. Hautfarbe, Nationalität und Religion spielen für ihn keine Rolle. Um euch das zu sagen, hat er euch seinen Sohn Jesus Christus auf die Erde geschickt. Jesus hat durch sein Leben und sein Wirken das Samenkorn der Liebe in den Herzen der Menschen genährt, damit es wachsen und zur vollen Pracht erblühen kann.

Einklang

Lege dich ganz entspannt hin, · strecke die Beine aus · und lass die Füße · langsam nach außen fallen. ··· Deine Arme · ruhen locker und gelassen · an deiner Seite. · Schließe deine Augen · und atme ruhig ein · und aus. · Spüre, · wie du mit jedem Atemzug · ruhiger wirst. · Bei jedem Ausatmen · lässt du von allem los, · was dich bisher · noch beschäftigt hat. ··· Lass deine Gedanken ziehen · wie kleine weiße Wolken · am sonnigen Himmel. ··· Der Druck · in deinem Inneren · wird leichter · und fließt mit dem Ausatmen · davon. ··· Beim Einatmen · atmest du Leichtigkeit · und Freiheit ein, · die dir den Weg · in die tiefe Ruhe · deines Inneren · erleichtern. ··· Du fühlst dich ruhig · und zufrieden, ·

bist völlig entspannt. ··· Nun · kannst du mit deiner Fantasie · in das Reich · der Engel reisen.

Meditation

Stell dir vor, · du befindest dich in einer märchenhaften
Winterlandschaft · aus Eis · und Schnee. · Es ist ein angenehmer, · sonniger Wintertag. · Du trägst warme Winterkleidung · und fühlst dich sehr wohl.

Vor dir · erblickst du herrliche Tannenbäume · in weißen
Schneekleidern. · Eiszapfen · in allen Größen und Formen ·
schmücken die Äste der Bäume. · Der Schnee glitzert · im
goldfarbenen Sonnenlicht. · Es ist herrlich anzuschauen.

Inmitten der Bäume · entdeckst du · ein kleines, weißes
Haus. · Es ist mit vielen Lichterketten · weihnachtlich geschmückt, · und an den Fensterscheiben · kannst du Eisro-
sen entdecken.

Während du das Haus betrachtest, · spürst du, · wie dein
Schutzengel neben dich tritt. · Es ist ein wohliges Gefühl, ·
seine Nähe, · seine Liebe · und sein Vertrauen in dich · zu
spüren. · Begrüße ihn · und genieße · seine liebevolle Umarmung.

Heute · möchte er mit dir · den Weihnachtsengel besuchen. ··· Du freust dich sehr · und spürst, · dass etwas ganz
Besonderes auf dich wartet.

Hand in Hand · gehst du mit deinem Schutzengel · den
kurzen Weg · zu dem kleinen weißen Haus.

Vor dem Haus angekommen, · öffnet dir ein Engelkind ·
fröhlich lachend die Türe · und bittet dich einzutreten. ···
Im Inneren des Hauses · steht ein prachtvoller Weihnachts-

baum. · Er ist herrlich geschmückt · mit goldfarbenen Kugeln, · bunten Glöckchen, · glitzernden Sternen, · lieblichen Weihnachtsbaumengeln, · bunten Schleifen · und pinkfarbenen Herzen. ··· Die Fenster, · die Tische, · die Wände, · einfach alles · ist weihnachtlich dekoriert.

Im ganzen Haus · duftet es nach Zimt, · Vanille · und Mandeln.

In der Mitte des Wohnraumes · steht ein festlich geschmückter Weihnachtstisch. · Auf ihm · stehen sieben bunte Kerzen. · Zünde die Kerzen · mit Hilfe deines Schutzengels · nacheinander an.

Zünde zuerst · die rote Kerze, ··· dann die orange ··· und die goldgelbe Kerze an. · Die Luft um dich herum · beginnt in leuchtendem Rot, · Orange · und Goldgelb · zu flimmern.

Zünde jetzt · die grüne, ··· die hellblaue ··· und die violette Kerze an. · Die Luft um dich herum · wird immer strahlender. · Sie leuchtet nun auch · in Grün, · Hellblau · und Violett.

Jetzt · zünde die weiße Kerze an. · Die Luft um dich herum · beginnt zu vibrieren. · Dein Schutzengel macht eine Handbewegung, · und vor dem Weihnachtsbaum · wird der Weihnachtsengel · für dich sichtbar. · Er schaut dich liebevoll · und weise an. · Geh auf ihn zu · und begrüße ihn freundlich.

Er erklärt dir:

Jedes Jahr an Weihnachten · erinnere ich die Menschen · von Neuem daran, · dass Gott sie liebt. · Er liebt · und

beschützt alle Menschen! · Gott macht in seiner Liebe kei-
nen Unterschied · zwischen armen und reichen, · zwischen
kranken und gesunden, · zwischen jungen und alten Men-
schen. · Hautfarbe, · Nationalität · und Religion · spielen
für ihn keine Rolle. · Um euch das zu sagen, · hat er euch ·
seinen Sohn Jesus Christus · auf die Erde geschickt. · Jesus
hat durch sein Leben · und sein Wirken · das Samenkorn
der Liebe · in den Herzen der Menschen genährt, · damit
es wachsen · und zur vollen Pracht erblühen kann.

Die beiden Engel nehmen dich an die Hand · und setzen
sich mit dir · auf ein kuscheliges buntes Sofa. ··· Genieße ·
das Zusammensein mit ihnen. ··· Wenn du magst, · kannst
du dem Weihnachtsengel eine Frage stellen · oder ihn um
Rat bitten.

Kurze Pause
   (Kinder 2 bis 5 Minuten, Erwachsene 5 bis 20 Minuten.)
Ganz allmählich · kommt nun der Augenblick, · da du zu-
rückkehren musst.
   Der Weihnachtsengel verabschiedet sich von dir mit den
Worten:

Die Liebe, · die in deinem Herzen wohnt, · die im Her-
zen eines jeden Menschen wohnt, · ist ein noch ungeschlif-
fener Edelstein. · Um seinen Glanz · hervorzubringen, ·
müssen sehr viele Facetten geschliffen werden. · Das Schlei-
fen des Steins ist unangenehm, · aber notwendig, · um die
Liebe · in all ihrer Pracht · erstrahlen zu lassen.

Liebevoll · und voller Freude · verabschiedest du dich · von dem Weihnachtsengel. Bedanke dich · für all seine Liebe · und all seine Geschenke.

Dein Schutzengel macht nun eine Handbewegung, · und der Weihnachtsengel · wird wieder unsichtbar für dich. ··· Gehe jetzt · zu den bunten Kerzen · und puste sie nacheinander aus.

Puste zuerst · die weiße Kerze, ··· dann die violette Kerze, ··· die hellblaue ··· und dann die grüne Kerze aus. · Das Flimmern der Luft · wird immer weniger.

Jetzt · puste die goldgelbe, ··· dann die orange ··· und zum Schluss · die rote Kerze aus. ··· Von dem Flimmern und Vibrieren · der Luft · ist nun · nichts mehr zu sehen. ··· Das Engelkind führt dich zur Türe · und gibt dir zum Abschied · einen dicken Engelkuss auf die Wange.

Begleitet von deinem Schutzengel · gehst du durch die Türe · wieder zurück · in die märchenhafte Winterlandschaft. ··· Fröhlich · und entspannt · bist du nun bereit, · zurückzukommen · in deinen Tag.

Ausklang

Atme nun tief ein · und aus. ··· Du spürst, · wie du langsam wacher wirst · und in deinen Alltag · zurückkehrst. ··· Atme noch einmal tief ein · und aus. · Du spürst nun wieder deinen Körper, ··· deine Arme ··· und deine Beine. ··· Atme noch einmal tief ein · und aus. · Bewege langsam deine Arme, ··· deine Hände, ··· deine Beine, ··· recke · und strecke dich, · öffne langsam deine Augen · und kehre fröhlich · und ausgeruht · zurück in deinen Tag.

Geführte Engelmeditationen für Jugendliche

ab 16 Jahren und Erwachsene mit Meditationserfahrung, für Meditationskreise, Therapeuten und Meditationszirkel nach englischem Vorbild

Wichtig!

Für die folgenden Meditationen muss den Teilnehmern die Lage der Chakren bekannt sein! Möchten Sie diese Meditationen mit Kindern und/oder Erwachsenen mit wenig Meditationserfahrung durchführen, lassen Sie die Chakren-Atmung weg und verkürzen den Pausenblock auf 2 bis 5 Minuten.

Aktivierung der Energiezentren

In der folgenden Meditation geht es darum, bewusst die Chakren zu öffnen, um eine entspannte Bewusstseinsebene zu erreichen. Nach der Meditation werden die Chakren geschlossen, um ausgeruht in den Alltag zurückzukehren. Durch die bewusste Chakra-Atmung werden die Chakren und die Energiekörper zusätzlich gereinigt.

Einklang

Lege dich ganz entspannt hin, · strecke die Beine aus · und lass die Füße · langsam nach außen fallen. ··· Deine Arme · ruhen locker und gelassen · an deiner Seite. · Schließe deine Augen · und atme ruhig ein · und aus. · Spüre, · wie du mit jedem Atemzug · ruhiger wirst. · Bei jedem Ausatmen · lässt du von allem los, · was dich bisher · noch beschäftigt hat. ··· Lass deine Gedanken ziehen · wie kleine weiße Wolken · am sonnigen Himmel. ··· Der Druck · in deinem Inneren · wird leichter · und fließt mit dem Ausatmen · davon. ··· Beim Einatmen · atmest du Leichtigkeit · und Freiheit ein, · die dir den Weg · in die tiefe Ruhe · deines Inneren · erleichtern. ··· Du fühlst dich ruhig · und zufrieden, · bist völlig entspannt. ··· Nun · kannst du mit deiner Fantasie · in das Reich · der Engel reisen.

Meditation

Stell dir vor, · du befindest dich auf einer farbenfrohen Wiese. · Es ist ein angenehm · warmer Sommertag. · Die Luft ist klar, · der Himmel · strahlt in seinem schönsten Blau, · und kleine Schäfchenwolken · wandern fröhlich · am Himmelszelt entlang.

Du bist ganz entspannt, · fühlst dich wohl · und geborgen.

Während du die Wolken betrachtest, · spürst du, · wie dein Schutzengel neben dich tritt. · Es ist ein wohliges Gefühl, · seine Liebe · und seine Nähe zu spüren. · Er freut sich sehr, · dass du mit ihm zusammen bist · und dein Vertrauen in ihn · immer größer wird. · Begrüße ihn · und genieße · seine liebevolle Umarmung.

Heute · möchte dein Schutzengel mit dir üben, · deine Chakren zu öffnen · und zu schließen.

Auf der Wiese · stehen sieben wunderschöne · große Blumen, · deren Blütenkelche noch geschlossen sind. · ·· Dein Schutzengel nimmt dich an der Hand, · und gemeinsam · geht ihr auf die erste Blume zu.

Du stehst nun · vor einer wunderschönen roten Rosenknospe. · Stell dir vor, · dass diese Rose · dein Wurzelchakra ist. · Dein Schutzengel macht eine Handbewegung, · und ganz langsam · entfaltet die Knospe, · Blatt für Blatt, · ihren wunderschönen Blütenkelch. · Während du dies beobachtest, · spürst du, · wie sich dein Wurzelchakra öffnet. · Es erstrahlt · in einem kraftvollen roten Licht. · Die Energie dieses Chakras · verbindet dich mit der Erde. · Aus der geöffneten Rose · strahlt ein kraftvolles rotes Licht. · Rot · ist die Farbe der Kraft, · des Mutes · und der Erdung. · Atme ·

diese heilende · rote Farbenergie · tief ein · und lass sie beim Ausatmen · durch dein Wurzelchakra · hinausfließen.

Gehe nun · zu der orangefarbenen Rosenknospe. · Stell dir vor, · dass diese Rose · dein Sakralchakra ist. · Dein Schutzengel wiederholt seine Handbewegung, · und ganz sachte · entfaltet die Knospe · ihr leuchtend orangefarbenes Blütenkleid. · Während du dies beobachtest, · spürst du, · wie sich ganz langsam und sanft · dein Sakralchakra öffnet. · Es erstrahlt · in einem leuchtenden orangefarbenen Licht. · Das Sakralchakra · ist der Sitz · der Ur-Instinkte. · Aus der geöffneten Rose · strahlt ein leuchtend orangefarbenes Licht. · Orange · ist die Farbe der Leidenschaft, · der Heiterkeit · und der Kreativität. · Atme · diese heilende · orange Farbenergie · tief ein · und lass sie beim Ausatmen · durch dein Sakralchakra · hinausfließen.

Gehe nun · zu der goldgelben Rosenknospe. · Stell dir vor, · dass diese Rose · dein Solarplexus-Chakra ist. · Nach einer Handbewegung deines Schutzengels · entfaltet die Knospe ganz bedächtig · ihre prachtvollen Blütenblätter. · Während du dies beobachtest, · spürst du, · wie sich ganz langsam · dein Solarplexus-Chakra öffnet. · Es erstrahlt · in einem wunderschönen · goldgelben Licht. · Das Solarplexus-Chakra · ist der Sitz · der Gefühle. · Der Gefühle von Gut und Schlecht, · von Richtig und Falsch. · Aus der geöffneten Rose · strahlt ein Vertrauen bringendes · goldgelbes Licht. · Goldgelb · ist die Farbe des Vertrauens, · des Selbstvertrauens, · der Lebensfreude, · der Fröhlichkeit · und des Wis-

sens. · Atme · diese heilende · goldgelbe Farbenergie · tief
ein · und lass sie beim Ausatmen · durch dein Solarplexus-
Chakra · hinausfließen.

Gehe nun · zu der nächsten Knospe. · Es ist eine pinkfarbene Rose, · deren grüne Blätter noch geschlossen sind. ·
Stell dir vor, · dass diese Rose · dein Herzchakra ist. · Dein
Schutzengel macht eine Handbewegung. · Ganz sachte ·
entfaltet die Knospe · zuerst die grünen Blätter · und danach die pinkfarbenen Blätter · im Zentrum der Rose. ·
Während du dies beobachtest, · spürst du, · wie sich ganz
langsam · dein Herzchakra öffnet. · Es erstrahlt · in einem
leuchtenden Grün, · und im Zentrum deines Chakras · funkelt ein wunderschönes · pinkfarbenes Licht. · Im Herzchakra · lebt die Flamme der Liebe. · Aus der geöffneten
Rose · strahlt grünes und pinkfarbenes Licht. · Grün · ist die
Farbe der Heilung, · des inneren Gleichgewichts · und des
spirituellen Wachstums. · Pink · ist die Farbe des Herzens, ·
die Farbe der Liebe. · Atme · diese heilende · grüne · und
pinkfarbene Farbenergie · tief ein · und lass sie beim Ausatmen · durch dein Herzchakra · hinausfließen.

Gehe nun · zu der hellblauen Knospe. · Stell dir vor, · dass
diese Rose · dein Hals-Chakra ist. · Nach einer weiteren
Handbewegung deines Schutzengels · entfaltet diese Knospe · ganz bedächtig · ihr himmlisches Blütenkleid. · Während du dies beobachtest, · spürst du, · wie sich ganz langsam und sanft · dein Hals-Chakra öffnet. · Es erstrahlt · in
einem leuchtenden · himmelblauen Licht. · Aus der ge-

öffneten Rose · strahlt hellblaues Licht. · Hellblau · ist die Farbe der Kommunikation. · Dieses Licht · bringt dir die richtigen Worte · zur rechten Zeit · auf deine Lippen. · Atme · diese heilende · hellblaue Farbenergie · tief ein · und lass sie beim Ausatmen · durch dein Hals-Chakra · hinausfließen.

Gehe sorgfältig · und verantwortungsbewusst · mit deinen Worten um, · denn Worte · können die Welt verändern.

Gehe nun · zu der violetten Rosenknospe. · Stell dir vor, · dass diese Rose · dein Stirnchakra ist. · Dein Schutzengel · macht noch einmal eine Handbewegung, · und die Knospe · entfaltet Blatt für Blatt · ihren wunderschönen Blütenkelch. · Während du dies beobachtest, · spürst du, · wie sich ganz langsam und sanft · dein Stirnchakra öffnet. · Es erstrahlt · in allen Tönen · von Violett und Königsblau. · Im Stirnchakra · sitzt die Fähigkeit, · zu visualisieren · und sich ein eigenes Urteil zu bilden. · Aus der geöffneten Rose · strahlt violettes · und königsblaues Licht. · Violett · ist die Farbe der Spiritualität, · des Glaubens · und des inneren Friedens. · Königsblau · ist die Farbe der inneren Ruhe, · des Schutzes · und der Intuition. · Atme · diese heilende · violette · und königsblaue Farbenergie · tief ein · und lass sie beim Ausatmen · durch dein Stirnchakra · hinausfließen.

Gehe nun · zu der nächsten Knospe. · Du stehst jetzt · vor einer prachtvollen weißen Lilienknospe. · Stell dir vor, · dass diese Lilie · dein Kronenchakra ist. · Nach einer weiteren Handbewegung deines Schutzengels · öffnet die Lilie · ganz langsam · ihr makellos weißes Blütenkleid. · Während du dies beobachtest, · spürst du, · wie sich ganz langsam und sanft · dein Kronenchakra öffnet. · Es erstrahlt in einem makellosen Weiß, · und im Zentrum deines Kronenchakras · funkelt es perlmuttfarben. · Über das Kronenchakra · bist du mit der göttlichen Quelle · allen Lebens verbunden. · Aus der geöffneten Lilie · strahlt makelloses weißes · und perlmuttfarbenes Licht. · Weiß · ist die Farbe der Reinheit, · der allumfassenden Ruhe, · der allumfassenden Sicherheit · und des allumfassenden Friedens. · Perlmutt · umfasst alle Farben · und somit · alle Energien. · Atme · diese heilende · weiße · und perlmuttfarbene Farbenergie · tief ein · und lass sie beim Ausatmen · durch dein Kronenchakra · hinausfließen.

Vor dir · siehst du nun · einen großen, · alten, · kraftvollen Baum. ··· Gemeinsam mit deinem Schutzengel · gehst du den kurzen Weg · zu diesem Baum. · Setze dich in das angenehm warme Gras · unter dem Baum · und lehne dich · mit deinem Rücken · an seinen kraftvollen, · heilenden Stamm. ··· Genieße · die kraftvolle · und heilende Energie · des Baumes. ··· Wenn du magst, · kannst du deinem Schutzengel eine Frage stellen · oder ihn um Rat bitten.

Kurze Pause   *(Erwachsene 5 bis 20 Minuten.)*
Ganz allmählich · kommt nun der Zeitpunkt, · da du zurückkehren musst.

Dein Schutzengel erklärt dir:

Auch wenn du jetzt alle Chakren bewusst schließt, · sind ihre Energien · immer aktiv · und mit der göttlichen Quelle allen Lebens · und mit der Erde · verbunden. · Es ist sehr wichtig, · die Chakren · nach einer Meditation zu schließen. · Nur so · kannst du deinen Lebensweg, · mit beiden Beinen · fest auf der Erde, gehen! · Die Aktivierung der Energiezentren · dient der Entfaltung · deiner Persönlichkeit. · Es geht darum, · dich langsam · und verantwortungsbewusst · zu entwickeln, · deine Erfahrungen zu machen, · daraus zu lernen · und daran zu wachsen. · Gehe deinen Lebensweg mit Ehrlichkeit, · Verantwortung, · Freude, · Geduld · und Liebe. · Die Engel · sind immer an deiner Seite · und helfen dir · auf all deinen Wegen.

Er schaut dich sehr liebevoll · und weise an. · ⋯ Du fühlst dich sehr wohl · und geborgen.

Begleitet von deinem Schutzengel · gehst du nun den Weg zurück · zu der farbenfrohen Wiese, · auf der die sieben großen Blumen stehen. · ⋯ Dein Schutzengel macht eine Handbewegung, · und die Blumen · schließen nacheinander · ihr Blütenkleid.

Die prachtvolle weiße Lilie · schließt jetzt · ihr makellos weißes Blütenkleid. · Du spürst, · wie sich dein Kronenchakra · sanft schließt.

Die violette Rose · schließt jetzt · ihr violettes Blütenkleid, · und du spürst, · wie auch dein Stirnchakra · sich ganz sanft schließt.

Die hellblaue Rose · schließt jetzt · ihr hellblaues Blütenkleid, · und du spürst, · wie sich dein Hals-Chakra · ganz sanft schließt.

Die pinkfarbene Rose · schließt jetzt · ihr pinkfarbenes Blütenkleid · mit den grünen Blättern. · Du spürst, · wie sich dein Herzchakra · ganz sanft schließt.

Langsam und bedächtig · schließt jetzt · die goldgelbe Rose ihr Blütenkleid, · und du spürst, · wie sich auch dein Solarplexus-Chakra schließt.

Die orange Rose · schließt jetzt · ihr orangefarbenes Blütenkleid , · und du spürst, · wie sich dein Sakralchakra · ganz sanft schließt.

Zum Schluss · schließt sich · die rote Rose. · Dein Wurzelchakra · schließt sich ebenfalls · ganz langsam und sanft.

Du spürst, · dass du verbunden bist mit der Erde · und mit der göttlichen Quelle · allen Lebens. ··· Fröhlich · und entspannt · bist du nun bereit, · zurückzukommen · in deinen Tag.

Ausklang

Atme nun tief ein · und aus. ··· Du spürst, · wie du langsam wacher wirst · und in deinen Alltag · zurückkehrst. ··· Atme noch einmal tief ein · und aus. · Du spürst nun wieder deinen Körper, ··· deine Arme ··· und deine Beine. ··· Atme noch einmal tief ein · und aus. · Bewege langsam deine Arme, ··· deine Hände, ··· deine Beine, ··· recke · und strecke dich, · öffne langsam deine Augen · und kehre fröhlich · und ausgeruht · zurück in deinen Tag.

Engel der Demut

Demut bedeutet, bestimmte Dinge anzunehmen und zu akzeptieren und die Erfahrungen, die du im Laufe deines Lebens machst, als notwendig anzuerkennen. Erlaube dir, so zu sein, wie du bist. Ein Mensch, der durch all seine Erfahrungen zu dem geworden ist, der er ist. Ein Mensch, der so, wie er ist, liebenswert und wertvoll ist!

Einklang

Lege dich ganz entspannt hin, · strecke die Beine aus · und lass die Füße · langsam nach außen fallen. ··· Deine Arme · ruhen locker und gelassen · an deiner Seite. · Schließe deine Augen · und atme ruhig ein · und aus. · Spüre, · wie du mit jedem Atemzug · ruhiger wirst. · Bei jedem Ausatmen · lässt du von allem los, · was dich bisher · noch beschäftigt hat. ··· Lass deine Gedanken ziehen · wie kleine weiße Wolken · am sonnigen Himmel. ··· Der Druck · in deinem Inneren · wird leichter · und fließt mit dem Ausatmen · davon. ··· Beim Einatmen · atmest du Leichtigkeit · und Freiheit ein, · die dir den Weg · in die tiefe Ruhe · deines Inneren · erleichtern. ··· Du fühlst dich ruhig · und zufrieden, · bist völlig entspannt. ··· Nun · kannst du mit deiner Fantasie · in das Reich · der Engel reisen.

Meditation

Stell dir vor, · du befindest dich an einem wunderschönen Strand. ··· Es ist ein angenehm · warmer Sommertag. · Kleine Wölkchen · wandern ruhig · am klaren blauen Himmel entlang. · Das Meer · glitzert und funkelt · in der strahlenden goldgelben Sonne. · Es sieht aus · wie das Funkeln · von Millionen auf dem Meer tanzender Diamanten.

Setze dich in den weichen, · warmen Sand · und genieße · das Glitzerspiel des Meeres. ··· Der Wind · streichelt liebevoll durch dein Haar, · und die Sonnenstrahlen · kitzeln sanft · deine Nasenspitze. · Du bist ganz entspannt, · fühlst dich wohl · und geborgen.

Während du das Meer betrachtest, · spürst du, · wie dein Schutzengel neben dich tritt. · Es ist ein wundervolles Gefühl, · seine Nähe · und seine Liebe zu spüren. · Begrüße ihn · und genieße · seine liebevolle Umarmung.

Heute · möchte dein Schutzengel mit dir · den Engel der Demut besuchen. ··· Du freust dich sehr · und spürst, · dass etwas ganz Besonderes auf dich wartet. · Zu deiner Rechten · siehst du zwei große Palmen am Strand stehen, · deren Blätter · sich sanft im Wind wiegen. · Dein Schutzengel nimmt dich an die Hand, · und gemeinsam · geht ihr den Strand entlang zu den Palmen. ··· Nach ein paar Schritten · siehst du · in regelmäßigen Abständen · sieben große bunte Muscheln im Sand liegen.

Dein Schutzengel summt eine Melodie. · Durch diese Energie · öffnen sich nacheinander · die Muscheln · und strahlen · ein wundervolles Licht aus.

Zuerst · öffnet sich die rote Muschel. · Aus ihr strahlt ein kraftvolles · rotes Licht heraus. · Atme · diese Kraft bringende, · erdende · rote Farbenergie · tief ein · und lass sie beim Ausatmen · durch dein Wurzelchakra · hinausfließen.

Jetzt · öffnet sich die orange Muschel. · Ein leuchtendes · orangefarbenes Licht · strahlt · aus ihr heraus. · Atme · diese leidenschaftliche, · fröhliche · orange Farbenergie · tief ein · und lass sie beim Ausatmen · durch dein Sakralchakra · hinausfließen.

Die goldgelbe Muschel · öffnet sich jetzt. · Aus ihr · strahlt ein Vertrauen bringendes · goldgelbes Licht heraus. · Atme · diese Vertrauen bringende, · lebensbejahende · goldgelbe Farbenergie · tief ein · und lass sie beim Ausatmen · durch dein Solarplexus-Chakra · hinausfließen.

Jetzt · öffnet sich die grüne Muschel. · Aus ihr strahlt · ein heilendes · grünes Licht. · Atme · diese heilende, · liebende, · harmonisierende · grüne Farbenergie · tief ein · und lass sie beim Ausatmen · durch dein Herzchakra · hinausfließen.

Die hellblaue Muschel · öffnet sich. · Aus ihr strahlt · ein himmlisch blaues Licht heraus. · Atme · diese heilende, · kommunikative · hellblaue Farbenergie · tief ein · und lass sie beim Ausatmen · durch dein Hals-Chakra · hinausfließen.

Nun · öffnet sich · die violette Muschel. · Aus ihr heraus · strahlt ein friedliches · violettes Licht. · Atme · diese Frieden bringende · violette Farbenergie · tief ein · und lass sie beim Ausatmen · durch dein Stirnchakra · hinausfließen.

Nun · öffnet sich · die weiße Muschel. · Aus ihr heraus · strahlt ein makelloses · weißes Licht. · Atme · diese Ruhe bringende, · friedliche · weiße Farbenergie · tief ein · und lass sie beim Ausatmen · durch dein Kronenchakra · hinausfließen.

Dein Schutzengel · macht eine Handbewegung, · und zwischen den Palmen · wird eine Türe · aus Licht · für dich sichtbar, · die dich in das Reich · des Engels der Demut · führt.

Gemeinsam · mit deinem Schutzengel · gehst du durch die Lichttüre · und betrittst einen wunderschönen · glitzernden Strand · in einer himmlischen Lagune.

Alles glitzert, · funkelt · und strahlt · in so intensiven · leuchtenden Farben, · wie du es bis jetzt · noch nie gesehen hast. · Das Meer · glitzert blau, · türkis · und grün. · Das Wasser · ist so klar, · dass du bis ganz tief · auf den Meeresgrund schauen kannst.

Dein Schutzengel · legt liebevoll · seine Hand auf deine Schulter. · Neben ihm · steht, in das Licht der Liebe gehüllt, · der Engel der Demut. ··· Geh auf ihn zu · und begrüße ihn freundlich.

Er erklärt dir:

> *Demut · bedeutet nicht, · sich selbst klein zu machen, · sich vor Aufgaben · und Verantwortung · zu drücken. · Demut · bedeutet, · bestimmte Dinge, · die sich nicht ändern lassen, · anzunehmen und zu akzeptieren, · um daraus zu lernen.*

Setze dich · mit den Engeln · in den weichen, · angenehm warmen Sand · und genieße · das Beisammensein mit ihnen. ··· Du kannst dem Engel der Demut · jetzt · eine Frage stellen · oder ihn um Rat bitten.

Kurze Pause   *(Erwachsene 5 bis 20 Minuten.)*
Ganz allmählich · kommt der Augenblick, · da du zurückkehren musst.

Der Engel der Demut · verabschiedet sich von dir mit den Worten:

> *Erlaube dir, · so zu sein, · wie du bist! · Ein Mensch, · der durch Höhen · und Tiefen gegangen ist · und weiterhin geht, · der Schwächen · und Fehler hat, · der durch all seine Erfahrungen · zu einem liebenswerten · und wertvollen Menschen erblüht!*

Du bedankst dich bei dem Engel der Demut · und verabschiedest · dich mit einer liebevollen Umarmung von ihm.

Vor Glück strahlend · schaust du deinen Schutzengel an. · Er nimmt dich lächelnd an die Hand · und führt dich den

179

Weg zurück, · den du gekommen bist. ··· Du gehst · wieder durch die Lichttüre · zu deinem Strand. ··· Dein Schutzengel · macht eine Handbewegung, · und die Lichttüre · wird wieder unsichtbar.

Während du nun den Strand entlanggehst, · summt dein Schutzengel eine Melodie, · und nacheinander · schließen sich · die bunten Muscheln. ··· Zuerst · schließt sich die weiße Muschel, ··· dann schließt sich die violette Muschel, ··· dann die hellblaue ··· und die grüne Muschel, ··· jetzt schließen sich die goldgelbe, ··· die orange ··· und zum Schluss ··· die rote Muschel.

Fröhlich · und ausgeruht · bist du nun bereit, · zurückzukommen · in deinen Tag.

Ausklang

Atme nun tief ein · und aus. ··· Du spürst, · wie du langsam wacher wirst · und in deinen Alltag · zurückkehrst. ··· Atme noch einmal tief ein · und aus. · Du spürst nun wieder deinen Körper, ··· deine Arme ··· und deine Beine. ··· Atme noch einmal tief ein · und aus. · Bewege langsam deine Arme, ··· deine Hände, ··· deine Beine, ··· recke · und strecke dich, · öffne langsam deine Augen · und kehre fröhlich · und ausgeruht · zurück in deinen Tag.

Engel des Erfolgs

Erfolg bedeutet das Voranschreiten auf ein Ziel hin durch das Erbringen eigener Leistungen. Du musst dir bewusst werden, wohin du gehst oder wohin du gehen möchtest. Achte dabei auf deine Gedanken, denn sie sind die Samen des Erfolges oder Misserfolges.

Einklang

Lege dich ganz entspannt hin, · strecke die Beine aus · und lass die Füße · langsam nach außen fallen. ··· Deine Arme · ruhen locker und gelassen · an deiner Seite. · Schließe deine Augen · und atme ruhig ein · und aus. · Spüre, · wie du mit jedem Atemzug · ruhiger wirst. · Bei jedem Ausatmen · lässt du von allem los, · was dich bisher · noch beschäftigt hat. ··· Lass deine Gedanken ziehen · wie kleine weiße Wolken · am sonnigen Himmel. ··· Der Druck · in deinem Inneren · wird leichter · und fließt mit dem Ausatmen · davon. ··· Beim Einatmen · atmest du Leichtigkeit · und Freiheit ein, · die dir den Weg · in die tiefe Ruhe · deines Inneren · erleichtern. ··· Du fühlst dich ruhig · und zufrieden, · bist völlig entspannt. ··· Nun · kannst du mit deiner Fantasie · in das Reich · der Engel reisen.

Meditation

Stell dir vor, · du befindest dich auf einer wunderschönen · farbenfrohen Wiese. ··· Es ist ein angenehm · warmer Frühlingstag. · Die Luft ist klar, · der Himmel · strahlt in seinem schönsten Blau, · und die Sonne · schickt ihre wärmenden · goldgelben Strahlen · auf das Land.

Du bist ganz entspannt, · fühlst dich wohl · und geborgen. ··· Während du die farbenfrohe Wiese betrachtest, · spürst du, · wie dein Schutzengel neben dich tritt. · Es ist ein wundervolles Gefühl, · seine Nähe · und seine Liebe · zu spüren. · Begrüße ihn · und genieße · seine liebevolle Umarmung.

Heute · möchte dein Schutzengel mit dir · den Engel des Erfolgs besuchen. ··· Du freust dich sehr · und spürst, · dass etwas ganz Besonderes · geschehen wird. ··· Dein Schutzengel nimmt dich an die Hand, · und gemeinsam · geht ihr auf eine große Ligusterhecke zu. ··· Er streichelt ein Blatt, · und auf wundersame Weise · gleitet die Hecke · zur Seite. · Vor dir · siehst du nun eine Allee, · einen geraden Weg, · der auf beiden Seiten · mit sieben Linden gesäumt ist. · Dieser gerade Weg · ist der Eingang · zu einem zwölfgängigen, · kreisförmigen Labyrinth · aus Ligusterhecken.

Der Weg in dem Labyrinth · ist ein Gleichnis · für deinen Lebensweg. ··· Er ist verschlungen · und lang, · wechselt wiederholt die Richtung, · führt häufig am Ziel vorbei, · ist dennoch eindeutig · und führt stets sicher ·in die Mitte · und wieder hinaus. ··· Dein Schutzengel · ist auf all deinen Wegen · immer · an deiner Seite.

Neben jeder Linde · steht eine Laterne. · Dein Schutzengel macht eine Handbewegung, · und nacheinander · tauchen die Laternen den Weg · in ein Licht, · das die Farben · des Regenbogens annimmt.

Du gehst zuerst · durch das rote Licht. · Atme · diese Kraft bringende, · erdende, · rote Farbenergie · tief ein · und lass sie beim Ausatmen · durch dein Wurzelchakra · hinausfließen.

Gehe nun · durch das orange Licht. · Atme · diese leidenschaftliche, · fröhliche, · orange Farbenergie · tief ein · und lass sie beim Ausatmen · durch dein Sakralchakra · hinausfließen.

Jetzt · gehe durch das goldgelbe Licht. · Atme · diese Vertrauen bringende, · lebensbejahende · goldgelbe Farbenergie · tief ein · und lass sie beim Ausatmen · durch dein Solarplexus-Chakra · hinausfließen.

Gehe nun · durch das grüne Licht. · Atme · diese heilende, · liebende, · harmonisierende · grüne Farbenergie · tief ein · und lass sie beim Ausatmen · durch dein Herzchakra · hinausfließen.

Nun · gehe durch das hellblaue Licht. · Atme · diese heilende, · kommunikative, · hellblaue Farbenergie · tief ein · und lass sie beim Ausatmen · durch dein Hals-Chakra · hinausfließen.

Gehe jetzt · durch das violette Licht. · Atme · diese Frieden bringende · violette Farbenergie · tief ein · und lass sie beim Ausatmen · durch dein Stirnchakra · hinausfließen.

Du gehst nun · durch das makellose · weiße Licht. · Atme · diese Ruhe bringende, · friedliche, · weiße Farbenergie · tief ein · und lass sie beim Ausatmen · durch dein Kronenchakra · hinausfließen.

Du bist nun am Eingang · zum ersten kreisförmigen Gang · des Labyrinths angekommen. · · · Dein Schutzengel summt eine Melodie, · die Luft · um dich herum beginnt zu funkeln, · und der Engel des Erfolgs · wird neben dir sichtbar. · Begrüße ihn freundlich. · Er erklärt dir:

Erfolg bedeutet, · das Voranschreiten auf ein Ziel hin durch das Erbringen eigener Leistungen. Du musst dir bewusst werden, wohin du gehst oder wohin du gehen möchtest. Achte dabei auf deine Gedanken, denn sie sind die Samen des Erfolges oder Misserfolges. · Der Lohn deiner Bemühungen stellt sich ein, · wenn du an dich selbst glaubst · und wenn deine Gedanken · und dein Handeln · auf das Wohl aller Beteiligten · ausgerichtet sind.

Gemeinsam mit den beiden Engeln · gehst du nun den Weg · des Ligusterheckenlabyrinths. · · · Während ihr den verschlungenen Weg entlang- · und, am Ziel angekommen, · wieder zurückgeht, · kannst du dem Engel des Erfolgs eine Frage stellen · oder ihn um Rat bitten.

Kurze Pause   *(Erwachsene 5 bis 20 Minuten.)*

Langsam · kommt nun der Augenblick, · da du zurückkehren musst.

Du bist nun wieder · am ersten · kreisförmigen Gang des Labyrinths · angekommen. ··· Der Engel des Erfolgs · verabschiedet sich von dir mit den Worten:

Das Labyrinth · steht symbolisch · für den Weg eines Menschen nach innen, · zu sich selbst. · Es bezeichnet auch · den verschlungenen Weg, · der dich zur Mitte, · zum Zentrum der universellen Kraft führt. · Auf diesem Weg · begegnest du schwierigen Situationen, · und dein Ziel · scheint häufig weiter entfernt · als zu Beginn deiner Reise. · Du umkreist mehrfach dein Ziel, · und wiederholt gerät es aus deiner Sicht. · Gelegentlich · wirst du zu scheinbaren Umwegen gezwungen, · Umwege, · die dich weiter vom Ziel wegführen. · Doch bedenke, · nichts geschieht ohne Sinn. · Jede Begegnung · und jede Situation · bringt dich weiter. · Wenn du unbeirrt deinen Weg gehst · und nicht umkehrst, · so führt dich der eingeschlagene Weg · letztendlich · zum Ziel! · Auf dem Weg aus dem Labyrinth heraus · kehrst du gestärkt · und mit neuen Erkenntnissen · zurück · in dein Leben. · Die Engel · sind auf all deinen Wegen · stets · an deiner Seite.

Bedanke dich bei dem Engel des Erfolgs · und verabschiede dich · für heute · von ihm.

Begleitet von deinem Schutzengel · gehst du nun den Weg zurück, · den du gekommen bist. ··· Während du die

Lindenallee entlanggehst, · erlöschen nacheinander · die bunten Lichter.

Zuerst · erlischt das weiße Licht, ··· dann das violette, ··· das hellblaue ··· und das grüne Licht. ··· Nun · erlöschen das goldgelbe, ··· das orange ··· und zum Schluss · das rote Licht.

Dein Schutzengel führt dich durch die Ligusterhecke · auf die Wiese. ··· Hinter euch · schließt sich auf wundersame Weise · die Hecke. · Nun · ist von der Lindenallee nichts mehr · zu sehen. ··· Freudestrahlend · schaust du deinen Schutzengel an · und bist nun bereit, · zurückzukommen · in deinen Tag.

Ausklang

Atme nun tief ein · und aus. ··· Du spürst, · wie du langsam wacher wirst · und in deinen Alltag · zurückkehrst. ··· Atme noch einmal tief ein · und aus. · Du spürst nun wieder deinen Körper, ··· deine Arme ··· und deine Beine. ··· Atme noch einmal tief ein · und aus. · Bewege langsam deine Arme, ··· deine Hände, ··· deine Beine, ··· recke · und strecke dich, · öffne langsam deine Augen · und kehre fröhlich · und ausgeruht · zurück in deinen Tag.

Engel der Freundschaft

Freunde, das sind vertraute Menschen, die uns auf unserem Lebensweg ein kleines oder auch großes Stück des Weges begleiten. Manchmal dienen sie uns als Spiegelbilder, die uns helfen, unsere Seele besser zu verstehen. Freundschaft ist eine Facette des Juwels namens Liebe.

Einklang

Lege dich ganz entspannt hin, · strecke die Beine aus · und lass die Füße · langsam nach außen fallen. ··· Deine Arme · ruhen locker und gelassen · an deiner Seite. · Schließe deine Augen · und atme ruhig ein · und aus. · Spüre, · wie du mit jedem Atemzug · ruhiger wirst. · Bei jedem Ausatmen · lässt du von allem los, · was dich bisher · noch beschäftigt hat. ··· Lass deine Gedanken ziehen · wie kleine weiße Wolken · am sonnigen Himmel. ··· Der Druck · in deinem Inneren · wird leichter · und fließt mit dem Ausatmen · davon. ··· Beim Einatmen · atmest du Leichtigkeit · und Freiheit ein, · die dir den Weg · in die tiefe Ruhe · deines Inneren · erleichtern. ··· Du fühlst dich ruhig · und zufrieden, · bist völlig entspannt. ··· Nun · kannst du mit deiner Fantasie · in das Reich · der Engel reisen.

Meditation

Stell dir vor, · du sitzt an einem wunderschönen Seerosenteich. ··· Es ist eine angenehm · warme, · sternenklare Sommernacht. · Millionen Sterne · glitzern · und strahlen · an dem königsblauen Himmelszelt. · Der Mond · und die Sterne · spiegeln sich · in dem kristallklaren Wasser · des Teiches. ··· Du hörst · das Zirpen der Grillen, · das Rauschen der Blätter im Wind · und den lieblichen Gesang einer Nachtigall. ··· Du bist ganz entspannt, · fühlst dich wohl · und geborgen. ··· Während du dem Gesang · der Nachtigall lauschst, · spürst du, · wie dein Schutzengel · neben dich tritt. · Es ist ein wohliges Gefühl, · seine Liebe, · seine Nähe · und sein Vertrauen in dich · zu spüren. · Begrüße ihn · und genieße · seine liebevolle Umarmung.

Heute · möchte er dir · den Engel der Freundschaft vorstellen. ··· Dein Herz jubelt, · und du weißt, · etwas ganz Besonderes wird geschehen. ··· Schau dir die Seerosen · auf dem Teich an. · Sechs · besonders schöne, · bunte, · leuchtende Seerosen · und eine Lotusblume · haben ihre Blütenkelche · noch geschlossen.

Dein Schutzengel macht eine Handbewegung. · Schau, was geschieht. ··· Die rote Seerose · öffnet ihr leuchtend · rotes Blütenkleid. · Eine kleine Elfe · im roten · funkelnden Rosenkleid · fliegt munter aus der Blüte heraus · und tanzt vor dir · fröhlich auf dem Wasser. · Die Luft um dich herum · erstrahlt nun · in Kraft bringendem · rotem Licht. · Atme · diese Kraft bringende, · heilende · rote Farbenergie · tief ein · und lass sie beim Ausatmen · durch dein Wurzelchakra · hinausfließen.

Jetzt · öffnet sich die orange Seerose. · Eine kleine Elfe · in einem wunderschönen, · orange glitzernden Rosenkleid · fliegt lachend · aus der Blüte heraus · zu ihrer tanzenden ·

Elfenschwester. · Die Luft um dich herum · erstrahlt · in Heiterkeit bringendem · orangefarbenem Licht. · Atme · diese heilende · orangefarbene Farbenergie · tief ein · und lass sie beim Ausatmen · durch dein Sakralchakra · hinausfließen.

Eine goldgelbe Seerose · öffnet sich jetzt. · Fröhlich lachend · fliegt eine kleine Elfe · in einem goldgelben Rosenkleid heraus · zu ihren tanzenden · Elfenschwestern. · Die Luft um dich herum · erstrahlt · in Vertrauen bringendem · goldgelbem Licht. · Atme · diese heilende, · Vertrauen bringende · goldgelbe Farbenergie · tief ein · und lass sie beim Ausatmen · durch dein Solarplexus-Chakra · hinausfließen.

Die grünen Blätter · einer pinkfarbenen Seerose · öffnen sich jetzt, · und eine kleine Elfe · in einem grün · und pink glitzernden Rosenkleid · fliegt fröhlich · zu ihren tanzenden · Elfenschwestern. · Die Luft um dich herum · erstrahlt · in heilendem · grünem Licht. · Atme · diese heilende · grüne Farbenergie tief ein · und lass sie beim Ausatmen · durch dein Herz-Chakra · hinausfließen.

Eine hellblaue Seerose · öffnet jetzt · ihren Blütenkelch · für eine kleine · singende Elfe · in einem hellblauen · funkelnden Rosenkleid. · Die Luft um dich herum · erstrahlt · in himmlisch blauem Licht. · Atme · diese heilende · hellblaue Farbenergie · tief ein · und lass sie beim Ausatmen · durch dein Hals-Chakra · hinausfließen.

189

Eine violette Seerose · öffnet jetzt · ihren Blütenkelch · für eine kleine Elfe · in einem strahlend · violetten Rosenkleid. · Die Luft um dich herum · erstrahlt · in Frieden bringendem · violettem Licht. · Atme · diese heilende, · Frieden bringende · violette Farbenergie · tief ein · und lass sie beim Ausatmen · durch dein Stirnchakra · hinausfließen.

Nun · öffnet eine weiße Lotusblüte · ihren Blütenkelch · für eine kleine · bezaubernde Elfe · in einem makellosen · weißen · Lotusblütenkleid. · Die Luft um dich herum · erstrahlt · in einem makellosen · weißen Licht. · Durch das weiße Licht · bist du mit der göttlichen Quelle · allen Lebens verbunden. · Atme · diese heilende · weiße Farbenergie · tief ein · und lass sie beim Ausatmen · durch dein Kronenchakra · hinausfließen.

Die Elfenschwestern · fassen sich glücklich lachend · an den Händen · und tanzen ausgelassen · auf dem kristallklaren Wasser. ··· Dein Schutzengel · nickt mit seinem Kopf · den Elfen · lachend zu. · Voller Lebensfreude · werfen sie glitzerndes · regenbogenfarbenes Elfenpulver in die Luft. · Schau, was geschieht. ··· Durch das glitzernde Pulver · öffnet sich · eine sonst unsichtbare Türe aus Licht, · die den Weg freigibt · in das Reich · der Engel der Freundschaft.

Begleitet von deinem Schutzengel · gehst du durch die Lichttüre · den Weg entlang, · der dich in den paradiesischen Garten · der Engel der Freundschaft führt.

In diesem Garten · leuchten alle Farben noch viel intensiver · und strahlender. · Hier blühen Blumen · und wach-

sen Bäume, · wie du sie vorher noch nie gesehen hast. ···
Die Luft ist klar · und rein. · Am Himmel · glitzern Millionen · klitzekleiner · rosafarbener · und hellblauer Herzen
aus Licht.

Etwas weiter vor dir · erblickst du eine goldene Gartenbank, · auf der · ein Engel der Freundschaft sitzt · und auf
dich wartet. · Setze dich neben ihn auf die Gartenbank ·
und begrüße ihn freundlich.

Er erklärt dir:

*Freunde · sind vertraute Menschen, · die dich auf dei-
nem Lebensweg · ein kleines · oder auch großes Stück · des
Weges begleiten. · Manchmal · dienen sie dir als Spiegelbild, · um dir zu helfen, · deine eigene Seele besser zu verstehen · und deine Seele zu lieben. · Nimm die Segnun-
gen der wahren Freundschaft an · und wachse daran. ·
Freundschaft · repräsentiert eine Facette · des Juwels namens Liebe.*

Etwas weiter vorne · im Garten · siehst du einen kleinen
Teich. ··· Die beiden Engel · nehmen dich an die Hand ·
und gehen mit dir den kurzen Weg · zu diesem Teich. · Das
Wasser · des Teiches ist kristallklar. · Du kannst dein Spiegelbild · darin erkennen.

Wenn du magst, · bitte den Engel der Freundschaft darum, · dir · im Spiegel des kristallklaren Wassers zu zeigen, ·
was du durch deine Freunde lernen konntest · und auch
noch lernen kannst. ··· Du kannst ihm auch eine Frage stellen · oder ihn um Rat bitten.

Kurze Pause   *(Erwachsene 5 bis 20 Minuten.)*
Ganz allmählich · kommt nun der Augenblick, · da du zurückkehren musst.

Der Engel der Freundschaft · verabschiedet sich von dir · mit den Worten:

Versuche nicht, · das Spiegelbild zu ändern, · es ist nur der Spiegel. · Beobachte · das Äußere · und verändere · das Innere. · Das Äußere · spiegelt · das Innere.

Liebevoll · und voller Vertrauen · verabschiedest du dich für heute · von dem Engel der Freundschaft. · Bedanke dich · für all seine Liebe · und seine Freundschaft.

Begleitet von deinem Schutzengel · gehst du nun den Weg zurück · durch die Lichttüre · an deinen Seerosenteich.

Die kleinen Elfen · erwarten dich freudestrahlend · und voller Liebe. · Sie strecken ihre zierlichen Hände in die Luft, · die Lichttüre · wird wieder unsichtbar, · und das glitzernde · regenbogenfarbene Elfenpulver · fließt zurück · in ihre kleinen Elfenhände. ··· Zum Abschied · drücken sie dir sieben · zärtliche Elfenküsse · auf deine Wangen · und auf deine Nasenspitze. · Nacheinander · fliegen sie zu ihren Blumenhäusern zurück · und schließen für heute · ihre Blütenkelche.

Die Elfe · in dem weißen Lotusblütenkleid · fliegt in ihre weiße Lotusblume, · die jetzt · ihren Blütenkelch schließt. ··· Die Elfe · in ihrem violetten Seerosenkleid · fliegt in ihre violette Seerose, · ihre Elfenschwester · in dem hellblauen

Rosenkleid · fliegt in ihre hellblaue Seerose. · Du kannst sehen, · wie sich ihre violetten · und hellblauen Blütenkelche · jetzt · schließen.

Die Elfe · in dem grün · und pink · glitzernden Rosenkleid · fliegt zu den grünen Blättern ihrer pinkfarbenen Seerose · und schließt den pinkfarbenen Blütenkelch · mit den grünen Blättern.

Auch die Elfen · in den goldgelben, · orangefarbenen · und roten Rosenkleidern · fliegen in ihre Blumenhäuser zurück · und schließen für heute · ihr goldgelbes, · ihr orangefarbenes · und zum Schluss · ihr rotes Blütenkleid.

Fröhlich · und glücklich · bist du nun bereit, · zurückzukommen · in deinen Tag.

Ausklang

Atme nun tief ein · und aus. ··· Du spürst, · wie du langsam wacher wirst · und in deinen Alltag · zurückkehrst. ··· Atme noch einmal tief ein · und aus. · Du spürst nun wieder deinen Körper, ··· deine Arme ··· und deine Beine. ··· Atme noch einmal tief ein · und aus. · Bewege langsam deine Arme, ··· deine Hände, ··· deine Beine, ··· recke · und strecke dich, · öffne langsam deine Augen · und kehre fröhlich · und ausgeruht · zurück in deinen Tag.

Engel der Harmonie

Harmonie bedeutet, im Einklang mit sich selbst und seinen Gefühlen zu leben. Unangenehme Gefühle helfen dir, zu erkennen, woher das Ungleichgewicht kommt. Es kann in deinem Inneren sein oder im Äußeren.

Einklang

Lege dich ganz entspannt hin, · strecke die Beine aus · und lass die Füße · langsam nach außen fallen. ··· Deine Arme · ruhen locker und gelassen · an deiner Seite. · Schließe deine Augen · und atme ruhig ein · und aus. · Spüre, · wie du mit jedem Atemzug · ruhiger wirst. · Bei jedem Ausatmen · lässt du von allem los, · was dich bisher · noch beschäftigt hat. ··· Lass deine Gedanken ziehen · wie kleine weiße Wolken · am sonnigen Himmel. ··· Der Druck · in deinem Inneren · wird leichter · und fließt mit dem Ausatmen · davon. ··· Beim Einatmen · atmest du Leichtigkeit · und Freiheit ein, · die dir den Weg · in die tiefe Ruhe · deines Inneren · erleichtern. ··· Du fühlst dich ruhig · und zufrieden, · bist völlig entspannt. ··· Nun · kannst du mit deiner Fantasie · in das Reich · der Engel reisen.

Meditation

Stell dir vor, · du befindest dich auf einer herrlich bunten Blumenwiese. · Es ist ein · warmer Sommertag. · Die Luft ist klar, · der Himmel strahlt in schönstem Blau, · und kleine Schäfchenwolken · ziehen gemütlich · am Himmel entlang.

Du spürst · das liebevolle Streicheln · der Sonnenstrahlen auf deiner Haut · und die zärtliche Umarmung · des Windes. ··· Durch die Wiese · schlängelt sich ein kleiner Bach · in Richtung des Waldes. · Du hörst · das Plätschern des kristallklaren Wassers · und das zufriedene Summen · der Hummeln, · die von Blüte zu Blüte fliegen.

Du bist ganz entspannt, · fühlst dich wohl · und geborgen. ··· Während du dem Plätschern des Wassers lauschst, · spürst du, · wie dein Schutzengel neben dich tritt. · Es ist ein wohliges Gefühl, · seine Liebe, · seine Nähe · und sein Vertrauen in dich · zu spüren. · Begrüße ihn · und genieße · seine liebevolle Umarmung.

Heute möchte dein Schutzengel dir · den Engel der Harmonie vorstellen. ··· Gemeinsam mit deinem Schutzengel · gehst du den kurzen Weg · zu dem Wald. ··· Du kannst viele Laubbäume erkennen. · Da gibt es Ahornbäume, · Birken, · Eichen, · Kastanien · und Rotbuchen.

Vor dem Wald angekommen, · siehst du einen lichtdurchfluteten Hohlweg. · Lächelnd · nimmt dein Schutzengel dich an die Hand · und geht mit dir · den Weg entlang. ··· Das Licht der Sonne · bricht sich in den Blättern, · Ästen und Zweigen der Laubbäume. · Dieses Lichterspiel · ist wundervoll anzuschauen.

Nach einem sehr kurzen, · gemütlichen Spaziergang · öffnet sich der Wald · und gibt den Blick auf eine Lichtung frei, · auf der sich ein großer, · sehr alter Steinkreis · befindet. · Das Licht, · die alten Megalithen · und die Bäume · lassen diesen Ort · geheimnisvoll erscheinen.

Der Steinkreis · besteht aus sieben · sehr hohen Megalithen, · deren Spitzen · mit Tausenden von Edelsteinen · in allen Farben des Regenbogens · geschmückt sind.

Dein Schutzengel macht eine Handbewegung, · und nacheinander · erstrahlen die alten Megalithen · im bunten Licht der Edelsteine.

Die Spitze des ersten Megalithen · ist mit Tausenden · roter Edelsteine geschmückt, · diesen roten Edelstein nennt man Jaspis. · Der Jaspis · ist der Stein des Mutes, · der Kraft · und der Energie. · Diese Edelsteine erstrahlen jetzt · alle · in einem kraftvollen roten Licht. · Dieses Licht · gibt dir Kraft, · Mut · und verbindet dich mit der Erde. · Atme · diese heilende · rote Farbenergie tief · ein · und lass sie beim Ausatmen · durch dein Wurzelchakra · hinausfließen.

Die Spitze des zweiten Megalithen · ist mit Tausenden · orangefarbener Edelsteine geschmückt, · dies sind orangefarbene Karneole. · Der orangefarbene Karneol · ist der Stein der Tatkraft, · der Standfestigkeit · und der guten Laune. · Diese Edelsteine erstrahlen jetzt · in einem leuchtend orangefarbenen Licht. · Dieses Licht · gibt dir Heiterkeit · und zaubert ein Lächeln · auf dein Gesicht. · Atme · diese heilende · orange Farbenergie · tief ein · und lass sie beim Ausatmen · durch dein Sakralchakra · hinausfließen.

Die dritte Megalithspitze · ist mit Tausenden · goldgelber Edelsteine geschmückt, · die man Bernstein nennt. · Bernstein ist der Stein der Fröhlichkeit · und des Vertrauens. · Er stärkt deinen Glauben · an dich selbst. · Diese Edelsteine erstrahlen jetzt · in einem Vertrauen bringenden · goldgelben Licht. · Dieses Licht · gibt dir Lebensfreude, · Fröhlichkeit · und Selbstvertrauen. · Atme · diese heilende · goldgelbe Farbenergie · tief ein · und lass sie beim Ausatmen · durch dein Solarplexus-Chakra · hinausfließen.

Die nächste Megalithspitze ist geschmückt · mit Tausenden · grüner Edelsteine, · diesen grünen Edelstein nennt man Peridot. · Der Peridot löst Wut, · Ärger · und Schuldgefühle auf, · die in unseren Herzen festsitzen. · Diese Edelsteine erstrahlen jetzt · in einem heilenden · grünen Licht. · Dieses Licht · bringt dir Heilung, · spirituelles Wachstum · und inneres Gleichgewicht. · Atme · diese heilende · grüne Farbenergie · tief ein · und lass sie beim Ausatmen · durch dein Herzchakra · hinausfließen.

Die fünfte Megalithspitze ist geschmückt · mit Tausenden · hellblauer Edelsteine, · dieser Edelstein ist der blaue Chalcedon. · Der blaue Chalcedon · stärkt die Redekunst. · Er hilft dir hinzuhören, · zu verstehen · und dich mitzuteilen. · Diese Edelsteine erstrahlen jetzt · in einem himmlisch blauen Licht. · Dieses Licht · bringt dir die richtigen Worte · zur rechten Zeit · auf deine Lippen. · Atme · diese heilende · hellblaue Farbenergie · tief ein · und lass sie beim Ausatmen · durch dein Hals-Chakra · hinausfließen.

Die nächste Megalithspitze ist geschmückt · mit Tausenden · hell- und dunkelvioletter Edelsteine, · auch Amethyste genannt. · Der dunkelviolette Amethyst · bringt dir inneren Frieden, · indem er dir hilft, · Trauer · und Verlust zu überwinden. · Der hellviolette Amethyst · stärkt · und klärt · deine Intuition. · Diese Edelsteine erstrahlen jetzt · in einem friedlichen · dunkel- und hellvioletten Licht. · Dieses Licht · bringt dir inneren Frieden · und erhellt deine Spiritualität. · Atme · diese heilenden · violetten Farbenergien · tief ein · und lass sie beim Ausatmen · durch dein Stirnchakra · hinausfließen.

Die siebte Megalithspitze ist geschmückt · mit Tausenden · weißer Edelsteine, · dem weißen Achat, · den man auch Friedensachat nennt. · Der weiße Achat · fördert Toleranz · und Nachsicht. · Diese Edelsteine erstrahlen jetzt · in einem Ruhe bringenden · weißen Licht. · Dieses Licht · bringt dir allumfassenden Frieden, · allumfassende Ruhe · und allumfassende Sicherheit. · Durch das weiße Licht · bist du mit der göttlichen Quelle · allen Lebens verbunden. · Atme · diese heilende · weiße Farbenergie · tief ein · und lass sie beim Ausatmen · durch dein Kronenchakra · hinausfließen.

Schau, · die Luft um dich herum · erstrahlt in den Farben · der leuchtenden Edelsteine.

Dein Schutzengel · summt eine Melodie. · Die Luft um dich herum · beginnt zu flimmern, · und in der Mitte des Steinkreises · wird der Engel der Harmonie · für dich sichtbar. · Er schaut dich liebevoll · und weise an. · Geh auf ihn zu · und begrüße ihn freundlich.

Der Engel der Harmonie erklärt dir:

Harmonie bedeutet, · im Einklang · mit sich selbst zu leben. · Schaffe dir ein Gleichgewicht · zwischen Arbeit · und Vergnügen, · zwischen Geben · und Nehmen, · zwischen deinen inneren Gefühlen · und deinen gelebten Gefühlen, · zwischen deinen Träumen · und deinen Taten, · zwischen Ausruhen · und Spiritualität. · Achte die Meinung des anderen · und bewerte sie nicht sofort, · denn auch er hat das Recht · auf seine eigenen Gefühle. · Versuche einfach, · dein Bestes zu geben · und mit offenem Herzen · zu empfangen.

Setze dich · mit den beiden Engeln · in das angenehm warme, · weiche Gras · in der Mitte des Steinkreises. · Genieße · das Zusammensein mit ihnen. ··· Wenn du magst, · kannst du dem Engel der Harmonie · eine Frage stellen · oder ihn um Rat bitten.

Kurze Pause   *(Erwachsene 5 bis 20 Minuten.)*
Ganz allmählich · kommt nun der Augenblick, · da du zurückkehren musst.

Der Engel der Harmonie hat noch ein Geschenk für dich. · Er überreicht dir · einen wunderschönen Peridot · und verabschiedet sich von dir mit den Worten:

Verleugne nicht deine Gefühle! · Unangenehme Gefühle · helfen dir, · zu erkennen, · woher · das Ungleichgewicht kommt. · Es kann in deinem Inneren sein · oder im Äuße-

199

ren. · Liebe · und akzeptiere dich so, · wie du bist. · Lebe
im Einklang · mit dir selbst · und der Natur. · Gott · und
die Engel · werden dich immer lieben.

Bedanke dich · bei dem Engel der Harmonie · und verabschiede dich · für heute von ihm.

Er lächelt dir zu, · die Luft · beginnt zu flimmern, ·
und der Engel der Harmonie · wird wieder unsichtbar für
dich. ··· Dein Schutzengel macht eine Handbewegung, ·
und nacheinander · erlöschen die farbigen Lichter · der
Edelsteine.

Zuerst · erlischt das weiße Licht, ··· dann erlischt das violette Licht, ··· das hellblaue Licht, ··· das grüne Licht, ···
das goldgelbe Licht, ··· dann das orange Licht, ··· und zum
Schluss · erlischt das rote Licht. ··· Jetzt · ist von den bunten Lichtern · nichts mehr · zu sehen.

Begleitet von deinem Schutzengel · gehst du · den Weg
zurück, · den du gekommen bist. ··· Du gehst · durch den
lichtdurchfluteten Hohlweg · des Waldes · auf die Blumenwiese.

Dort angekommen, · umarmst du deinen Schutzengel
freudestrahlend · und bist nun · wieder bereit, · zurückzukommen · in deinen Tag.

Ausklang

Atme nun tief ein · und aus. ··· Du spürst, · wie du langsam wacher wirst · und in deinen Alltag · zurückkehrst. ···
Atme noch einmal tief ein · und aus. · Du spürst nun wieder deinen Körper, ··· deine Arme ··· und deine Beine. ···

Atme noch einmal tief ein · und aus. · Bewege langsam deine Arme, ··· deine Hände, ··· deine Beine, ··· recke · und strecke dich, · öffne langsam deine Augen · und kehre fröhlich · und ausgeruht · zurück in deinen Tag.

Engel der Herzen

Manchmal wird ein Herz zu Stein, durch Geheimnisse, die man nicht zu erzählen wagt. Zusammen mit dem Menschen, dem man vertraut, verwandelt der Engel der Herzen diese Geheimnisse in Liebe und Verständnis.

Einklang

Lege dich ganz entspannt hin, · strecke die Beine aus · und lass die Füße · langsam nach außen fallen. ··· Deine Arme · ruhen locker und gelassen · an deiner Seite. · Schließe deine Augen · und atme ruhig ein · und aus. · Spüre, · wie du mit jedem Atemzug · ruhiger wirst. · Bei jedem Ausatmen · lässt du von allem los, · was dich bisher · noch beschäftigt hat. ··· Lass deine Gedanken ziehen · wie kleine weiße Wolken · am sonnigen Himmel. ··· Der Druck · in deinem Inneren · wird leichter · und fließt mit dem Ausatmen · davon. ··· Beim Einatmen · atmest du Leichtigkeit · und Freiheit ein, · die dir den Weg · in die tiefe Ruhe · deines Inneren · erleichtern. ··· Du fühlst dich ruhig · und zufrieden, · bist völlig entspannt. ··· Nun · kannst du mit deiner Fantasie · in das Reich · der Engel reisen.

Meditation

Stell dir vor, · du befindest dich in einem wunderschönen Schlosspark. · Es ist ein angenehm · warmer Sommertag. · Die Luft ist klar, · der Himmel strahlt · in seinem schönsten Blau.

Spüre · die sanfte Umarmung des Windes · und das liebevolle Streicheln · der Sonnenstrahlen · auf deiner Haut.

Du siehst große · bunte Blumenbeete, · herrliche alte Bäume, · in Herzform geschnittene Büsche · und viele exotische Pflanzen. · In der Mitte des Parks · steht ein majestätischer Springbrunnen. · Etwas weiter hinten · entdeckst du ein märchenhaftes, · weißes Schloss · mit pinkfarbenen Türmchen.

Marienkäfer · fliegen von Blüte zu Blüte, · Schmetterlinge · tanzen in der sonnigen Luft, · und die Vögel · zwitschern ein fröhliches Lied. · Du kannst den lieblichen Duft · der Rosen, · Lilien · und Veilchen riechen.

Während du dem Gesang der Vögel lauschst, · spürst du, · wie dein Schutzengel neben dich tritt. · Es ist ein wohliges Gefühl, · seine Liebe, · seine Nähe · und sein Vertrauen in dich · zu spüren. · Begrüße ihn · und genieße · seine liebevolle Umarmung.

Heute · möchte er mit dir · die Engel der Herzen besuchen. ··· Du freust dich sehr · und spürst, · dass etwas ganz Besonderes geschehen wird. ··· Begleitet von deinem Schutzengel, · gehst du den kurzen Weg · zu dem märchenhaften, · weißen Schloss · mit seinen pinkfarbenen Türmchen.

Dort · vor dem Schloss · wachsen ganz besondere Rosen. · Diese Rosen · leuchten in den Farben des Regenbogens. ··· Ihre Knospen · sind in diesem Augenblick · noch geschlossen.

Dein Schutzengel macht eine Handbewegung. · Schau, · was geschieht. ···

Die große · rote Rose · öffnet ihr Blütenkleid · und verwandelt sich · in ein großes · rotes Herz · aus Licht. · Aus dem Lichtherz erstrahlt · Kraft bringende, · erdende · rote Farbenergie. · Atme · diese heilende · rote Farbenergie · tief ein · und lass sie beim Ausatmen · durch dein Wurzelchakra · hinausfließen.

Die orangefarbene Rose öffnet jetzt · ihr Blütenkleid · und verwandelt sich · in ein großes · orangefarbenes Lichtherz. · Aus dem Lichtherz erstrahlt · leidenschaftliche, · fröhliche · orange Farbenergie. · Atme · diese heilende · orange Farbenergie · tief ein · und lass sie beim Ausatmen · durch dein Sakralchakra · hinausfließen.

Nun · öffnet die goldgelbe Rose · ihr Blütenkleid · und verwandelt sich · in ein großes goldgelbes Lichtherz. · Aus dem Lichtherz erstrahlt · Vertrauen bringende, · lebensbejahende · goldgelbe Farbenergie. · Atme · diese heilende · goldgelbe Farbenergie · tief ein · und lass sie beim Ausatmen · durch dein Solarplexus-Chakra · hinausfließen.

Die grünen Blätter · der pinkfarbenen Rose · öffnen sich jetzt · und verwandeln sich · in ein großes grünes Lichtherz, · das in seiner Mitte · einen leuchtenden · pinkfarbenen Stern trägt. · Aus dem Lichtherz erstrahlt · heilende, · liebende, · harmonisierende · grüne Farbenergie. · Atme diese heilende · grüne Farbenergie · tief ein · und lass sie beim Ausatmen · durch dein Herzchakra · hinausfließen.

Die hellblaue Rose öffnet ihr Blütenkleid · und verwandelt sich · in ein großes · himmlisch blaues Lichtherz. · Aus dem Lichtherz erstrahlt · kommunikative · hellblaue Farbenergie. · Atme · diese heilende · hellblaue Farbenergie · tief ein · und lass sie beim Ausatmen · durch dein Hals-Chakra · hinausfließen.

Die violette Rose öffnet ihr Blütenkleid · und verwandelt sich jetzt · in ein großes violettes Herz aus Licht. · Aus dem Lichtherz erstrahlt · Frieden bringende · violette Farbenergie. · Atme · diese heilende · violette Energie · tief ein · und lass sie beim Ausatmen · durch dein Stirnchakra · hinausfließen.

Dein Schutzengel macht eine Handbewegung, · und die Strahlen · der bunten Lichtherzen · treffen ähnlich einem Regenbogen · auf die weiße Schlosswand.

Nun · öffnet sich eine majestätische · weiße Rose · und verwandelt sich · in ein großes · strahlend weißes Lichtherz. · Aus dem Lichtherz erstrahlt · Ruhe bringende, · friedliche · weiße Farbenergie. · Atme · diese heilende · weiße Farbenergie · tief ein · und lass sie beim Ausatmen · durch dein Kronenchakra · hinausfließen.

Die Strahlen des weißen Lichtherzens · ziehen nun zu den · bunten Strahlen · an die weiße Schlosswand · und verschmelzen dort · zu einer prachtvollen, · herzförmigen Türe · aus Licht, · die dich in den Saal · der Herzen führt.

Begleitet von deinem Schutzengel · betrittst du den Saal ·
der Herzen. ··· Die Luft um dich herum · und in dem Saal ·
schimmert in grünem, · pinkfarbenem, · goldenem · und
hellblauem Licht. ··· Überall · siehst du Herzen · in allen
Farben · und Größen. · Die Tische, · die Stühle, · die Lampen, · die Kerzen, · die Kissen, · einfach alles, was du sehen
kannst, · ist herzförmig.

Du hörst himmlische Musik. · Ein Engelchor · singt ein
wundervolles, liebliches Lied. · Es macht dich sehr glücklich, · diese Musik · zu hören. · Du bist ganz entspannt, ·
fühlst dich wohl · und geborgen.

Etwas weiter hinten im Saal · erblickst du · den Engel der
Herzen. · Er schaut dich liebevoll · und weise an. · Geh auf
ihn zu · und begrüße ihn freundlich.

Er erklärt dir:

*Manchmal · wird ein Herz zu Stein. · Es wird zu Stein ·
durch Geheimnisse, · die dem Menschen das Herz schwer
machen. · Geheimnisse, · die man nicht erzählen mag, ·
aus Angst, · Scham · oder Furcht vor Strafe. · Wenn man
aber diese schmerzenden Geheimnisse · einem Menschen
erzählt, · der einen so liebt, wie man ist, · dann erweicht
der Stein · und das Herz darf heilen, · um wieder gesund ·
und fröhlich zu sein. · Zusammen mit dem Menschen, ·
dem man vertraut, · verwandelt der Engel der Herzen ·
diese bitteren Geheimnisse · in Liebe · und Verständnis.*

In der Mitte des Saales · steht ein großes, · weißes, · herzför-
miges Bett. ··· Lege dich vertrauensvoll auf dieses Bett · und

lass den Engel der Herzen · dich heilen. · Erzähle ihm, · was dich bedrückt · oder worüber · du dir Sorgen machst.

Wenn du magst, · kannst du ihm eine Frage stellen · oder ihn um Rat bitten.

Kurze Pause   *(Erwachsene 5 bis 20 Minuten.)*
Ganz allmählich · kommt nun der Augenblick, · da du zurückkehren musst.

Der Engel der Herzen · hat noch ein Geschenk für dich. · Er überreicht dir einen herzförmigen Stein · und verabschiedet sich von dir mit den Worten:

Immer · wenn du Sorgen hast · oder ein Geheimnis erzählen möchtest · und du nicht weißt, wem du davon erzählen kannst, · dann erzähle es dem Engel der Herzen · oder deinem Schutzengel. · Wir werden dir helfen, · dass dein Herz gesund · und fröhlich bleibt. · Immer · wenn du die Hilfe der Engel brauchst, · dann denke an sie, · und unsere Antwort · wird dich finden.

Bedanke dich bei dem Engel der Herzen · und verabschiede dich für heute von ihm.

Begleitet von deinem Schutzengel · gehst du jetzt · durch die Herztüre aus Licht · zurück · in den Schlosspark.

Dein Schutzengel macht eine Handbewegung, · die bunten Lichter · fließen nacheinander · in ihre Lichtherzen zurück · und verwandeln sich wieder · in die wunderschönen Rosen, · die jetzt · nacheinander · ihre Blütenblätter schließen.

Zuerst · schließt die weiße Rose ihr Blütenkleid, ··· dann schließen die violette ··· und die hellblaue Rose ··· ihr Blütenkleid. ··· Die pinkfarbene Rose · schließt ihr Blütenkleid · mit den grünen Blättern. ··· Nun · schließen die goldgelbe, ··· die orange ··· und zum Schluss · die rote Rose · ihre Blütenkleider. ··· Jetzt · ist nichts mehr · von der Lichttüre · und den bunten Lichtern · zu sehen.

Vor Glück strahlend · schaust du deinen Schutzengel an · und bist nun bereit, · zurückzukommen · in deinen Tag.

Ausklang

Atme nun tief ein · und aus. ··· Du spürst, · wie du langsam wacher wirst · und in deinen Alltag · zurückkehrst. ··· Atme noch einmal tief ein · und aus. · Du spürst nun wieder deinen Körper, ··· deine Arme ··· und deine Beine. ··· Atme noch einmal tief ein · und aus. · Bewege langsam deine Arme, ··· deine Hände, ··· deine Beine, ··· recke · und strecke dich, · öffne langsam deine Augen · und kehre fröhlich · und ausgeruht · zurück in deinen Tag.

Engel der Liebe

*Die Liebe, die ihr seid, ist ein noch un-
geschliffener Edelstein. Um seinen Glanz
hervorzubringen, müssen viele Facetten geschliffen werden. Erst dann kann er als
Diamant der Liebe in allen Formen und
Facetten erstrahlen.*

Einklang

Lege dich ganz entspannt hin, · strecke die Beine aus · und
lass die Füße · langsam nach außen fallen. ··· Deine Arme ·
ruhen locker und gelassen · an deiner Seite. · Schließe deine Augen · und atme ruhig ein · und aus. · Spüre, · wie du
mit jedem Atemzug · ruhiger wirst. · Bei jedem Ausatmen ·
lässt du von allem los, · was dich bisher · noch beschäftigt
hat. ··· Lass deine Gedanken ziehen · wie kleine weiße Wolken · am sonnigen Himmel. ··· Der Druck · in deinem Inneren · wird leichter · und fließt mit dem Ausatmen · davon. ··· Beim Einatmen · atmest du Leichtigkeit · und Freiheit ein, · die dir den Weg · in die tiefe Ruhe · deines Inneren · erleichtern. ··· Du fühlst dich ruhig · und zufrieden, ·
bist völlig entspannt. ··· Nun · kannst du mit deiner Fantasie · in das Reich · der Engel reisen.

Meditation

Stell dir vor, · du befindest dich in einem wunderschönen, ·
natürlich gewachsenen Garten. · Es ist ein · warmer Sommertag. · Kleine Schäfchenwolken · schaukeln · am Himmel.

Du bist ganz entspannt, · fühlst dich wohl · und geborgen. ··· Dieser Garten · ist ein ganz besonderer Garten. · Er ist ein Schmetterlingsgarten. · Hier wachsen · und blühen · viele Hölzer, · Sträucher · und Zierpflanzen, · die den vielen bunten Schmetterlingen · eine Heimat geben. · Kleine Elfen · pflegen liebevoll · all diese Pflanzen und Sträucher, · sodass sie prächtig wachsen · und gedeihen.

Rechts von dir · siehst du Brombeer- · und Stachelbeersträucher, · weiter vorne · entdeckst du einen großen Haselnussstrauch · sowie Apfel- · und Kirschbäume.

Die Wiese · ist übersät mit Gänseblümchen, · Löwenzahn, · Rotklee, · Weißklee · und Huflattich. ··· Du riechst den Duft · von Lavendel, · Veilchen · und Thymian.

Schmetterlinge in allen Größen, · Farben und Entwicklungsstadien · kannst du in diesem Garten · entdecken. · Sie legen Eier, · aus denen Raupen schlüpfen, · die sich zu Puppen verwandeln. · Aus jeder Puppe schlüpft ein wunderschöner Schmetterling, · um in der sonnenklaren Luft · zu tanzen. ··· Es ist herrlich anzuschauen.

Während du die Schmetterlinge beobachtest, · spürst du, · wie dein Schutzengel neben dich tritt. · Es ist ein wohliges Gefühl, · seine Nähe, · seine Liebe · und sein Vertrauen in dich · zu spüren. · Er freut sich sehr, · dass du mit ihm zusammen bist. · Begrüße ihn · und genieße · seine liebevolle, · Kraft bringende Umarmung.

Heute · möchte er dir · den Engel der Liebe vorstellen. ··· Du freust dich sehr · und weißt, · etwas ganz Besonderes wird geschehen.

Etwas weiter hinten im Garten · kannst du einen großen, ·

prächtigen, · lilafarbenen Schmetterlingsstrauch · erkennen. ··· Begleitet von deinem Schutzengel, · gehst du den kurzen Weg · zu diesem Strauch.

Vor dem Schmetterlingsstrauch angekommen, · siehst du sieben · wunderschöne · große Schmetterlinge · auf den vielen lila Blüten · des Strauches · sitzen. · Ihre Flügelfarben · kannst du im Moment nur erahnen, · denn sie halten ihre Flügel · noch geschlossen.

Dein Schutzengel macht lächelnd · eine Handbewegung. ··· Nacheinander · öffnen die Schmetterlinge · jetzt · ihre Flügel · und strahlen Licht · in allen Farben · des Regenbogens aus.

Zuerst · öffnet ein Schmetterling · seine prachtvollen, · in allen Rottönen · gezeichneten Flügel. · Sein rotes Licht · gibt dir Kraft, · Mut · und verbindet dich · mit der Erde. · Atme · diese heilende · rote Farbenergie · tief ein · und lass sie beim Ausatmen · durch dein Wurzelchakra · hinausfließen.

Nun · öffnet ein anderer Schmetterling · seine leuchtenden, · in allen Orangetönen · gezeichneten Flügel. · Sein orangefarbenes Licht · gibt dir Heiterkeit · und zaubert ein Lächeln · auf dein Gesicht. · Atme · diese heilende orange Farbenergie · tief ein · und lass sie beim Ausatmen · durch dein Sakralchakra · hinausfließen.

Ein großer Schmetterling · öffnet jetzt · seine golden · und gelb schimmernden Flügel. · Sein Licht · gibt dir Lebensfreude, · Fröhlichkeit · und Selbstvertrauen. · Atme · diese heilende · goldgelbe Farbenergie · tief ein · und lass sie beim Ausatmen · durch dein Solarplexus-Chakra · hinausfließen.

Jetzt · öffnet ein prachtvoller Schmetterling · seine · in allen Grüntönen · strahlenden Flügel. · Sein Licht · bringt dir Heilung, · spirituelles Wachstum · und inneres Gleichgewicht. · Atme · diese heilende · grüne Farbenergie · tief ein · und lass sie beim Ausatmen · durch dein Herzchakra · hinausfließen.

Nun · öffnet ein Schmetterling · seine herrlichen, · in allen Blautönen · gezeichneten Flügel. · Sein Licht · bringt dir die richtigen Worte · zur rechten Zeit · auf deine Lippen. · Atme · diese heilende · blaue Farbenergie · tief ein · und lass sie beim Ausatmen · durch dein Hals-Chakra · hinausfließen.

Jetzt · öffnet ein schillernder Schmetterling · seine · in allen Violett- · und Indigofarben · gezeichneten Flügel. · Sein Licht · bringt dir inneren Frieden · und erhellt · deine Spiritualität. · Atme · diese heilende · violette Farbenergie · tief ein · und lass sie beim Ausatmen · durch dein Stirnchakra · hinausfließen.

Ein majestätischer Schmetterling · öffnet nun · seine weißen · und perlmuttfarbenen · Flügel. · Sein Licht · bringt dir allumfassenden Frieden, · allumfassende Ruhe · und allumfassende Sicherheit. · Atme · diese heilende · weiße

Farbenergie · tief ein · und lass sie beim Ausatmen · durch dein Kronenchakra · hinausfließen.

Dein Schutzengel summt eine Melodie, · die Luft um dich herum · beginnt zu vibrieren, · und der Engel der Liebe · wird neben dem Schmetterlingsstrauch · für dich sichtbar. · Er schaut dich liebevoll · und weise an. ··· Geh auf ihn zu · und begrüße ihn freundlich.

Der Engel der Liebe erklärt dir:

Die Liebe, · die ihr seid, · ist ein noch ungeschliffener Edelstein. · Um seinen Glanz · hervorzubringen, · müssen viele Facetten · geschliffen werden. · Erst dann kann er · als Diamant der Liebe · in allen Formen und Facetten · erstrahlen. · In der Liebe zwischen Mann und Frau, · zwischen Eltern und Kind, · zwischen Großeltern und Enkeln, · die Liebe zu Freunden, · zu deinen Verwandten, · zu deinem Nächsten, · die Liebe zu den Tieren, · zu den Pflanzen, · zur Natur, · zum Meer, · zum Gebirge, · die Liebe zu dir selbst, · zu den Engeln · und in der Liebe zu Gott. · Dazu sind viele Erfahrungen notwendig, · die ihr auf eurem Lebensweg machen dürft.

Hand in Hand · mit den beiden Engeln · gehst du nun · zu dem großen Haselnussstrauch. ··· Lege dich · vor diesem Strauch · in das angenehm warme, · weiche Gras. · Lass dich von dem Engel der Liebe berühren · und heilen. · Überlass ihm all deine Wut, · deinen Ärger, · deine Ängste, · deine Sorgen, · einfach all deine Gefühle. · Wenn du es zulässt, · kann die Liebe alles verwandeln, · sie kann alle Wunden heilen.

Genieße · die Energie · der allumfassenden Liebe. ··· Wenn du magst, · kannst du dem Engel der Liebe eine Frage stellen · oder ihn um Rat bitten.

Kurze Pause   *(Erwachsene 5 bis 20 Minuten.)*
Ganz allmählich · ist es Zeit · zurückzukehren.

Der Engel der Liebe verabschiedet sich von dir mit den Worten:

Die Liebe Gottes · stellt die größte Energiequelle dar. · Sie kennt keine Grenzen. · Gott · liebt jedes seiner Kinder · auf eine Art, · die für jedes Kind · einzig · und vollkommen ist. · Jeder Mensch · kann das Wunder · dieser Liebe erfahren. · Ihr habt den freien Willen · und die Wahl, · eure Herzen · für die Liebe Gottes zu öffnen. · Wenn du diese Liebe zulässt · und dich von Gott geliebt fühlst, · sodass seine Liebe durch dich hindurchströmen kann, · wird alles, was du tust, · von dieser Liebe geprägt sein.

Bedanke dich bei dem Engel der Liebe · und verabschiede dich für heute von ihm.

Dein Schutzengel summt eine Melodie, · die Luft beginnt zu vibrieren · und der Engel der Liebe · wird wieder unsichtbar für dich.

Nun · macht dein Schutzengel eine Handbewegung, · und die Schmetterlinge · schließen nacheinander · ihre bunten · leuchtenden Flügel. ··· Zuerst · schließt der weiße, perlmutt-

farbene Schmetterling seine Flügel, ··· dann schließt der violette, indigofarbene Schmetterling seine Flügel, ··· dann der
hellblaue, · der grüne · und der goldgelbe Schmetterling, ·
jetzt schließt · der orangefarbene Schmetterling · und zum
Schluss · der rote Schmetterling · seine Flügel.

Nun · ist von der vibrierenden Luft · und den bunten
Lichtern · der Schmetterlinge · nichts mehr · zu sehen. ···
Ganz entspannt · und voller Freude · bist du nun bereit, ·
zurückzukommen · in deinen Tag.

Ausklang

Atme nun tief ein · und aus. ··· Du spürst, · wie du langsam wacher wirst · und in deinen Alltag · zurückkehrst. ···
Atme noch einmal tief ein · und aus. · Du spürst nun wieder deinen Körper, ··· deine Arme ··· und deine Beine. ···
Atme noch einmal tief ein · und aus. · Bewege langsam deine Arme, ··· deine Hände, ··· deine Beine, ··· recke · und
strecke dich, · öffne langsam deine Augen · und kehre fröhlich · und ausgeruht · zurück in deinen Tag.

Engel des Mitgefühls

Durch die göttliche Flamme der Liebe, die in deinem Herzen lebt, hast du die Fähigkeit, dich in andere einzufühlen, mit ihnen zu fühlen und an ihrem Leid, ihrem seelischen Schmerz und ihrer Not Anteil zu nehmen. Es ist wichtig für dich und die anderen, dass du eine gewisse Distanz zu ihrem Schmerz hältst.

Wenn du ihr Leid als deines annimmst, bedauerst du dich nur selbst und kannst weder dir noch ihnen helfen.

Einklang

Lege dich ganz entspannt hin, · strecke die Beine aus · und lass die Füße · langsam nach außen fallen. ··· Deine Arme · ruhen locker und gelassen · an deiner Seite. · Schließe deine Augen · und atme ruhig ein · und aus. · Spüre, · wie du mit jedem Atemzug · ruhiger wirst. · Bei jedem Ausatmen · lässt du von allem los, · was dich bisher · noch beschäftigt hat. ··· Lass deine Gedanken ziehen · wie kleine weiße Wolken · am sonnigen Himmel. ··· Der Druck · in deinem Inneren · wird leichter · und fließt mit dem Ausatmen · davon. ··· Beim Einatmen · atmest du Leichtigkeit · und Freiheit ein, · die dir den Weg · in die tiefe Ruhe · deines Inneren · erleichtern. ··· Du fühlst dich ruhig · und zufrieden, · bist völlig entspannt. ··· Nun · kannst du mit deiner Fantasie · in das Reich · der Engel reisen.

Meditation

Stell dir vor, · du befindest dich auf einer märchenhaft schönen Wiese. · Es ist ein angenehm · warmer Sommertag. · Kleine weiße Wölkchen · schaukeln gemütlich · am klaren blauen Himmel. · Zärtlich · weht der Wind · durch dein Haar · und die goldgelben Sonnenstrahlen · streicheln sanft · deine Haut.

Du bist ganz entspannt, · fühlst dich wohl · und geborgen.

Durch die Wiese · schlängelt sich ein kleiner Bach · in Richtung des Waldes. · Du hörst das Plätschern · des kristallklaren Wassers · und das zufriedene Quaken · der Frösche.

Während du dem Quaken der Frösche lauschst, · spürst du, · wie dein Schutzengel neben dich tritt. · Es ist ein wohliges Gefühl, · seine Nähe · und seine Liebe zu spüren. · Er freut sich sehr, · dass du mit ihm zusammen bist. · Begrüße ihn · und genieße · seine liebevolle Umarmung.

Heute · möchte dein Schutzengel mit dir · den Engel des Mitgefühls besuchen. · · · Du freust dich sehr · und weißt, · etwas ganz Besonderes wird geschehen. · · · Dein Schutzengel nimmt dich lächelnd an die Hand · und geht mit dir · den kurzen Weg · zu dem Bach. · · · Aus dem kristallklaren Wasser des Baches · ragen sieben · große, · sehr breite Steine heraus, · auf denen du sicher · auf die gegenüberliegende Seite gelangst.

Dein Schutzengel macht eine Handbewegung. · Schau, · nacheinander · erstrahlen die Steine · in den Farben des Regenbogens · und bilden · einen farbigen Lichtgang, · der dich zu der Lichtgrotte · der Engel des Mitgefühls führt.

Du betrittst zuerst · den roten Stein. · Er erstrahlt · in einem kraftvollen · roten Licht. · Dieses Licht · gibt dir Kraft, · Mut · und verbindet dich mit der Erde. · Atme · diese heilende · rote Farbenergie · tief ein · und lass sie beim Ausatmen · durch dein Wurzelchakra · hinausfließen.

Nun · tritt auf den orangefarbenen Stein. · Er erstrahlt · in einem leuchtenden · orangefarbenen Licht. · Dieses Licht · gibt dir Heiterkeit · und zaubert · ein Lächeln auf dein Gesicht. · Atme · diese heilende · orange Farbenergie · tief ein · und lass sie beim Ausatmen · durch dein Sakralchakra · hinausfließen.

Betritt nun · den goldgelben Stein. · Er erstrahlt · in einem Vertrauen bringenden · goldgelben Licht. · Dieses Licht · gibt dir Lebensfreude, · Fröhlichkeit · und Selbstvertrauen. · Atme · diese heilende · goldgelbe Farbenergie · tief ein · und lass sie beim Ausatmen · durch dein Solarplexus-Chakra · hinausfließen.

Nun · tritt auf den grünen Stein. · Er erstrahlt · in einem heilenden · grünen Licht. · Dieses Licht · bringt dir Heilung, · spirituelles Wachstum · und inneres Gleichgewicht. · Atme · diese heilende · grüne Farbenergie · tief ein · und lass sie beim Ausatmen · durch dein Herzchakra · hinausfließen.

Jetzt · betritt den hellblauen Stein. · Er erstrahlt · in einem himmlischen · blauen Licht. · Dieses Licht · bringt dir die richtigen Worte · zur rechten Zeit · auf deine Lippen. · Atme · diese heilende · hellblaue Farbenergie · tief ein · und lass sie beim Ausatmen · durch dein Hals-Chakra · hinausfließen.

Tritt nun · auf den violetten Stein. · Er erstrahlt · in einem friedlichen · violetten Licht. · Dieses Licht · bringt dir inneren Frieden, · stärkt deinen Glauben · und erhellt deine Spiritualität. · Atme · diese heilende · violette Farbenergie · tief ein · und lass sie beim Ausatmen · durch dein Stirnchakra · hinausfließen.

Du betrittst nun · den weißen Stein. · Er erstrahlt · in einem makellosen · weißen Licht. · Dieses Licht · bringt dir allumfassende Sicherheit, · allumfassenden Frieden · und allumfassende Ruhe. · Durch dieses Licht · bist du mit der göttlichen Quelle · allen Lebens verbunden. · Atme · diese heilende · weiße Farbenergie · tief ein · und lass sie beim Ausatmen · durch dein Kronenchakra · hinausfließen.

Dein Schutzengel summt eine Melodie, · die Luft um dich herum · beginnt zu vibrieren, · und der Eingang · zu der Lichtgrotte · der Engel des Mitgefühls · wird für dich sichtbar. ··· Gemeinsam · mit deinem Schutzengel · betrittst du jetzt · die Grotte.

Welch ein märchenhafter Anblick. · Es funkelt · und leuchtet, · wohin deine Augen auch schauen. · Die Wände der Grotte · sind mit Muscheln, · Kristallen, · Mineralien · und Edelsteinen geschmückt. · Aus der Wand zu deiner Rechten · sprudelt kristallklares Wasser, · das über die Edelsteine auf den · Boden fließt · und dort · geheimnisvoll · verschwindet.

In der Mitte der Grotte · entspringt eine große Quelle · mit heilendem Wasser. ··· Dahinter · befindet sich ein · in Stein gehauener Altar. · Er ist wundervoll geschmückt · mit Muscheln · in allen Größen, · Formen · und Farben. · Auf ihm · und in den Felsnischen der Grotte · brennen Hunderte · weißer Kerzen, · die die Edelsteine · an den Wänden · prachtvoll funkeln · und glitzern lassen. · Es ist herrlich anzuschauen.

Neben dem Altar · erblickst du · einen Engel des Mitgefühls. · Er schaut dich liebevoll · und weise an. · Geh auf ihn zu · und begrüße ihn freundlich.

Er erklärt dir:

Durch die göttliche Flamme der Liebe, · die in deinem Herzen lebt, · besitzt du die Fähigkeit, · dich in andere einzufühlen, · mit ihnen zu fühlen · und an ihrem Leid, · ihrem seelischen Schmerz · und ihrer Not · Anteil zu nehmen. · Es ist wichtig für dich · und die anderen, · dass du eine gewisse Distanz · zu ihrem Schmerz hältst. · Wenn du ihr Leid als deines annimmst, · bedauerst du dich nur selbst · und kannst weder dir · noch den anderen helfen.

Er lächelt dich liebevoll an · und lädt dich ein, · in der heilenden Quelle · ein Bad zu nehmen. · Du entkleidest dich · und steigst in das angenehm warme Wasser · der heilenden Quelle. · Genieße · die heilende Energie · des Wassers. ···

Wenn du magst, · kannst du dem Engel des Mitgefühls eine Frage stellen · oder ihn um Rat bitten.

Kurze Pause   *(Erwachsene 5 bis 20 Minuten.)*
Ganz allmählich · ist es Zeit · zurückzukehren.

Du steigst aus dem Wasser heraus, · und auf wundersame Weise · sind deine Haut · und dein Haar · auch schon getrocknet. ··· Dein Schutzengel · hält für dich neue Kleidung bereit, · die du jetzt · anziehst. ··· Du fühlst dich erfrischt · und ganz leicht.

Der Engel des Mitgefühls verabschiedet sich von dir mit den Worten:

Sei bereit, · deine Zeit · mit den Menschen in Not zu teilen. · Öffne ihnen dein Herz. · Höre ihnen zu · und unterhalte dich mit ihnen, · damit sie neue Hoffnung schöpfen. · Durch dein Mitgefühl, · deine Liebe · und deine Achtung ihnen gegenüber · wandelt sich das Gefühl der Hoffnungslosigkeit · in Zuversicht. · Dann · könnt ihr gemeinsam überlegen, · wie man die Sorgen lindern kann.

Du bedankst dich bei dem Engel des Mitgefühls · und verabschiedest dich für heute von ihm.

Begleitet von deinem Schutzengel · gehst du den Weg zurück, · den du gekommen bist. ··· Du betrittst nun · den weißen Stein. ··· Dein Schutzengel summt eine Melodie, · und der Eingang zu der Lichtgrotte · wird wieder unsichtbar.

Nun · betrittst du den violetten Stein, ··· dann den hellblauen, ··· den grünen, ··· den goldgelben, ··· den orangefarbenen ··· und zum Schluss · den roten Stein. ··· Jetzt · betrittst du die Wiese.

Dein Schutzengel macht eine Handbewegung, · und die Farben des Regenbogens · erlöschen. · Nun · ist nichts mehr · von dem Lichtgang zu sehen. ··· Kraftvoll · und ausgeglichen · bist du nun bereit, · zurückzukommen in deinen Tag.

Ausklang

Atme nun tief ein · und aus. ··· Du spürst, · wie du langsam wacher wirst · und in deinen Alltag · zurückkehrst. ··· Atme noch einmal tief ein · und aus. · Du spürst nun wieder deinen Körper, ··· deine Arme ··· und deine Beine. ··· Atme noch einmal tief ein · und aus. · Bewege langsam deine Arme, ··· deine Hände, ··· deine Beine, ··· recke · und strecke dich, · öffne langsam deine Augen · und kehre fröhlich · und ausgeruht · zurück in deinen Tag.

Engel des Neubeginns

Jede Veränderung und jeder Neubeginn verlangt einen Abschied. Abschied von Gewohnheiten, Lebensmustern, Kränkungen, von vertrauten Umgebungen und von Menschen, die dir nahe waren. Nur wenn dir der Abschied gelingt, kannst du dich auf das Neue von ganzem Herzen einlassen und die vielen wunderbaren Möglichkeiten annehmen, die dir das Leben bietet. Dann können neue Begegnungen geschehen, neue Freundschaften geknüpft und alte Freundschaften erneuert werden. Heiße das Neue in deinem Leben willkommen.

Einklang

Lege dich ganz entspannt hin, · strecke die Beine aus · und lass die Füße · langsam nach außen fallen. ··· Deine Arme · ruhen locker und gelassen · an deiner Seite. · Schließe deine Augen · und atme ruhig ein · und aus. · Spüre, wie du mit jedem Atemzug · ruhiger wirst. · Bei jedem Ausatmen · lässt du von allem los, · was dich bisher · noch beschäftigt hat. ··· Lass deine Gedanken ziehen · wie kleine weiße Wolken · am sonnigen Himmel. ··· Der Druck · in deinem Inneren · wird leichter · und fließt mit dem Ausatmen · davon. ··· Beim Einatmen · atmest du Leichtigkeit · und Freiheit ein, · die dir den Weg · in die tiefe Ruhe · deines Inneren · erleichtern. ··· Du fühlst dich ruhig · und zufrieden, · bist völlig entspannt. ··· Nun · kannst du mit deiner Fantasie · in das Reich · der Engel reisen.

Meditation

Stell dir vor, · du befindest dich an einem wunderschönen Strand. · Es ist ein angenehm · warmer Sommertag. · Kleine Wölkchen · wandern ruhig · den klaren blauen Himmel entlang. · Das Meer · funkelt in der strahlenden Sonne.

Setze dich · in den weichen, · angenehm warmen Sand · und genieße · das Glitzerspiel des Meeres. · Spüre · die zärtliche Umarmung des Windes · und das liebevolle Streicheln · der Sonnenstrahlen · auf deiner Haut. ··· Du fühlst · die liebende · und nährende Energie · unserer Mutter Erde. · Verbinde dich · in Leichtigkeit mit ihr.

Spüre · das liebevolle Streicheln · der Sonnenstrahlen. · Öffne deine Handflächen · diesen himmlischen Sonnenstrahlen · und erlebe, · wie unser himmlischer Vater · dich · durch diese Strahlen · an die Hand nimmt. ··· Genieße · diese liebevolle, · mächtige Verbindung · zwischen Himmel · und Erde, · zwischen Vater · und Mutter. ··· Es ist ein wohliges · und Kraft bringendes Gefühl.

Du spürst, · wie dein Schutzengel neben dich tritt, · und du erkennst, · dass eure Verbindung · immer stärker · und vertrauter wird. · Es ist ein herrliches Gefühl, · seine bedingungslose Liebe · und sein Vertrauen in dich · zu spüren. · Begrüße ihn · und genieße · seine liebevolle Umarmung.

Heute · möchte dein Schutzengel mit dir · den Engel des Neubeginns besuchen. ··· Du freust dich sehr · und weißt, · dass ein himmlisches Abenteuer · auf dich wartet.

Dein Schutzengel macht eine Handbewegung, · und die Luft über dem Meer · beginnt zu funkeln · wie das Strahlen · von Millionen winzig kleiner Diamanten. · Es sieht aus, · als ob sich ein hauchdünner · schillernder Vorhang · zur Seite schiebt. · Hinter · diesem glitzernden Vorhang · erscheint eine prachtvolle, · leuchtende Insel. · Dies · ist die Insel · der Engel des Neubeginns.

Von der Insel · erklingt ein lieblicher Engelchor, · dein Schutzengel · stimmt in den Chor mit ein, · und die Luft zwischen deinem Strand · und der Insel · beginnt in bunten Farben zu leuchten.

Nun · macht dein Schutzengel · eine weitere Handbewegung, · und das farbige Licht · wird zu einer Regenbogenlichtbrücke, · die dich sicher · auf die Insel · der Engel des Neubeginns führt. ··· Begleitet von deinem Schutzengel · gehst du nun · über die Regenbogenlichtbrücke.

Du gehst zuerst · durch das rote Licht. · Dieses Licht · gibt dir Kraft, · Mut · und verbindet dich mit der Erde. · Atme · diese heilende · rote Farbenergie · tief ein · und lass sie beim Ausatmen · durch dein Wurzelchakra · hinausfließen.

Jetzt · gehst du durch das orange Licht. · Dieses Licht · gibt dir Heiterkeit · und zaubert · ein Lächeln auf dein Gesicht. · Atme · diese heilende · orange Farbenergie · tief ein · und lass sie beim Ausatmen · durch dein Sakralchakra · hinausfließen.

Nun · gehst du durch das goldgelbe Licht. · Dieses Licht · gibt dir Fröhlichkeit, · Lebensfreude · und Selbstvertrauen. · Atme · diese heilende · goldgelbe Farbenergie · tief ein · und lass sie beim Ausatmen · durch dein Solarplexus-Chakra · hinausfließen.

Gehe jetzt · durch das grüne Licht. · Dieses Licht · bringt dir Heilung, · spirituelles Wachstum · und inneres Gleichgewicht. · Atme · diese heilende · grüne Farbenergie · tief ein · und lass sie beim Ausatmen · durch dein Herzchakra · hinausfließen.

Jetzt · gehst du durch das hellblaue Licht. · Dieses Licht · bringt dir die richtigen Worte · zur rechten Zeit · auf deine Lippen. · Atme · diese heilende · hellblaue Farbenergie · tief ein · und lass sie beim Ausatmen · durch dein Hals-Chakra · hinausfließen.

Gehe nun · durch das violette Licht. · Dieses Licht · bringt dir inneren Frieden, · es stärkt deinen Glauben · und erhellt deine Spiritualität. · Atme · diese heilende · violette Farbenergie · tief ein · und lass sie beim Ausatmen · durch dein Stirnchakra · hinausfließen.

Du gehst nun · durch das makellose · weiße Licht. · Dieses Licht · bringt dir allumfassende Ruhe, · allumfassende Sicherheit · und allumfassenden Frieden. · Durch das weiße Licht · bist du mit der göttlichen Quelle · allen Lebens verbunden. · Atme · diese heilende · weiße Farbenergie · tief ein · und lass sie beim Ausatmen · durch dein Kronenchakra · hinausfließen.

Freudig · betrittst du jetzt · die Insel · der Engel des Neubeginns. · Überall, · wohin deine Augen schauen, · glitzert · und funkelt es. · Am blauen Himmel · funkeln Millionen winzig kleiner goldener Herzen, · die die Luft um dich herum · golden schimmern lassen. · Alle Pflanzen und Bäume · sind prächtig gewachsen · und strahlen in einer Farbenpracht, · die du vorher · noch nie gesehen hast.

Ein zauberhafter Blütenduft · liegt über der gesamten Insel. ··· Alle Lebewesen auf dieser Insel · sind friedlich, · glücklich · und voller Liebe zueinander. · Die unterschiedlichsten Tiere · spielen sanft und zärtlich · miteinander · ihre Lieblingsspiele.

Rechts von dir · siehst du einen herrlichen Wasserfall. · Sein Wasser ist kristallklar · und rein. · Du fühlst, · dass dieses Wasser · heilen kann. ··· Während du den Wasserfall betrachtest, · hörst du · leise, · sanfte Schritte, · die sich dir nähern. · Du schaust dich um · und siehst einen strahlenden Engel · auf dich zukommen. · Es ist ein Engel des Neubeginns. · Er schaut dich liebevoll · und weise an. · Geh auf ihn zu · und begrüße ihn freundlich.

Er erklärt dir:

Jeder Neubeginn, · jede Veränderung · verlangt einen Abschied. · Abschied · von Gewohnheiten, · Lebensmustern, · Kränkungen, · von vertrauten Umgebungen · und von Menschen, · die dir nahe waren. · Nur dann, · wenn dir der Abschied gelingt, · kannst du dich auf das Neue · von ganzem Herzen einlassen · und die vielen · wunderbaren Möglichkeiten annehmen, · die dir das Leben · bietet. · Dann · können neue Begegnungen geschehen, · neue

Freundschaften geknüpft · und alte Freundschaften erneuert werden. · Heiße das Neue · in deinem Leben willkommen!

Der Engel des Neubeginns · führt dich zu einem großen Becken aus Licht, · in das das heilende Wasser · des Wasserfalls · sanft · hineinfließt. ··· Stell dich vertrauensvoll · in dieses Wasser, · es ist nicht tief.

Lass das Wasser · alles Schwere von dir waschen, · alle alten Kränkungen lindern · und heilend auf deinen Geist, · deinen Körper, · dein Gemüt · und deine Seele einwirken, · sodass es dir mit der Zeit · immer leichter fallen kann, · altes Verbrauchtes loszulassen · und das wunderbare Neue · in deinem Leben · willkommen zu heißen.

Wenn du magst, · kannst du dem Engel des Neubeginns · eine Frage stellen · oder ihn um Rat bitten.

Kurze Pause   *(Erwachsene 5 bis 20 Minuten.)*
Ganz allmählich · kommt nun der Augenblick, · da du zurückkehren musst.

Der Engel des Neubeginns · hat noch ein Geschenk für dich. ··· Er überreicht dir · einen kleinen goldenen Schlüssel · und verabschiedet sich von dir · mit den Worten:

Dieser Schlüssel · schließt die alten Türen · und öffnet dir · die Türen des Neubeginns. · Manchmal · erhaschst du noch einen letzten Blick · auf das, · was hinter der alten Türe liegt, · und Tränen · des Abschieds kommen, · um dir das Schließen · der alten Türe zu erleichtern. · Erlaube

*dir, · dich den Möglichkeiten · des Neubeginns zu öffnen. ·
Heiße das Neue · in deinem Leben willkommen! · Dies · ist
ein weiterer Schritt · auf deinem einzigartigen Lebensweg. ·
Der Schlüssel · liegt in deinen Händen!*

Bedanke dich bei dem Engel des Neubeginns · und verabschiede dich · für heute von ihm.

Begleitet von deinem Schutzengel, · gehst du den Weg
zurück, · den du gekommen bist, · über die Regenbogenlichtbrücke · zu deinem Strand. ··· Du gehst zuerst · durch
das weiße Licht, ··· dann durch das violette Licht, ··· durch
das hellblaue, ··· das grüne, ··· das goldgelbe, ··· das orange ··· und zum Schluss · durch das rote Licht. ··· Jetzt · bist
du wieder · an deinem Strand · angekommen.

Dein Schutzengel macht eine Handbewegung, · und die
Regenbogenlichtbrücke · verwandelt sich wieder · in das
farbige Licht. ··· Der Engelchor der Insel erklingt, · dein
Schutzengel stimmt in den Chor mit ein, · der hauchdünne
Vorhang schließt sich, · und die Insel · wird wieder unsichtbar für dich. ··· Dein Schutzengel macht eine weitere Handbewegung, · und das Funkeln · in der Meeresluft · erlischt.

Liebevoll · und dankbar · schaust du deinen Schutzengel
an. ··· Du bist nun bereit, · zurückzukommen · in deinen
Tag.

Ausklang

Atme nun tief ein · und aus. ··· Du spürst, · wie du langsam wacher wirst · und in deinen Alltag · zurückkehrst. ···
Atme noch einmal tief ein · und aus. · Du spürst nun wie-

der deinen Körper, ··· deine Arme ··· und deine Beine. ···
Atme noch einmal tief ein · und aus. · Bewege langsam deine Arme, ··· deine Hände, ··· deine Beine, ··· recke · und strecke dich, · öffne langsam deine Augen · und kehre fröhlich · und ausgeruht · zurück in deinen Tag.

Engel der Trauer

Die Liebe wird mit dem Tod eines geliebten Menschen nicht weniger. Jede Liebe ist einzigartig in den Gefühlen, die ihr füreinander empfindet. Dein Herz bewahrt die Erinnerung an diese Liebe. Wenn du deine Augen schließt und es zulässt, dann erinnerst du dich an den geliebten Menschen und kannst seine Liebe zu dir in deinem Herzen fühlen. Die Liebe stirbt niemals! Die Liebe ist ewig!

Einklang

Lege dich ganz entspannt hin, · strecke die Beine aus · und lass die Füße · langsam nach außen fallen. ··· Deine Arme · ruhen locker und gelassen · an deiner Seite. · Schließe deine Augen · und atme ruhig ein · und aus. · Spüre, · wie du mit jedem Atemzug · ruhiger wirst. · Bei jedem Ausatmen · lässt du von allem los, · was dich bisher · noch beschäftigt hat. ··· Lass deine Gedanken ziehen · wie kleine weiße Wolken · am sonnigen Himmel. ··· Der Druck · in deinem Inneren · wird leichter · und fließt mit dem Ausatmen · davon. ··· Beim Einatmen · atmest du Leichtigkeit · und Freiheit ein, · die dir den Weg · in die tiefe Ruhe · deines Inneren · erleichtern. ··· Du fühlst dich ruhig · und zufrieden, · bist völlig entspannt. ··· Nun · kannst du mit deiner Fantasie · in das Reich · der Engel reisen.

Meditation

Stell dir vor, · du befindest dich auf einer wunderschönen Wiese. · Es ist ein angenehm · warmer Herbsttag. · Die Luft ist klar, · der Himmel strahlt in seinem schönsten Blau, · kleine Schäfchenwolken · ziehen am Himmelszelt entlang, · und die goldgelbe Sonne · spiegelt sich in der herbstfarbenen Blätterpracht · der Bäume.

Du kannst den Duft · der Herbstkräuter riechen · und hörst · das liebliche Abschiedslied · eines Rotkehlchens. ··· Während du dem Gesang lauschst, · spürst du, · wie dein Schutzengel neben dich tritt. · Du fühlst seine tiefe Liebe zu dir · und sein Vertrauen in dich. · Begrüße ihn · und genieße · seine liebevolle, · sanfte Umarmung. · Es ist ein himmlisches Gefühl, · seine Liebe, · seine Nähe · und sein Vertrauen in dich · zu spüren. · Du fühlst dich sicher · und geborgen.

Heute · möchte dein Schutzengel mit dir · den Engel der Trauer besuchen. ··· Auf einem nahe gelegenen Berg · zu deiner Rechten · siehst du eine kleine alte Kirche. ··· Begleitet von deinem Schutzengel · gehst du den kurzen Weg · zu dieser Kirche. ··· Eine alte Dame · steht an der Kirchentüre · und öffnet sie für dich. ··· Heute · ist dein Tag! · Nur du · darfst jetzt zusammen mit deinem Schutzengel · diesen heiligen Ort betreten.

Während du die Kirche betrittst, · hörst du · die glockenhellen Stimmen · eines Engelchors · und den himmlischen Klang · einer Harfe. · Du fühlst, · wie die Musik dein Herz berührt, · dich stärkt · und dir Liebe gibt.

Liebevoll · schaut dein Schutzengel dich an. · Du bist ganz

entspannt, · fühlst dich wohl · und geborgen. ··· In dem rechten Seitengang der Kirche · siehst du, · neben einem wunderschönen Himmelsbild, · acht · große Kerzenständer · mit acht · großen farbigen Kerzen. ··· Zünde mit Hilfe deines Schutzengels · nacheinander · diese Kerzen an.

Zünde zuerst · die rote Kerze an. · Sie erstrahlt · in einem kraftvollen · roten Licht. · Dieses Licht · gibt dir Kraft, · Mut · und verbindet dich mit der Erde. · Die Luft um dich herum · leuchtet nun · in diesem roten Licht. · Atme · diese heilende · rote Farbenergie · tief ein · und lass sie beim Ausatmen · durch dein Wurzelchakra · hinausfließen.

Nun · zünde die orange Kerze an. · Sie erstrahlt · in einem leuchtenden · orangefarbenen Licht. · Dieses Licht · gibt dir Heiterkeit · und zaubert · ein Lächeln auf dein Gesicht. · Die Luft um dich herum · leuchtet nun · in diesem orangefarbenen Licht. · Atme · diese heilende · orange Farbenergie · tief ein · und lass sie beim Ausatmen · durch dein Sakralchakra · hinausfließen.

Zünde nun · die goldgelbe Kerze an. · Sie erstrahlt · in einem Vertrauen bringenden, · goldgelben Licht. · Dieses Licht · gibt dir Fröhlichkeit, · Lebensfreude · und Selbstvertrauen. · Die Luft um dich herum · leuchtet nun · in diesem goldgelben Licht. · Atme · diese heilende · goldgelbe Farbenergie · tief ein · und lass sie beim Ausatmen · durch dein Solarplexus-Chakra · hinausfließen.

Zünde nun · die grüne Kerze an. · Sie erstrahlt · in einem heilenden · grünen Licht. · Dieses Licht · bringt dir Heilung, · spirituelles Wachstum · und inneres Gleichgewicht. · Die Luft um dich herum · leuchtet nun · in diesem grünen Licht. · Atme · diese heilende · grüne Farbenergie · tief ein · und lass sie beim Ausatmen · durch dein Herzchakra · hinausfließen.

Nun · zünde die pinkfarbene Kerze an. · Sie erstrahlt · in einem wunderschönen · pinkfarbenen Licht. · Dieses Licht · ist die Flamme · der Liebe. · Die Luft um dich herum · leuchtet nun · in diesem pinkfarbenen Licht. · Atme · diese heilende · pinkfarbene Farbenergie · tief ein · und lass sie beim Ausatmen · ebenfalls · durch dein Herzchakra · hinausfließen. · Spüre · die stärkende Energie der Liebe · in deinem Herzen.

Jetzt · zünde die hellblaue Kerze an. · Sie erstrahlt · in einem himmlisch blauen Licht. · Dieses Licht · bringt dir die richtigen Worte · zur rechten Zeit · auf deine Lippen. · Die Luft um dich herum · leuchtet nun · in diesem hellblauen Licht. · Atme · diese heilende · hellblaue Farbenergie · tief ein · und lass sie beim Ausatmen · durch dein Hals-Chakra · hinausfließen.

Zünde nun · die violette Kerze an. · Sie erstrahlt · in einem Friede bringenden · violetten Licht. · Dieses Licht · bringt dir inneren Frieden, · stärkt deinen Glauben · und erhellt deine Spiritualität. · Die Luft um dich herum · leuchtet nun · in diesem violetten Licht. · Atme · diese heilende · violette Farbenenergie · tief ein · und lass sie beim Ausatmen · durch dein Stirnchakra · hinausfließen.

Nun · zünde die weiße Kerze an. · Sie erstrahlt · in einem makellosen · weißen Licht. · Dieses Licht · bringt dir allumfassende Ruhe, · allumfassenden Frieden · und allumfassende Sicherheit. · Durch das weiße Licht · bist du mit der göttlichen Quelle · allen Lebens verbunden. · Die Luft um dich herum · leuchtet nun · in diesem makellos weißen Licht. · Atme · diese heilende · weiße Farbenenergie · tief ein · und lass sie beim Ausatmen · durch dein Kronenchakra · hinausfließen.

Schau, · die ganze Kirche erstrahlt im Licht · der von dir · angezündeten Kerzen. ··· Dein Schutzengel macht eine Handbewegung, · und das Himmelsbild · verwandelt sich · zu einer Lichttüre, · die dich in das Reich · des Engels der Trauer führt.

Begleitet von deinem Schutzengel · gehst du durch die Lichttüre · und betrittst · einen paradiesischen Garten. · In diesem Garten · sind alle Farben von leuchtender, · kraftvoller · und strahlender Schönheit. · Alles glitzert · und funkelt. · Die Luft um dich herum · schimmert leicht golden. · Die Pflanzen sind prächtig gewachsen · und in leuchtende Farben gehüllt. · Das Gras · schimmert in allen Grüntönen, · die Bäume sind sehr alt · und kraftvoll.

Große und kleine Schmetterlinge, · in schillernden Farben gekleidet, · tanzen in der klaren goldenen Luft. ··· Du fühlst dich sehr wohl · und geborgen. ··· Unter einem wunderschönen alten Baum · steht eine goldfarbene Gartenbank. · Auf dieser Bank · sitzt der Engel der Trauer · und erwartet dich. · Er schaut dich liebevoll · und weise an. ··· Geh auf ihn zu, · setz dich neben ihn auf die Bank · und begrüße ihn freundlich.

Er erklärt dir:

Wenn du einen dir nahestehenden Menschen verloren hast · und du durch deine Trauer gehst, · durch das Tal · der geweinten · und ungeweinten Tränen · mit all den unterschiedlichsten Gefühlen, · dann sei dir gewiss, · dass die Engel Gottes · dich begleiten! · Sie bleiben bei dir, · bis dein Schmerz · sich in Erkennen · und Dankbarkeit verwandelt. · Erkennen, · wer der andere wirklich war, · und dankbar sein · für die Zeit, · die ihr miteinander verbringen durftet, · auch wenn die Zeit noch so kurz war. · Jede Liebe · ist einzigartig in den Gefühlen, · die ihr füreinander empfindet. · Diese einzigartige Liebe · wird mit dem Tod · nicht weniger, · sondern bleibt bei dir · und treibt deine spirituelle Entwicklung voran. · Die Liebe ist ewig!

Liebevoll · nimmt dich der Engel der Trauer · in seine Arme. · Lass zu, · dass seine liebevolle Energie · dein Herz · und deinen Schmerz · heilt. ··· Wenn du magst, · kannst du dem Engel der Trauer eine Frage stellen · oder ihn um Rat bitten.

Kurze Pause   *(Erwachsene 5 bis 20 Minuten.)*
Ganz allmählich · kommt nun der Augenblick, · da du zurückkehren musst.

Der Engel der Trauer verabschiedet sich von dir mit den Worten:

Pflanze einen Baum, · eine Rose · oder eine andere Pflanze · zum Gedenken · an den geliebten Menschen. · Diese Pflanze · zeigt dir den Rhythmus der Natur. · Den Frühling, · den Sommer, · den Herbst · und den Winter. · Das Wachsen, · das Erblühen, · das Welken · und das Ruhen in Gott. · Die Liebe ist ewig! · Sie ist unzerstörbar · und bleibt immer · ein Teil von dir. · Dein Herz · bewahrt die Erinnerung · an diese Liebe. · Wenn du deine Augen schließt · und es zulässt, · erinnerst du dich an den geliebten Menschen · und kannst seine Liebe zu dir · in deinem Herzen fühlen. · Die Liebe · stirbt niemals! · Die Liebe · ist ewig!

Mit einer innigen Umarmung · verabschiedest du dich jetzt · von dem Engel der Trauer.

Begleitet von deinem Schutzengel, · gehst du den Weg zurück · durch die Lichttüre · und betrittst nun · wieder die Kirche. · Dein Schutzengel macht eine Handbewegung, · und die Lichttüre · verwandelt sich wieder · in das Himmelsbild.

Während du den Gang entlang · zu der Kirchentüre gehst, · erlöschen nacheinander · die farbigen Kerzen. ··· Zuerst · erlischt die weiße Kerze, ··· dann die violette, ···

237

die hellblaue ··· und die pinkfarbene Kerze. ··· Nun · erlischt die grüne, ··· die goldgelbe, ··· die orange ··· und zum Schluss · die rote Kerze.

Rechts · neben der Kirchentüre · hängt ein wunderschönes, · engelgleiches Gemälde. · Davor · stehen drei · große Kerzenständer · mit zwei weißen · und in der Mitte · einer pinkfarbenen Kerze.

Zünde jetzt · mit Hilfe deines Schutzengels · nacheinander · diese Kerzen an. ··· Zuerst · zünde die rechte · weiße Kerze · zu Ehren Gottes an. · Dieses Licht · bringt dir Zuversicht · und öffnet dein Herz · für die Liebe Gottes. ··· Zünde nun · die pinkfarbene Kerze · für den geliebten Menschen an, · den du vermisst. · Dieses Licht · symbolisiert · die Flamme eurer Liebe, · die nie · erlischt. ··· Zünde nun · die andere weiße Kerze · für alle Menschen, · für alle Seelen an. · Möge dieses Licht · Liebe · und Frieden · in die Herzen aller Menschen bringen · und somit · auf die ganze Welt.

Schau, · in dem Licht · der von dir angezündeten Kerzen · erscheint ein strahlender Engel. · Er schaut dich mit liebevollen Augen · lächelnd an. · Von diesem Augenblick an · behütet er die Flammen der Liebe, · die du gerade · angezündet hast.

Hand in Hand mit deinem Schutzengel · gehst du jetzt · durch die Kirchentüre · hinaus, · den kurzen Weg zurück · zu deiner Wiese. ··· Die alte Dame · schließt hinter dir die

Kirchentüre · und winkt dir zum Abschied zu. ··· Ganz entspannt · bist du nun bereit, · zurückzukommen · in deinen Tag.

Ausklang

Atme nun tief ein · und aus. ··· Du spürst, · wie du langsam wacher wirst · und in deinen Alltag · zurückkehrst. ··· Atme noch einmal tief ein · und aus. · Du spürst nun wieder deinen Körper, ··· deine Arme ··· und deine Beine. ··· Atme noch einmal tief ein · und aus. · Bewege langsam deine Arme, ··· deine Hände, ··· deine Beine, ··· recke · und strecke dich, · öffne langsam deine Augen · und kehre fröhlich · und ausgeruht · zurück in deinen Tag.

Engel der Verantwortung

Verantwortung bedeutet, für die Auswirkungen seiner Entscheidungen, Verhaltensweisen, Verpflichtungen und Äußerungen geradezustehen. Wir alle sind Teil dieser Erde, und die Erde ist ein Teil von uns. Alles auf dieser Welt, alle Dinge und alle Leben sind untrennbar miteinander verbunden.

Einklang

Lege dich ganz entspannt hin, · strecke die Beine aus · und lass die Füße · langsam nach außen fallen. ··· Deine Arme · ruhen locker und gelassen · an deiner Seite. · Schließe deine Augen · und atme ruhig ein · und aus. · Spüre, · wie du mit jedem Atemzug · ruhiger wirst. · Bei jedem Ausatmen · lässt du von allem los, · was dich bisher · noch beschäftigt hat. ··· Lass deine Gedanken ziehen · wie kleine weiße Wolken · am sonnigen Himmel. ··· Der Druck · in deinem Inneren · wird leichter · und fließt mit dem Ausatmen · davon. ··· Beim Einatmen · atmest du Leichtigkeit · und Freiheit ein, · die dir den Weg · in die tiefe Ruhe · deines Inneren · erleichtern. ··· Du fühlst dich ruhig · und zufrieden, · bist völlig entspannt. ··· Nun · kannst du mit deiner Fantasie · in das Reich · der Engel reisen.

Meditation

Stell dir vor, · du befindest dich in einem wunderschönen Wald · am Nordrand des Grand Canyons · in Arizona. · Es ist ein angenehm warmer · sonniger Herbsttag. · Die Luft ist klar, · der Himmel strahlt in seinem schönsten Blau · und kleine weiße Wolken · ziehen anmutig · am Himmelszelt entlang.

Im lichtdurchfluteten Wald · entdeckst du Weißtannen, · blaue Stechfichten · und Zitterpappeln. · Die goldgelben Sonnenstrahlen · spiegeln sich · in der leuchtend gelben Herbstkleidung · der Pappeln. ··· Du hörst das Klopfen der Spechte · und den Gesang der Wanderdrosseln. ··· Du bist ganz entspannt, · fühlst dich wohl · und geborgen.

Während du in den Himmel schaust · und den Gleitflug · eines Buntfalken beobachtest, · spürst du, · wie dein Schutzengel neben dich tritt. · Es ist ein wohliges Gefühl, · seine Liebe, · seine Nähe · und sein Vertrauen in dich · zu spüren. · Begrüße ihn · und genieße · seine liebevolle, · Kraft bringende Umarmung.

Heute · möchte er dir · den Engel der Verantwortung vorstellen. ··· Begleitet von deinem Schutzengel, · gehst du den kurzen Weg · zu dem Plateau des Canyons. ··· Welch eine Pracht! · Welch herrlicher Ausblick!

Der Grand Canyon · ist die größte Schlucht der Erde. · Er ist zwischen 6 · und 30 km breit, · 1600 m tief · und über 400 km lang. · Im Laufe von vielen Millionen Jahren · hat sich der Colorado River · durch die verschiedenen Gesteinsschichten hindurchgearbeitet · und ein einzigartiges Meisterwerk geschaffen. · Nun erstrahlt das Wunderwerk der

Natur · in roten, · gelben, · grauen, · grünen, · braunen · und schwarzen · Schiefer-, · Granit-, · Kalk- · und Sandsteinschichten.

Die goldgelben Sonnenstrahlen · lassen die Gesteinsschichten des Canyons · in jeder Minute · in einer anderen Färbung · erstrahlen. ··· Es ist herrlich anzuschauen. · Du bist ganz entspannt, · fühlst dich wohl · und geborgen.

Dein Schutzengel · hat sieben · herrliche, · bunte Federn mitgebracht, · die er nun · vor dich auf den Boden legt. · Er summt eine Melodie, · und nacheinander · erstrahlen die Federn · in bunten · Lichtfarben, · die, ähnlich einem Regenbogen, · über den Canyon ziehen.

Zuerst · erstrahlt eine rote Feder, · deren roter Lichtbogen · über den Canyon zieht. · Die Luft um dich herum · ist jetzt · von einer kraftvollen · roten Farbenergie erfüllt. · Dieses Licht gibt dir Kraft, · Mut · und verbindet dich mit der Erde. · Atme · diese heilende · rote Farbenergie · tief ein · und lass sie beim Ausatmen · durch dein Wurzelchakra · hinausfließen.

Nun · erstrahlt eine orange Feder, · deren Lichtbogen · sich über den roten Bogen legt. · Die Luft um dich herum · ist jetzt · von einer fröhlichen · orangefarbenen Farbenergie erfüllt. · Dieses Licht bringt dir Leidenschaft, · Heiterkeit · und zaubert · ein Lächeln · auf dein Gesicht. · Atme · diese heilende · orange Farbenergie · tief ein · und lass sie beim Ausatmen · durch dein Sakralchakra · hinausfließen.

Eine goldgelbe Feder erstrahlt, · deren Licht sich als goldgelber Bogen · über den orangefarbenen Bogen legt. · Die Luft um dich herum · ist jetzt · von einem Vertrauen bringenden · goldgelben Licht erfüllt. · Dieses Licht · gibt dir Lebensfreude, · Fröhlichkeit · und Selbstvertrauen. · Atme · diese heilende · goldgelbe Farbenergie · tief ein · und lass sie beim Ausatmen · durch dein Solarplexus-Chakra · hinausfließen.

Nun · erstrahlt eine grüne Feder, · deren heilendes · grünes Licht · sich als Bogen über den goldgelben Bogen legt. · Die Luft um dich herum · ist jetzt von einem harmonisierenden · grünen Licht erfüllt. · Dieses Licht · bringt dir Heilung, · spirituelles Wachstum · und inneres Gleichgewicht. · Atme · diese heilende · grüne Farbenergie · tief ein · und lass sie beim Ausatmen · durch dein Herzchakra · hinausfließen.

Eine himmelblaue Feder erstrahlt, · deren Licht · sich als hellblauer Bogen über den grünen Bogen legt. · Die Luft um dich herum · ist jetzt · von diesem kommunikativen · hellblauen Licht erfüllt. · Dieses Licht · bringt dir die richtigen Worte · zur rechten Zeit · auf deine Lippen. · Atme · diese heilende · hellblaue Farbenergie · tief ein · und lass sie beim Ausatmen · durch dein Hals-Chakra · hinausfließen.

Eine violette Feder erstrahlt, · und ihr Licht · legt sich als violetter Bogen über den himmelblauen Bogen. · Die Luft um dich herum · ist jetzt · von diesem Friede bringenden · violetten Licht erfüllt. · Dieses Licht · bringt dir inneren Frieden, · stärkt deinen Glauben · und erhellt deine Spiritualität. · Atme · diese heilende · violette Farbenergie · tief ein · und lass sie beim Ausatmen · durch dein Stirnchakra · hinausfließen.

Nun · erstrahlt eine Feder · in makellos weißem Licht, · welches sich als weißer Lichtbogen · über den violetten Bogen legt. · Die Luft um dich herum · funkelt und glitzert · jetzt · in diesem Ruhe bringenden · weißen Licht. · Dieses Licht · bringt dir allumfassenden Frieden, · allumfassende Ruhe · und allumfassende Sicherheit. · Durch das weiße Licht · bist du mit der göttlichen Quelle · allen Lebens verbunden. · Atme · diese heilende · weiße Farbenergie · tief ein · und lass sie beim Ausatmen · durch dein Kronenchakra · hinausfließen.

Dein Schutzengel macht eine Handbewegung, · und neben ihm · wird der Engel der Verantwortung · für dich sichtbar. ··· Er schaut dich liebevoll an. · Geh auf ihn zu · und begrüße ihn freundlich.
Er erklärt dir:

Verantwortung bedeutet, · für die Auswirkungen seiner Entscheidungen, · Verhaltensweisen, · Verpflichtungen · und Äußerungen · geradezustehen. · Du kannst nur dann · große Verantwortung im Leben übernehmen, · wenn du deine eigenen Bedürfnisse wahrnimmst · und dich da-

rum kümmerst. · Gib auch den anderen die Chance, · Ver-
antwortung · für sich selber · und ihr Handeln zu tragen.

Der Engel der Verantwortung · lenkt deinen Blick · auf eine
blaue Fichte. · Du schaust zu ihr hin · und siehst · einen sehr
alten Indianerhäuptling · auf dich zukommen. · Er schaut
dich mit weisen Augen · liebevoll an. · Geh auf ihn zu · und
begrüße ihn freundlich.

Gemeinsam mit den Engeln · und dem weisen Häuptling · setzt du dich auf den Boden · des Plateaus. ··· Genieße · das Zusammensein mit ihnen · und den wundervollen
Anblick · der Natur. ··· Wenn du magst, · kannst du dem
Engel der Verantwortung · und dem Häuptling · eine Frage stellen · oder sie um Rat bitten.

Kurze Pause   *(Erwachsene 5 bis 20 Minuten.)*
Ganz allmählich · kommt nun der Augenblick, · da du zurückkehren musst.

Der alte Häuptling · verabschiedet sich von dir · mit den
Worten:

Wir alle · sind Teil dieser Erde, · und die Erde · ist ein
Teil von uns. · Alle Dinge · und alle Lebewesen · sind un-
trennbar · miteinander verbunden. · Gott · liebt alle Men-
schen!

Er schaut dir tief in die Augen, · und du hast das Gefühl, ·
ihn schon sehr lange zu kennen. · Bedanke dich · und verabschiede dich für heute · von ihm.

Der Engel der Verantwortung · verabschiedet sich von dir mit den Worten:

Dein spirituelles Wachstum · hängt davon ab, · wie du mit deinen Lebensprüfungen umgehst · und ob du sie annimmst. · Jeder Mensch · muss die Konsequenzen · für sein Tun · selber tragen. · Was ihr sät, · das erntet ihr!

Liebevoll · bedankst du dich bei dem Engel der Verantwortung · und verabschiedest dich für heute von ihm.

Dein Schutzengel macht eine Handbewegung, · und der Engel der Verantwortung · wird wieder unsichtbar für dich. ··· Jetzt summt dein Schutzengel eine Melodie, · und der bunte Lichtbogen löst sich auf, · indem nacheinander · die farbigen Lichter · der bunten Federn · erlöschen. ··· Zuerst · löst sich der weiße Lichtbogen auf, ··· dann lösen sich der violette, ··· der hellblaue ··· und der grüne Lichtbogen auf, ··· nun · lösen sich der goldgelbe, ··· der orange ··· und zum Schluss · der rote Lichtbogen auf.

Dein Schutzengel · hebt die sieben Federn · vom Boden auf, · und jetzt · ist nichts mehr · von den Lichtbögen zu sehen. ··· Begleitet von deinem Schutzengel · gehst du den Weg zurück · durch den lichtdurchfluteten Wald. ··· Glücklich · und zufrieden · bist du nun bereit, · zurückzukommen · in deinen Tag.

Ausklang

Atme nun tief ein · und aus. ··· Du spürst, · wie du langsam wacher wirst · und in deinen Alltag · zurückkehrst. ···
Atme noch einmal tief ein · und aus. · Du spürst nun wieder deinen Körper, ··· deine Arme ··· und deine Beine. ···
Atme noch einmal tief ein · und aus. · Bewege langsam deine Arme, ··· deine Hände, ··· deine Beine, ··· recke · und strecke dich, · öffne langsam deine Augen · und kehre fröhlich · und ausgeruht · zurück in deinen Tag.

Engel der Vergebung

Vergebung bedeutet, nicht mehr länger unter dem leiden zu wollen, was ein anderer dir zugefügt hat. Du bist verletzt worden, weil ein anderer in seiner Angst gefangen war. Jemand hat dir wehgetan, weil er nur so an seine eigene Größe glauben konnte. Die Vergebung heilt letztlich all deine Wunden.

Einklang

Lege dich ganz entspannt hin, · strecke die Beine aus · und lass die Füße · langsam nach außen fallen. ··· Deine Arme · ruhen locker und gelassen · an deiner Seite. · Schließe deine Augen · und atme ruhig ein · und aus. · Spüre, · wie du mit jedem Atemzug · ruhiger wirst. · Bei jedem Ausatmen · lässt du von allem los, · was dich bisher · noch beschäftigt hat. ··· Lass deine Gedanken ziehen · wie kleine weiße Wolken · am sonnigen Himmel. ··· Der Druck · in deinem Inneren · wird leichter · und fließt mit dem Ausatmen · davon. ··· Beim Einatmen · atmest du Leichtigkeit · und Freiheit ein, · die dir den Weg · in die tiefe Ruhe · deines Inneren · erleichtern. ··· Du fühlst dich ruhig · und zufrieden, · bist völlig entspannt. ··· Nun · kannst du mit deiner Fantasie · in das Reich · der Engel reisen.

Meditation

Stell dir vor, · du befindest dich auf einer wunderschönen Bergwiese. · Es ist ein angenehm · warmer Herbsttag. · Der Himmel ist klar, · kleine Schäfchenwolken · ziehen am blauen Himmel entlang, · und die Sonne spiegelt sich · in der herbstfarbenen Blätterpracht · der Bäume. ··· Du kannst den Duft · der Herbstkräuter · riechen.

In der Nähe · läuten die Glocken · einer kleinen, · sehr alten Kirche. ··· Während du den Glocken lauschst, · spürst du, · wie dein Schutzengel neben dich tritt. · Er schaut dich voller Liebe · und Vertrauen an. · Es ist ein himmlisches Gefühl, · seine Liebe, · seine Nähe · und sein Vertrauen in dich · zu spüren. · Begrüße ihn · und genieße · seine liebevolle Umarmung.

Heute · möchte dein Schutzengel mit dir · den Engel der Vergebung besuchen. ··· Du weißt, · ein ganz besonderes Abenteuer · erwartet dich. ··· Begleitet von deinem Schutzengel, · gehst du den kurzen Weg · zu der kleinen · alten Kirche. ··· Eine grauhaarige · ältere Dame · steht an der Kirchentüre · und öffnet sie für dich. ··· Heute ist dein Tag! · Nur du · darfst jetzt, · zusammen mit deinem Schutzengel, · diesen heiligen Ort betreten.

Während du diese Kirche betrittst, · hörst du einen wundervollen Engelchor. · Dir wird angenehm warm · in deinem Herzen. · Du fühlst dich geliebt · und geborgen. ··· In dem Mittelgang der Kirche · stehen sieben große Kerzenständer · mit sieben · großen farbigen Kerzen darauf. ··· Zünde · mit Hilfe deines Schutzengels · diese sieben Kerzen · nacheinander an. ··· Zünde zuerst · die rote Kerze an. · Sie erstrahlt · in einem kraftvollen · roten Licht. · Die Luft um dich herum · leuchtet jetzt · in einer kraftvollen · roten Farbenergie. · Dieses Licht gibt dir Kraft, · Mut · und verbindet dich mit der Erde. · Atme · diese heilende · rote Farbenergie · tief ein · und lass sie beim Ausatmen · durch dein Wurzelchakra · hinausfließen.

Gehe nun zu der nächsten Kerze und zünde sie an. · Sie erstrahlt · in einem leuchtenden · orangefarbenen Licht. · Die Luft um dich herum · leuchtet jetzt · in einer fröhlichen · orangen Farbenergie. · Dieses Licht · gibt dir Heiterkeit · und zaubert ein Lächeln · auf dein Gesicht. · Atme · diese heilende · orange Farbenergie · tief ein · und lass sie beim Ausatmen · durch dein Sakralchakra · hinausfließen.

Zünde nun · die goldgelbe Kerze an. · Sie erstrahlt · in einem sanften · goldgelben Licht. · Die Luft um dich herum · leuchtet jetzt · in einer Vertrauen bringenden · goldgelben Farbenergie. · Dieses Licht · gibt dir Fröhlichkeit, · Lebensfreude · und Selbstvertrauen. · Atme · diese heilende · goldgelbe Farbenergie · tief ein · und lass sie beim Ausatmen · durch dein Solarplexus-Chakra · hinausfließen.

Gehe nun · zu der grünen Kerze · und zünde sie an. · Sie erstrahlt · in einem heilenden · grünen Licht. · Die Luft um dich herum · leuchtet jetzt · in einer harmonisierenden · grünen Farbenergie. · Dieses Licht bringt dir Heilung, · spirituelles Wachstum · und inneres Gleichgewicht. · Atme · diese heilende · grüne Farbenergie · tief ein · und lass sie beim Ausatmen · durch dein Herzchakra · hinausfließen.

Nun · zünde die hellblaue Kerze an. · Sie erstrahlt · in einem himmlisch blauen Licht. · Die Luft um dich herum · leuchtet jetzt · in einer kommunikativen · hellblauen Farbenergie. · Dieses Licht · bringt dir die richtigen Worte · zur rechten Zeit · auf deine Lippen. · Atme · diese heilende · hellblaue Farbenergie · tief ein · und lass sie beim Ausatmen · durch dein Hals-Chakra · hinausfließen.

Zünde nun · die königsblaue Kerze an. · Sie erstrahlt · in einem beschützenden · königsblauen Licht. · Die Luft um dich herum · leuchtet jetzt · in einer beruhigenden · königsblauen Farbenergie. · Dieses Licht · bringt dir innere Ruhe · und stärkt deine Intuition. · Atme · diese heilende · königsblaue Farbenergie · tief ein · und lass sie beim Ausatmen · durch dein Stirnchakra · hinausfließen.

Gehe nun · zu der violetten Kerze · und zünde sie an. · Sie erstrahlt · in einem Friede bringenden · violetten Licht. · Die Luft um dich herum · leuchtet jetzt · in einer friedlichen · violetten Farbenergie. · Dieses Licht · bringt dir inneren Frieden, · stärkt deinen Glauben · und erhellt deine Spiritualität. · Atme · diese heilende · violette Farbenergie · tief ein · und lass sie beim Ausatmen · ebenfalls · durch dein Stirnchakra · hinausfließen.

Du stehst jetzt · vor einem wunderschönen, · alten, · heiligen Altar. · Auf diesem Altar · stehen nebeneinander · drei · große, weiße Kerzen. · ··· Zünde nun · die rechts stehende Kerze an. · Sie erstrahlt · in einem makellosen · weißen Licht. · Die Luft um dich herum · funkelt und glitzert · jetzt in einer reinen · weißen Farbenenergie. · Dieses Licht · bringt dir allumfassenden Frieden, · allumfassende Ruhe · und allumfassende Sicherheit. · Durch das weiße Licht · bist du mit der göttlichen Quelle · allen Lebens verbunden. · Atme · diese heilende · weiße Farbenenergie · tief ein · und lass sie beim Ausatmen · durch dein Kronenchakra · hinausfließen.

Schau, · die ganze Kirche · erstrahlt im Licht · der von dir angezündeten Kerzen. · ··· Hinter dem Altar · wird eine funkelnde Lichttüre · für dich sichtbar. · Sie öffnet sich, · und der Engel der Vergebung · betritt die Kirche. · Er schaut dich mit liebevollen, · weisen Augen an. · Geh auf ihn zu · und begrüße ihn freundlich.
Er erklärt dir:

Vergebung bedeutet, · nicht mehr länger · unter dem leiden zu wollen, · was ein anderer · dir zugefügt hat. · Du bist verletzt worden, · weil ein anderer · in seiner Angst gefangen war. · Jemand hat dir wehgetan, · weil er nur so · an seine eigene Größe glauben konnte. · Wenn du Wut auf ihn empfindest, · dann lass diese Wut zu. · Sie ist das Gefühl, · das du brauchst, · um dich von deinem Peiniger · zu distanzieren. · Durch die Distanz · kann sich die seelische Wunde schließen. · Wenn du dich von der Krän-

kung · und dem seelischen · oder körperlichen Schmerz be-
freit hast, · dann · ist Vergebung möglich. · Vergebung be-
freit dich · von der Kränkung · und dem Schmerz, · den
Menschen dir zugefügt haben. · Vergib auch dir selbst! ·
Die Vergebung heilt letztlich · all deine Wunden.

Rechts · hinter dem Altar · siehst du eine Liege · aus Licht. · · ·
Lege dich vertrauensvoll · auf diese Liege. · Auch wenn sie
aus Licht ist, · so wird sie dich · doch sicher tragen. · · · Der
Engel der Vergebung · legt seine heilenden Hände · auf
dein Herz, · und du spürst, · wie die sanften Strahlen der
Liebe · dein Herz heilen. · · · Wenn du magst, · kannst du
ihm eine Frage stellen · oder ihn um Rat bitten.

Kurze Pause   *(Erwachsene 5 bis 10 Minuten.)*
Ganz allmählich · kommt nun der Augenblick, · da du zurückkehren musst.

Der Engel der Vergebung · nimmt dich an die Hand ·
und führt dich zu dem Altar. · Dort · stehen noch die beiden anderen · weißen Kerzen. · Der Engel der Vergebung ·
zündet die mittlere Kerze · zu Ehren Gottes an. · Dieses
Licht · bringt dir Zuversicht · und öffnet dein Herz · für
die Liebe Gottes.

Wenn du magst, · kannst du jetzt · die links stehende Kerze · für den Menschen anzünden, · der dich einst verletzt
hat. · · · Sage zu dir selbst, · dass du nicht länger bereit bist, ·
unter den Taten · und den schmerzenden Worten · dieses
Menschen · zu leiden. · Vergib ihm, · wenn dies jetzt · für
dich möglich ist.

Wenn du · die Kerze der Vergebung · noch nicht anzünden kannst, · dann ist das in Ordnung! · Bitte · den Engel
der Vergebung, · diese Kerze anzuzünden, · damit es dir ·
zum richtigen Zeitpunkt · leichter fällt, · die Kerze der Vergebung · selbst anzuzünden.

Kurze Pause   *(Erwachsene 5 bis 10 Minuten.)*
Die beiden Engel · schauen dich liebevoll an. · Sie wissen, · dass du gerade · einen großen Schritt · auf deinem
Lebensweg · gegangen bist. ··· Der Engel der Vergebung ·
drückt dir einen dicken Engelkuss · auf die Wange · und
umarmt dich zum Abschied. · Immer · wenn du seine Hilfe
brauchst, · dann denke an ihn, · und seine Antwort · wird
dich stets finden!

Mit leichtem · und glücklichem Herzen · gehst du nun, ·
begleitet von deinem Schutzengel, · den Weg zurück, · den
du gekommen bist. ··· Während du den Mittelgang entlang · zu der Kirchentüre gehst, · erlöschen nacheinander ·
die farbigen Kerzen. ··· Zuerst · erlischt die weiße Kerze, ···
dann erlöschen die violette, ··· die königsblaue, ··· die hellblaue, ··· die grüne, ··· die goldgelbe, ··· die orange ··· und
zum Schluss · die rote Kerze.

Hand in Hand · mit deinem Schutzengel · gehst du durch
die Kirchentüre hinaus · auf die Bergwiese. ··· Die alte
Dame lächelt dich an · und schließt für heute · die Kirchentüre. ··· Erleichtert · und entspannt · bist du jetzt bereit, ·
zurückzukommen · in deinen Tag.

Ausklang

Atme nun tief ein · und aus. ··· Du spürst, · wie du langsam wacher wirst · und in deinen Alltag · zurückkehrst. ···
Atme noch einmal tief ein · und aus. · Du spürst nun wieder deinen Körper, ··· deine Arme ··· und deine Beine. ···
Atme noch einmal tief ein · und aus. · Bewege langsam deine Arme, ··· deine Hände, ··· deine Beine, ··· recke · und
strecke dich, · öffne langsam deine Augen · und kehre fröhlich · und ausgeruht · zurück in deinen Tag.

Engel der Versöhnung

Nur wenn du mit dir selbst versöhnt bist, wenn du dich so annimmst, wie du bist, mit all deinen Schwächen und Stärken, nur dann kannst du dich mit dem Menschen versöhnen, der mit dir im Streit liegt.

Einklang

Lege dich ganz entspannt hin, · strecke die Beine aus · und lass die Füße · langsam nach außen fallen. ··· Deine Arme · ruhen locker und gelassen · an deiner Seite. · Schließe deine Augen · und atme ruhig ein · und aus. · Spüre, · wie du mit jedem Atemzug · ruhiger wirst. · Bei jedem Ausatmen · lässt du von allem los, · was dich bisher · noch beschäftigt hat. ··· Lass deine Gedanken ziehen · wie kleine weiße Wolken · am sonnigen Himmel. ··· Der Druck · in deinem Inneren · wird leichter · und fließt mit dem Ausatmen · davon. ··· Beim Einatmen · atmest du Leichtigkeit · und Freiheit ein, · die dir den Weg · in die tiefe Ruhe · deines Inneren · erleichtern. ··· Du fühlst dich ruhig · und zufrieden, · bist völlig entspannt. ··· Nun · kannst du mit deiner Fantasie · in das Reich · der Engel reisen.

Meditation

Stell dir vor, · du befindest dich auf einer wunderschönen Wiese. · Es ist ein · warmer Frühlingstag. · Die Luft ist klar, · der Himmel strahlt in seinem schönsten Blau, · und kleine weiße Wölkchen · schaukeln fröhlich am Himmel.

Du siehst Blumen in allen Farben, · rote, · orange, · goldgelbe, · pinkfarbene mit saftigen grünen Blättern, · blaue, ·
violette · und weiße Blumen, · die alle · herrlich duften.

Schmetterlinge · tanzen in der warmen, · klaren sonnigen
Luft. · Eine Hummel · fliegt von Blüte zu Blüte · und sam-
melt den süßen Frühlingsnektar. Du bist ganz entspannt, ·
fühlst dich wohl · und geborgen.

Während du die Hummel beobachtest, · spürst du, · wie
dein Schutzengel neben dich tritt. · Es ist ein wohliges Gefühl, · seine Liebe, · seine Nähe · und sein Vertrauen in
dich · zu spüren. · Begrüße ihn · und genieße · seine liebevolle Umarmung.

Heute · möchte er mit dir · den Engel der Versöhnung
besuchen. ··· Du freust dich sehr · und spürst, · dass etwas
ganz Besonderes · geschehen wird.

Gemeinsam · geht ihr auf einen großen, · mächtigen · alten Baum zu. · Vor dem Baum angekommen, · macht dein
Schutzengel eine Handbewegung, · und auf wundersame
Weise · öffnet sich eine Lichttüre in dem Baumstamm, · die
dich in das Innere · des großen alten Baumes führt.

Dein Schutzengel lächelt dich an · und führt dich durch
die Lichttüre · in den Baum hinein. · Hier · befindet sich
eine Wendeltreppe · aus bunten Lichtern, · die dich sicher ·
zum Lichttempel · der Engel der Versöhnung führt.

Mit freudiger Erwartung · steigst du, · begleitet von deinem Schutzengel, · auf die erste Stufe. · Diese Lichtstufe
strahlt · in einem kraftvollen · roten Licht. · Dies · ist die
Farbe der Kraft, · des Mutes · und der Erdung. · Die Luft um
dich herum · flimmert ebenso rot. · Atme · diese Kraft brin-

gende · heilende · rote Farbenergie · tief ein · und lass sie beim Ausatmen · durch dein Wurzelchakra · hinausfließen.

Nun · gehe auf die nächste Stufe. · Sie strahlt · in einem hellen · orangefarbenen Licht. · Dies · ist die Farbe der Heiterkeit, · der Leidenschaft, · der Kreativität · und des Lachens. · Die Luft um dich herum · flimmert in einer fröhlichen · orangefarbenen Farbenergie. · Atme · diese heilende · orange Farbenergie · tief ein · und lass sie beim Ausatmen · durch dein Sakralchakra · hinausfließen.

Betritt nun · die nächste Stufe. · Sie strahlt · in einem Vertrauen bringenden · goldgelben Licht. · Dies · ist die Farbe der Fröhlichkeit, · der Lebensfreude · und des Vertrauens. · Die Luft um dich herum · flimmert in einer lebensbejahenden · goldgelben Farbenergie. · Atme · diese heilende · goldgelbe Farbenergie · tief ein · und lass sie beim Ausatmen · durch dein Solarplexus-Chakra · hinausfließen.

Du gehst nun · auf die grüne Lichtstufe. · Sie strahlt · in einem heilenden · grünen Licht. · Dies · ist die Farbe der Heilung, · des spirituellen Wachstums · und des inneren Gleichgewichts. · Die Luft um dich herum · leuchtet und funkelt · in sanftem Grün. · Schau genau hin, · und du siehst, · dass in diesem grünen Licht · auch ein strahlendes · pinkfarbenes Licht leuchtet. · Wenn du magst, · schau genau in das pinkfarbene Licht, · vielleicht · kannst du in diesem Licht · auch das goldfarbene Licht · der göttlichen Liebe entdecken. · Diese reine, · göttliche Liebe · ist in dir · und um dich herum. · Es ist die Liebe Gottes, · die in uns allen wächst. · Atme · diese heilende · grüne Farbenergie · tief ein, · und nimm sie mit jeder Zelle · deines Körpers auf. · Atme noch einmal · tief ein · und lass die Energie · der göttlichen Liebe · beim Ausatmen · durch dein Herzchakra · hinausfließen · in die ganze Welt.

Angefüllt mit dieser Liebe, · gehst du nun · auf die nächste Stufe. · Sie strahlt · in himmlisch · blauem Licht. · Dies · ist die Farbe der Kommunikation. · Um dich herum · flimmert die Luft · in diesem himmlischen Blau, · und du spürst, · dass Worte · Liebe sein können, · dass Worte · heilen können, · dass Worte · die Welt verändern können! · Atme · diese heilende · himmelblaue Farbenergie · tief ein · und lass sie beim Ausatmen · durch dein Hals-Chakra · hinausfließen.

Gehe nun · auf die violette Lichtstufe. · Sie strahlt · in einem Friede bringenden · violetten Licht. · Dies · ist die Farbe des Glaubens, · der Spiritualität · und des inneren Friedens. · Die Luft um dich herum · flimmert · in friedvollem Violett. · Atme · diese heilende · violette Farbenergie · tief ein · und lass sie beim Ausatmen · durch dein Stirnchakra · hinausfließen.

Jetzt · gehst du auf die nächste Stufe. · Sie strahlt · in dem reinsten Weiß, · das du je gesehen hast. · Dies · ist die Farbe der allumfassenden Ruhe, · der allumfassenden Sicherheit · und des allumfassenden Friedens. · Die Luft um dich herum · ist makellos, · strahlend weiß, · leuchtend und hell. · Atme · diese heilende · weiße Farbenergie · tief ein · und lass sie beim Ausatmen · durch dein Kronenchakra · hinausfließen.

In diesem weißen Licht · kannst du nun · eine funkelnde · perlmuttfarbene · Lichttüre erkennen. ··· Die Türe öffnet sich ganz bedächtig, · und du erkennst · den Engel der Versöhnung, · der dich freudig erwartet. · Geh auf ihn zu · und begrüße ihn freundlich.

Begleitet von den Engeln · betrittst du · den Lichttempel der Versöhnung. ··· Du bist nun · in einem großen, · runden · weißen Saal angekommen. · Überall · brennen weiße Kerzen, · an den Wänden · glitzern goldene Sterne, · auf dem Boden · liegen bunte, · kuschelige Sitzkissen, · und die Luft · riecht wundervoll nach Zimt · und Vanille.

Inmitten des Saales · steht ein großer, · in Gold gefasster Spiegel. · Dies · ist der Spiegel der Wahrheit.

Der Engel der Versöhnung erklärt dir:

Nur · wenn du mit dir selbst versöhnt bist, · wenn du dich so annimmst, · wie du bist, · mit all deinen Schwächen · und all deinen Stärken, · nur dann · kannst du dich mit dem Menschen versöhnen, · der mit dir im Streit liegt. · Wenn dir jemand Unrecht zugefügt hat, · dann zeige ihm deinen Ärger. · Dadurch · gibst du ihm die Möglichkeit, · sein Handeln · noch einmal zu überdenken. · Versöhnung bedeutet, · sich selbst · und den anderen · in seinen Gefühlen · ernst zu nehmen.

Der Engel der Versöhnung · führt dich · zu dem Spiegel der Wahrheit. · Wenn du magst, · dann schau jetzt · in den Spiegel.

Du bist nun Zuschauer · und kannst in dem Spiegel · vielleicht eine Szene aus deinem Leben sehen, · mit der du dich noch nicht versöhnt hast, · oder einen Menschen, · mit dem du im Streit liegst. · Du beobachtest diese Szene, · und der Engel der Versöhnung · hilft dir, · die Wahrheit zu erkennen, · um dich mit dir selbst · oder dem anderen · auszusöhnen.

Die Engel helfen dir, · dich mit liebevollen Augen · zu betrachten. ··· Wenn du magst, · kannst du dem Engel der Versöhnung eine Frage stellen · oder ihn um Rat bitten.

Kurze Pause   *(Erwachsene 5 bis 20 Minuten.)*
Ganz allmählich · kommt nun der Augenblick, · da du zurückkehren musst.

Der Engel der Versöhnung verabschiedet sich von dir mit den Worten:

Gehe liebevoll · und sanft · mit dir · und deinen Gefühlen um. · Die Engel · lieben dich so, · wie du bist!

Mit einer innigen Umarmung · verabschiedest du dich · für heute · von dem Engel der Versöhnung.

Begleitet von deinem Schutzengel · gehst du jetzt · den Weg zurück · durch die perlmuttfarbene Lichttüre, · die sich sanft · hinter dir schließt. ··· Dein Schutzengel · macht lächelnd eine Handbewegung, · und die bunte Lichtwendeltreppe · verwandelt sich · in eine regenbogenfarbene · Lichtrutsche.

Hand in Hand · rutschst du mit deinem Schutzengel · durch die bunten · strahlenden Lichter. ··· Zuerst · durch das weiße Licht, ··· dann durch das violette Licht, ··· durch das hellblaue, ··· das grüne, ··· das goldgelbe, ··· das orange ··· und zum Schluss · durch das rote Licht.

Freudestrahlend · bist du sicher · auf der Erde · angekommen. · Du gehst durch die Lichttüre des Baumes · auf die Wiese hinaus. · Dein Schutzengel · macht eine weitere Handbewegung, · die Baumlichttüre schließt sich · und wird nun · wieder unsichtbar für dich. ··· Fröhlich · und entspannt · bist du nun bereit, · zurückzukommen · in deinen Tag.

Ausklang

Atme nun tief ein · und aus. ··· Du spürst, · wie du langsam wacher wirst · und in deinen Alltag · zurückkehrst. ··· Atme noch einmal tief ein · und aus. · Du spürst nun wieder deinen Körper, ··· deine Arme ··· und deine Beine. ··· Atme noch einmal tief ein · und aus. · Bewege langsam deine Arme, ··· deine Hände, ··· deine Beine, ··· recke · und strecke dich, · öffne langsam deine Augen · und kehre fröhlich · und ausgeruht · zurück in deinen Tag.

Engel der Weisheit

Weisheit erwächst aus der Fähigkeit, die Zusammenhänge deines Lebens zu erkennen und zu verstehen. Öffne dich für die Tiefen deiner Erfahrungen und erkenne, was für dich wahrhaftig ist. Aus der Weisheit erblüht innere Reife, und darauf folgt spirituelles Wachstum.

Einklang

Lege dich ganz entspannt hin, · strecke die Beine aus · und lass die Füße · langsam nach außen fallen. ··· Deine Arme · ruhen locker und gelassen · an deiner Seite. · Schließe deine Augen · und atme ruhig ein · und aus. · Spüre, · wie du mit jedem Atemzug · ruhiger wirst. · Bei jedem Ausatmen · lässt du von allem los, · was dich bisher · noch beschäftigt hat. ··· Lass deine Gedanken ziehen · wie kleine weiße Wolken · am sonnigen Himmel. ··· Der Druck · in deinem Inneren · wird leichter · und fließt mit dem Ausatmen · davon. ··· Beim Einatmen · atmest du Leichtigkeit · und Freiheit ein, · die dir den Weg · in die tiefe Ruhe · deines Inneren · erleichtern. ··· Du fühlst dich ruhig · und zufrieden, · bist völlig entspannt. ··· Nun · kannst du mit deiner Fantasie · in das Reich · der Engel reisen.

Meditation

Stell dir vor, · du befindest dich auf einer wunderschönen Bergwiese. · Es ist ein warmer, · sonniger Tag. · Der Himmel ist klar · und strahlt in seinem himmlischsten Blau.

Auf der Wiese · spielen kleine Bergziegen, · Grashüpfer · springen von einer Wiesenblume zur nächsten, · weiter unten am Waldrand · grast ein Rehkitz · gemütlich im Sonnenlicht.

Du schaust in den Himmel · und siehst einen großen Steinadler · sanft und friedlich · durch die Luft gleiten, · in Richtung des Berges. · Dort lebt er · in einem großen Adlerhorst an einer Felswand. ··· Während du den Adler beobachtest, · spürst du, · wie dein Schutzengel neben dich tritt. · Es ist ein herrliches Gefühl, · seine Nähe · und seine Liebe zu fühlen. · Begrüße ihn · und genieße · seine liebevolle Umarmung.

Heute · möchte dein Schutzengel mit dir · den Engel der Weisheit besuchen. ··· Du freust dich sehr, · denn du weißt, · etwas ganz Besonderes wird geschehen. ··· Gemeinsam mit deinem Schutzengel · gehst du den kurzen Weg · zu dem Berg. · Dort · vor dem Berg · wächst ein ganz besonderer Baum. · Dieser Baum · trägt viele große, · bunte, · glitzernde Früchte.

Dein Schutzengel macht eine Handbewegung. · Der Baum schüttelt sich sanft · und wirft nacheinander · sieben glänzende Früchte herab, · die sich, · auf dem Boden angekommen, · in wunderschöne funkelnde Blumen verwandeln.

Zuerst · fällt eine rote glitzernde Frucht auf den Boden · und verwandelt sich · in eine rote Blume. · Aus der Blume · strahlt ein kraftvolles rotes Licht heraus, · das als roter Lichtbogen · an die Felswand zieht. · Die Luft um dich herum · leuchtet nun · ebenfalls · in diesem roten Licht. ·

Dies · ist die Farbe des Mutes, · der Kraft · und der Erdung. · Atme · diese heilende · rote Farbenergie · tief ein · und lass sie beim Ausatmen · durch dein Wurzelchakra · hinausfließen.

Jetzt · fällt eine orangefarbene glitzernde Frucht auf den Boden · und verwandelt sich · in eine orange Blume. · Aus der Blume · strahlt orangefarbenes Licht heraus, · das sich als oranger Lichtbogen · über den roten Bogen legt. · Die Luft um dich herum · leuchtet nun · ebenfalls · in diesem orangen Licht. · Dies · ist die Farbe der Leidenschaft, · der Kreativität, · der Heiterkeit · und des Lachens. · Atme · diese heilende · orange Farbenergie · tief ein · und lass sie beim Ausatmen · durch dein Sakralchakra · hinausfließen.

Eine goldgelbe Frucht fällt auf den Boden · und verwandelt sich · in eine funkelnde goldgelbe Blume. · Goldgelbes Licht · erstrahlt · und legt sich als goldgelber Lichtbogen · über den orangefarbenen Bogen. · Die Luft um dich herum · leuchtet nun · ebenfalls · in diesem goldgelben Licht. · Dies · ist die Farbe der Lebensfreude, · der Fröhlichkeit · und des Vertrauens. · Atme · diese heilende · goldgelbe Farbenergie · tief ein · und lass sie beim Ausatmen · durch dein Solarplexus-Chakra · hinausfließen.

Eine glitzernde grüne Frucht fällt auf den Boden · und verwandelt sich · in eine grüne Blume. · Grünes Licht · erstrahlt · und legt sich als grüner Lichtbogen · über den goldgelben Bogen. · Die Luft um dich herum · leuchtet nun · ebenfalls · in diesem grünen Licht. · Dies · ist die Farbe der Heilung, · des spirituellen Wachstums · und des inneren Gleichgewichts. · Atme · diese heilende · grüne Farbenergie · tief ein · und lass sie beim Ausatmen · durch dein Herzchakra · hinausfließen.

Jetzt · fällt eine hellblaue Frucht auf den Boden · und verwandelt sich · in eine hellblaue Blume. · Hellblaues Licht · erstrahlt · und legt sich als hellblauer Lichtbogen · über den grünen Bogen. · Die Luft um dich herum · leuchtet nun · ebenfalls · in diesem hellblauen Licht. · Dies · ist die Farbe der Kommunikation. · Dieses Licht · bringt dir die richtigen Worte · zur rechten Zeit · auf deine Lippen. · Atme · diese heilende · hellblaue Farbenergie · tief ein · und lass sie beim Ausatmen · durch dein Hals-Chakra · hinausfließen.

Eine violette Frucht fällt auf den Boden · und verwandelt sich · in eine leuchtend · violette Blume. · Violettes Licht · erstrahlt · und legt sich als violetter Lichtbogen · über den hellblauen Bogen. · Die Luft um dich herum · leuchtet nun · ebenfalls · in diesem violetten Licht. · Dies · ist die Farbe der Spiritualität, · des inneren Friedens · und des Glaubens. · Atme · diese heilende · violette Farbenergie · tief ein · und lass sie beim Ausatmen · durch dein Stirnchakra · hinausfließen.

Jetzt · fällt eine weiße Frucht auf den Boden · und verwandelt sich · in eine makellos weiße Blume. · Weißes Licht ·

erstrahlt · und legt sich als weißer Lichtbogen · über den violetten Bogen. · Die Luft um dich herum · leuchtet nun · ebenfalls · in diesem makellosen weißen Licht. · Dies · ist die Farbe der allumfassenden Ruhe, · des allumfassenden Friedens · und der allumfassenden Sicherheit. · Durch das weiße Licht · bist du mit der göttlichen Quelle · allen Lebens verbunden. · Atme · diese heilende · weiße Farbenergie · tief ein · und lass sie beim Ausatmen · durch dein Kronenchakra · hinausfließen.

Schau, · was jetzt passiert.

Der bunte Lichtbogen · verwandelt sich in ein Lichttor, · durch das du in den Berg hineingehen kannst. · Aus dem Inneren des Berges · strahlt dir ein herrliches goldfarbenes Licht entgegen.

Lächelnd · nimmt dein Schutzengel dich an die Hand · und führt dich durch das Lichttor · in eine wunderschöne Höhle aus Licht. ··· Du hörst · das sanfte Plätschern eines unterirdischen Baches · und das himmlische Spiel · einer Harfe.

In der Mitte der Höhle · entdeckst du · einen kleinen Springbrunnen aus Licht. · Sein heilendes Wasser · leuchtet in allen Farben des Regenbogens. · Neben dem Brunnen · steht der Engel der Weisheit · und lächelt dich liebevoll an. · Geh auf ihn zu · und begrüße ihn freundlich.

Der Engel der Weisheit · ist eingeweiht · in die tiefsten Geheimnisse. · Er weiß · um die tieferen Zusammenhänge deines Lebens. · Er lehrt dich, · indem er dich viel sehen lässt · und dir hilft, · zu erkennen, · worauf es im Leben wirklich ankommt.

Er erklärt dir:

Weisheit · erwächst aus der Fähigkeit, · die Zusammenhänge deines Lebens · zu erkennen · und zu verstehen. · Öffne dich · für die Tiefen deiner Erfahrungen · und erkenne, · was für dich wahrhaftig ist. · Aus der Weisheit · erblüht innere Reife , · und darauf · folgt spirituelles Wachstum.

Etwas weiter hinten in der Höhle · siehst du eine wunderschöne Regenbogenlichtschaukel. ··· Hand in Hand · mit den beiden Engeln · nimmst du Platz · auf der großen Schaukel · aus regenbogenfarbenem Licht, · die euch sicher trägt. ··· Es ist ein himmlischer Spaß, · mit den Engeln zu schaukeln.

Genieße · die Liebe der beiden Engel · und freue dich an ihrer Nähe. ··· Wenn du magst, · kannst du dem Engel der Weisheit eine Frage stellen · oder ihn um Rat bitten.

Kurze Pause   *(Erwachsene 5 bis 20 Minuten.)*
Ganz allmählich · kommt nun der Augenblick, · da du zurückkehren musst.

Der Engel der Weisheit · füllt am Lichtbrunnen · ein Glas mit heilendem Lichtwasser für dich, · welches genau die · heilende Lichtenergie bereithält, · die für dich · zu diesem Zeitpunkt wichtig ist. · Wenn du magst, · trinke jetzt die Lichtenergie · oder nimm sie mit nach Hause.

Der Engel der Weisheit verabschiedet sich von dir mit den Worten:

Gib acht · auf alles, was du tust · und was du siehst, · dann wirst du sehr viel lernen. · Erkenne, · worauf es im Leben · wirklich ankommt!

Du bedankst dich bei dem Engel der Weisheit · und verabschiedest dich · für heute von ihm.

Begleitet von deinem Schutzengel, · gehst du fröhlich durch das Lichttor in der Felswand · hinaus auf die Bergwiese. · Dein Schutzengel macht eine Handbewegung, · das weiße Licht zieht sich zurück in die weiße Blume, · die ihren Blütenkelch jetzt schließt, · und das Lichttor wird wieder unsichtbar für dich.

Nun · ziehen sich nacheinander · die bunten Lichter zurück · in ihre Blumen, · die sich ebenfalls alle schließen. Die violette Blume schließt ihren Blütenkelch, ··· dann folgt die hellblaue, ··· die grüne, ··· die goldgelbe, ··· die orange, ··· und zum Schluss · schließt die rote Blume · ihren Blütenkelch.

Nun · ist nichts mehr · von dem Lichttor · und seinen bunten Farben zu sehen. ··· Fröhlich · und entspannt · bist du nun bereit, · zurückzukommen · in deinen Tag.

Ausklang

Atme nun tief ein · und aus. ··· Du spürst, · wie du langsam wacher wirst · und in deinen Alltag · zurückkehrst. ··· Atme noch einmal tief ein · und aus. · Du spürst nun wie-

der deinen Körper, ⋯ deine Arme ⋯ und deine Beine. ⋯
Atme noch einmal tief ein · und aus. · Bewege langsam deine Arme, ⋯ deine Hände, ⋯ deine Beine, ⋯ recke · und
strecke dich, · öffne langsam deine Augen · und kehre fröhlich · und ausgeruht · zurück in deinen Tag.

Geführte Erzengel-
meditationen für erfahrene
Meditationskreise

Therapeuten und Meditationszirkel nach englischem Vorbild

Wichtig!

Für die folgenden Meditationen muss den Teilnehmern die Lage der Chakren bekannt sein! Sie sind für Kinder nicht geeignet!

Gabriel

Wer ist Gabriel?
Sein Name bedeutet »Gott ist Stärke« oder
»Mein Vertrauen ist in Gott«.
Er ist der Engel der Verkündung, Engel der
Erkenntnis, er ist das Licht der Erlösung
und Auferstehung und sendet die Kraft der
Veränderung und der Erneuerung aus!

In dem Augenblick, in dem du eine klare Entscheidung triffst, öff-
nen sich dir neue Türen. Egal wie schwierig es bisher für dich war
oder wie ängstlich du auch bist, die Erkenntnis macht dich frei.

Einklang

Lege dich ganz entspannt hin, · strecke die Beine aus · und
lass die Füße · langsam nach außen fallen. ··· Deine Arme ·
ruhen locker und gelassen · an deiner Seite. · Schließe deine Augen · und atme ruhig ein · und aus. · Spüre, · wie du
mit jedem Atemzug · ruhiger wirst. · Bei jedem Ausatmen ·
lässt du von allem los, · was dich bisher · noch beschäftigt
hat. ··· Lass deine Gedanken ziehen · wie kleine weiße Wolken · am sonnigen Himmel. ··· Der Druck · in deinem Inneren · wird leichter · und fließt mit dem Ausatmen · davon. ··· Beim Einatmen · atmest du Leichtigkeit · und Freiheit ein, · die dir den Weg · in die tiefe Ruhe · deines Inneren · erleichtern. ··· Du fühlst dich ruhig · und zufrieden, ·
bist völlig entspannt. ··· Nun · kannst du mit deiner Fantasie · in das Reich · der Engel reisen.

Meditation

Stell dir vor, · du befindest dich auf einer farbenfrohen Wiese. · Es ist ein angenehm · warmer Frühlingstag. · Die Sonne scheint golden, · und der Himmel strahlt · in seinem himmlischsten Blau. · Du spürst · das liebevolle Streicheln der Sonnenstrahlen auf deiner Haut · und die zärtliche Umarmung des Windes.

Die Vögel · zwitschern ein wunderschönes Frühlingslied für dich. · · · Du schaust in den Himmel · und beobachtest · die akrobatischen Flugkünste · der Schwalben. · Es ist herrlich anzuschauen.

Während du die Schwalben beobachtest, · spürst du, · wie dein Schutzengel neben dich tritt. · Es ist ein wohliges Gefühl, · seine Liebe, · seine Nähe · und sein Vertrauen in dich · zu spüren. · Begrüße ihn · und genieße · seine liebevolle Umarmung.

Heute · möchte dein Schutzengel · dich auf eine ganz besondere Reise mitnehmen. · Er möchte dir · Gabriel, · den Engel der Verkündung und der Erkenntnis, · vorstellen. · · · Du freust dich sehr · und fühlst, · dass ein himmlisches Abenteuer · auf dich wartet.

Dein Schutzengel nimmt dich an die Hand, · und gemeinsam · geht ihr auf eine große Blumenhecke zu. · Sanft · streichelt dein Schutzengel ein Blatt der Blumenhecke, · und auf wundersame Weise · gleitet die Hecke zur Seite, · um den Weg freizugeben · zu einer strahlend roten Türe aus Licht.

Nach einer Handbewegung deines Schutzengels · wird vor der roten Türe · ein Engel · in einem glitzernden roten Gewand · für dich sichtbar. · Lächelnd · öffnet dieser Engel · die rote Lichttüre für dich. · Gehe nun · durch die rote Türe. · Die Luft um dich herum · strahlt in einem Kraft bringenden roten Licht. · Dies · ist die Farbe der Kraft, · des Mutes · und der Erdung. · Atme · diese heilende · rote Farbenenergie · tief ein · und lass sie beim Ausatmen · durch dein Wurzelchakra · hinausfließen.

Du gehst nun drei Schritte. ··· Vor einer orangefarbenen Türe aus Licht · steht ein Engel · in einem strahlend orangefarbenen Gewand. · Er schaut dich mit sanftem Blick an · und öffnet die orange Türe für dich. · Gehe durch diese Türe. · Die Luft um dich herum · strahlt in einem leuchtenden orangen Licht. · Dies · ist die Farbe der Leidenschaft, · der Heiterkeit, · der Kreativität · und des Lachens. · Atme · diese heilende · orange Farbenenergie · tief ein · und lass sie beim Ausatmen · durch dein Sakralchakra · hinausfließen.

Gehe weitere drei Schritte. ··· Vor einer goldgelben Lichttüre · steht ein Engel · in einem goldgelben Gewand. · Augenzwinkernd · öffnet er dir · die goldgelbe Türe. · Gehe nun · durch diese Türe. · Die Luft um dich herum · strahlt in einem Vertrauen bringenden goldgelben Licht. · Dies · ist die Farbe der Lebensfreude, · der Fröhlichkeit · und des Selbstvertrauens. · Atme · diese heilende · goldgelbe Farbenenergie · tief ein · und lass sie beim Ausatmen · durch dein Solarplexus-Chakra · hinausfließen.

Nach weiteren drei Schritten ··· erblickst du einen Engel · in einem grün, rosa und gold glitzernden Gewand · vor einer grünen Türe. · Er lächelt dir liebevoll zu · und öffnet jetzt · die grüne Türe für dich. · Gehe durch diese Türe. · Die Luft um dich herum · strahlt in einem heilenden grünen Licht. · Dies · ist die Farbe der Heilung, · des spirituellen Wachstums · und des inneren Gleichgewichts. · Atme · diese heilende · grüne Farbenergie · tief ein · und lass sie beim Ausatmen · durch dein Herzchakra · hinausfließen.

Du gehst nun weitere drei Schritte. ··· Vor einer hellblauen Türe · steht ein Engel · in einem hellblau und gold flimmernden Gewand. · Lächelnd · öffnet er · die hellblaue Türe für dich. · Gehe jetzt · durch diese Türe. · Die Luft um dich herum · strahlt in einem himmlischen Blau. · Dies · ist die Farbe der Kommunikation. · Diese Farbenergie · bringt dir die richtigen Worte · zur rechten Zeit · auf deine Lippen. · Atme · diese heilende · hellblaue Farbenergie · tief ein · und lass sie beim Ausatmen · durch dein Hals-Chakra · hinausfließen.

Gehe noch einmal drei Schritte. ··· Vor einer königsblauen Türe · steht ein strahlender Engel · in einem königsblauen Gewand. · Er schaut dich liebevoll an · und öffnet jetzt · die königsblaue Türe für dich. · Gehe durch diese Türe. · Die Luft um dich herum · strahlt in einem prachtvollen königsblauen Licht. · Dies · ist die Farbe der inneren Ruhe, · des Schutzes · und der Intuition. · Atme · diese heilende · königsblaue Farbenergie · tief ein · und lass sie beim Ausatmen · durch dein Stirnchakra · hinausfließen.

Du gehst weitere drei Schritte. ··· Vor einer violetten Türe · steht ein Engel · in einem glitzernden violetten Gewand. · Lächelnd · öffnet er dir jetzt · die violette Türe. · Gehe durch diese Türe. · Die Luft um dich herum · strahlt in einem Frieden bringenden violetten Licht. · Dies · ist die Farbe der Spiritualität, · des Glaubens · und des inneren Friedens. · Atme · diese heilende · violette Farbenergie · tief ein · und lass sie beim Ausatmen · ebenfalls · durch dein Stirnchakra · hinausfließen.

Gehe noch einmal drei Schritte. ··· Vor einer weißen Türe · steht ein prachtvoller Engel · in einem makellos weißen Gewand. · Liebevoll · und weise · schaut er dich an. · Du bist ganz entspannt, · fühlst dich wohl · und geborgen. · Er öffnet jetzt · die weiße Türe für dich. · Gehe durch die weiße Türe. · Die Luft um dich herum · strahlt in einem makellosen weißen Licht. · Dies · ist die Farbe der Reinheit, · des allumfassenden Friedens, · der allumfassenden Ruhe · und der allumfassenden Sicherheit. · Durch das weiße Licht · bist du mit der göttlichen Quelle · allen Lebens verbunden! · Atme · diese heilende · weiße Farbenergie · tief ein · und lass sie beim Ausatmen · durch dein Kronenchakra · hinausfließen.

Gehe weitere drei Schritte. · Vor dir · erblickst du eine leuchtende · makellos weiße Treppe, · die dich zum Tempel der Erkenntnis führt.

Begleitet von deinem Schutzengel · betrittst du jetzt · die erste · makellos weiße Stufe · der leuchtenden Treppe. · Das

Licht um dich herum · wird noch strahlender. · Du fühlst, · dass dich am Ende dieser Treppe · etwas unbeschreiblich Wundervolles erwartet.

Betritt nun · die zweite · makellos weiße Stufe. · Schau nicht zurück. · Die Vergangenheit · ist vergangen, · nur das Jetzt zählt.

Gehe auf die dritte · makellos weiße Stufe. · Du spürst, · wie dein Vertrauen · immer stärker wird.

Nun · betritt die vierte · makellos weiße Stufe. · Lass alles los, · was dich bis jetzt noch belastet hat. · Atme Frieden · und Leichtigkeit ein · und beim Ausatmen · lass alle Sorgen los, · lass alles Schwere · aus dir herausfließen · in das weiße Licht · der Reinigung · und der Heilung.

Betritt nun · die fünfte · makellos weiße Stufe. · Du bist ganz entspannt, · fühlst dich wohl · und geborgen.

Betritt jetzt · die sechste · makellos weiße Stufe. · Das Licht um dich herum · wird immer strahlender. · Du fühlst dich getragen · und bedingungslos geliebt.

Betritt nun · die siebte · makellos weiße Stufe. · Genieße · diese himmlische · heilende Energie, · die überall · um dich herum ist.

Nun · gehe auf die achte · makellos weiße Stufe. · Du fühlst dich schwerelos, · befreit · und glücklich.

Gehe nun · auf die neunte · makellos weiße Stufe. · Dein Geist · ist offen · und wach.

Nun · gehe auf die zehnte · makellos weiße Stufe. · Du spürst die Liebe · und die schützende Kraft der Engel · an deiner Seite.

Betritt nun · die elfte · makellos weiße Stufe. · Atme · diese heilende · weiße Lichtenergie · tief ein · und lass sie in jede Zelle · deines Körpers fließen.

Jetzt · gehe auf die zwölfte · makellos weiße Stufe. · Fühle die Energie · der Vollendung · und der Vollkommenheit · auf dieser Lichtstufe.

Du bist nun · vor dem goldenen Portal · des Tempels der Erkenntnis angekommen. ··· Während sich das Portal sanft öffnet, · spürst du · die liebende, · kraftvolle · und klärende Energie · Gabriels, · des Engels · der Verkündung · und der Erkenntnis. ··· Dein Schutzengel nimmt dich lächelnd an die Hand · und führt dich · in den Tempel der Erkenntnis hinein.

Du stehst nun · in einer himmlischen, · lichtdurchfluteten Felsengrotte. · Schau, · wie es glitzert und funkelt, · wohin du auch schaust. · Die Felswände · sind geschmückt mit unzähligen · leuchtenden Edelsteinen · in allen Größen und Formen. · Du erkennst leuchtende Rubine, · roten Jaspis, · funkelnde Sonnensteine, · orangefarbenen Karneol, · glitzernde Citrine, · Bernstein, · Smaragde, · grünen glänzenden Peridot, · Rosenquarz, · Türkis, · hellblauen Chalcedon, · gold gesprenkelten Lapislazuli, · dunkel- und hellvioletten Amethyst, · Friedensachat · und strahlende Diamanten. ··· Es ist herrlich anzuschauen. · Du bist ganz entspannt, · fühlst dich wohl · und geborgen.

In der Mitte der Grotte · entdeckst du · einen wunderschönen achteckigen Brunnen, · aus dem · kristallklares Wasser · kaskadenförmig plätschert. · Neben dem Brunnen · erblickst du Gabriel, · den Engel der Verkündung ·

und der Erkenntnis. · Er schaut dich liebevoll · und weise an. · Geh auf ihn zu · und begrüße ihn freundlich.

Gabriel erklärt dir:

> *Habe keine Angst, · dich der Wirklichkeit · deines Herzens zu stellen. · Wahrheit · bringt dir Klarheit. · Auf die Klarheit · folgt die Erkenntnis. · Die Erkenntnis · bringt dir Freiheit. · Die Freiheit · öffnet dir neue Türen. · Hinter diesen Türen · warten neue Chancen · und neue Möglichkeiten auf dich.*

Um den achteckigen Brunnen herum · liegen wunderschöne · farbige Sitzkissen. · Setze dich auf eines dieser Kissen · und genieße das Beisammensein · mit Gabriel. ··· Wenn du magst, · kannst du ihm eine Frage stellen · oder ihn um Rat bitten.

Kurze Pause   *(Erwachsene 5 bis 20 Minuten.)*
Ganz allmählich · kommt nun der Augenblick, · da du zurückkehren musst. · Gabriel verabschiedet sich von dir:

> *Lebe · in Übereinstimmung · mit deinem Herzen! · In dem Augenblick, · in dem du eine klare Entscheidung triffst, · öffnen sich dir neue Türen. · Die Wahrhaftigkeit · macht dich frei.*

Mit einer liebevollen Umarmung · und voller Vertrauen in deinen Lebensweg · bedankst du dich jetzt bei Gabriel · und verabschiedest dich für heute · von ihm.

Dein Schutzengel · nimmt dich lächelnd an die Hand · und führt dich den Weg zurück, · durch das goldene Portal · auf die zwölfte Stufe · der makellos weißen Treppe. · Die Energie der Liebe · und der Erkenntnis · begleiten dich.

Gehe nun langsam · die weißen Stufen hinunter. · Betritt die elfte Stufe, ··· dann die zehnte Stufe, ··· die neunte Stufe, ··· die achte Stufe, ··· gehe weiter auf die siebte Stufe, ··· die sechste Stufe, ··· weiter zur fünften, ··· auf die vierte Stufe, ··· die dritte Stufe, ··· nun betritt die zweite Stufe ··· und dann die erste Stufe. ··· Gehe jetzt · von der ersten Stufe hinunter · auf den Boden.

Während du jetzt · den Weg zurückgehst, · den du gekommen bist, · schließen die Engel · hinter dir · die farbigen Türen.

Du gehst durch die weiße Türe, · und der Engel · in dem makellos weißen Gewand · schließt hinter dir · die weiße Türe.

Gehe nun · durch die violette Türe. · Der Engel · in dem glitzernden violetten Gewand · schließt hinter dir · die violette Türe.

Gehe durch die königsblaue Türe. · Der strahlende Engel · in dem königsblauen Gewand · schließt hinter dir · die königsblaue Türe.

Nun · gehe durch die hellblaue Türe. · Der Engel · in dem hellblau und gold flimmernden Gewand · schließt hinter dir · die hellblaue Türe.

Gehe jetzt · durch die grüne Türe. · Der Engel · in dem

grün, rosa und gold glitzernden Gewand · schließt hinter dir · die grüne Türe.

Du gehst jetzt · durch die goldgelbe Türe. · Der liebliche Engel · in dem goldgelben Gewand · schließt hinter dir · die goldgelbe Türe.

Nun gehst du · durch die orange Türe. · Der Engel · in dem strahlend orangefarbenen Gewand · schließt hinter dir · die orange Türe.

Zum Schluss · gehst du durch die rote Türe. · Der Engel · in dem glitzernden roten Gewand · schließt hinter dir · die rote Türe.

Dein Schutzengel · führt dich jetzt · durch die Blumen-hecke · auf deine Wiese. · Hinter euch · schließt sich auf wundersame Weise · die Blumenhecke. ··· Du fühlst dich kraftvoll · und ausgeglichen. ··· Glücklich · und zufrieden · schaust du deinen Schutzengel lachend an · und bist nun bereit, · zurückzukommen · in deinen Tag.

Ausklang

Atme nun tief ein · und aus. ··· Du spürst, · wie du lang-sam wacher wirst · und in deinen Alltag · zurückkehrst. ··· Atme noch einmal tief ein · und aus. · Du spürst nun wie-der deinen Körper, ··· deine Arme ··· und deine Beine. ··· Atme noch einmal tief ein · und aus. · Bewege langsam dei-ne Arme, ··· deine Hände, ··· deine Beine, ··· recke · und strecke dich, · öffne langsam deine Augen · und kehre fröh-lich · und ausgeruht · zurück in deinen Tag.

Michael

Wer ist Michael?
Sein Name bedeutet »Wer ist wie Gott?«.
Michael ist der Engelfürst der Barmherzigkeit
und des Friedens. Er ist der Führer der Seelen
auf dem Weg in die Ewigkeit.

Nur wer mit sich selbst in Frieden lebt, kann auch nach außen
hin Frieden schaffen. Frieden beinhaltet Liebe, Freundschaft, Kom-
promissbereitschaft, Schutz und Respekt. Barmherzigkeit bedeutet,
zärtlich und voller Mitgefühl mit sich selbst und seinen Nächsten
umzugehen.

Einklang

Lege dich ganz entspannt hin, · strecke die Beine aus · und
lass die Füße · langsam nach außen fallen. ··· Deine Arme ·
ruhen locker und gelassen · an deiner Seite. · Schließe deine Augen · und atme ruhig ein · und aus. · Spüre, · wie du
mit jedem Atemzug · ruhiger wirst. · Bei jedem Ausatmen ·
lässt du von allem los, · was dich bisher · noch beschäftigt
hat. ··· Lass deine Gedanken ziehen · wie kleine weiße Wolken · am sonnigen Himmel. ··· Der Druck · in deinem Inneren · wird leichter · und fließt mit dem Ausatmen · davon. ··· Beim Einatmen · atmest du Leichtigkeit · und Freiheit ein, · die dir den Weg · in die tiefe Ruhe · deines Inneren · erleichtern. ··· Du fühlst dich ruhig · und zufrieden, ·
bist völlig entspannt. ··· Nun · kannst du mit deiner Fantasie · in das Reich · der Engel reisen.

Meditation

Stell dir vor, · du befindest dich an einem wunderschönen Strand. · Es ist ein angenehm · warmer Sommertag. · Das Meer · glitzert und funkelt · in der strahlenden goldenen Sonne. · Der Himmel · strahlt in seinem himmlischsten Blau.

Du spürst · das liebevolle Streicheln · der Sonnenstrahlen auf deiner Haut, · und der Wind · weht zärtlich · durch dein Haar. ··· Du bist ganz entspannt, · fühlst dich wohl · und geborgen.

Zu deiner rechten Seite · siehst du · auf einer Felsenklippe · eine kleine alte, · weiß gestrichene Kirche. ··· Durch die klare sonnige Luft · gleitet eine weiße Taube, · um sich vor der Kirchentüre · niederzulassen. ··· Während du die Taube beobachtest, · spürst du, · wie dein Schutzengel neben dich tritt. · Es ist ein wohliges Gefühl, · seine Liebe, · seine Nähe · und sein Vertrauen in dich · zu spüren. · Begrüße ihn · und genieße · seine liebevolle Umarmung.

Heute · möchte dein Schutzengel · dich auf eine ganz besondere Reise mitnehmen. · Er möchte dir · Michael, · den Engelfürsten des Friedens · und der Barmherzigkeit, · vorstellen. ··· Du freust dich sehr · und fühlst, · dass ein himmlisches Abenteuer · auf dich wartet. ··· Begleitet von deinem Schutzengel, · gehst du den kurzen Weg · zu der kleinen weißen Kirche. ··· Vor der Kirchentüre · erwartet dich · ein alter, weiser Mönch, · der jetzt · die Türe für dich öffnet. ··· Heute ist dein Tag. · Nur du · darfst jetzt · in Begleitung deines Schutzengels · diesen heiligen Ort betreten.

Während du die Kirche betrittst, · hörst du · die lieblichen

Stimmen · eines wundervollen Engelchores. · Dir wird ganz warm ums Herz. · Du fühlst dich geliebt · und geborgen.

In dem Mittelgang der Kirche · stehen sieben große Kerzenständer · mit sieben · großen farbigen Kerzen darauf. · Sieben prachtvolle Engel · in farbenprächtigen Gewändern · stehen freudestrahlend · neben den Kerzenständern. · Während du den Mittelgang entlanggehst, · zünden sie · die bunten Kerzen · nacheinander · für dich an.

Neben dem ersten Kerzenständer · steht ein Engel · in einem roten glitzernden Gewand. · Er lächelt dir zu · und zündet jetzt · eine rote Kerze für dich an. · Sie erstrahlt · in einem sanften, · Kraft bringenden roten Licht. · Dieses Licht · gibt dir Kraft, · Mut · und verbindet dich mit der Erde. · Die Luft um dich herum · leuchtet nun · ebenfalls · in diesem roten Licht. · Atme · diese heilende · rote Farbenergie · tief ein · und lass sie beim Ausatmen · durch dein Wurzelchakra · hinausfließen.

Neben dem nächsten Kerzenständer · steht ein Engel · in einem strahlend orangefarbenen Gewand. · Er schaut dich mit sanften Augen an · und zündet jetzt · eine orange Kerze für dich an. · Sie erstrahlt · in einem leuchtend orangefarbenen Licht. · Dieses Licht · gibt dir Leidenschaft, · Heiterkeit · und zaubert ein Lächeln · auf dein Gesicht. · Die Luft um dich herum · leuchtet nun · ebenfalls · in diesem orangen Licht. · Atme · diese heilende · orange Farbenergie · tief ein · und lass sie beim Ausatmen · durch dein Sakralchakra · hinausfließen.

Neben dem dritten Kerzenständer · steht ein lieblicher Engel · in einem goldgelben Gewand. · Er zwinkert dir lustig zu · und zündet jetzt · eine goldgelbe Kerze für dich an. · Sie erstrahlt · in einem Vertrauen bringenden · goldgelben Licht. · Dieses Licht · gibt dir Fröhlichkeit, · Lebensfreude · und Selbstvertrauen. · Die Luft um dich herum · leuchtet nun · ebenfalls · in diesem goldgelben Licht. · Atme · diese heilende · goldgelbe Farbenergie · tief ein · und lass sie beim Ausatmen · durch dein Solarplexus-Chakra · hinausfließen.

Neben dem vierten Kerzenständer · steht ein Engel · in einem grün, rosa und gold glitzernden Gewand. · Er lächelt dir liebevoll zu · und zündet jetzt · eine grüne Kerze für dich an. · Sie erstrahlt · in einem heilenden grünen Licht. · Dieses Licht · bringt dir Heilung, · spirituelles Wachstum · und inneres Gleichgewicht. · Die Luft um dich herum · leuchtet nun · ebenfalls · in diesem grünen Licht. · Atme · diese heilende · grüne Farbenergie · tief ein · und lass sie beim Ausatmen · durch dein Herzchakra · hinausfließen.

Neben dem fünften Kerzenständer · steht ein Engel · in einem hellblau und gold flimmernden Gewand. · Er zündet jetzt · eine hellblaue Kerze für dich an. · Sie erstrahlt · in einem himmlisch blauen Licht. · Dieses Licht · bringt dir die richtigen Worte · zur rechten Zeit · auf deine Lippen. · Die Luft um dich herum · leuchtet nun · ebenfalls · in diesem hellblauen Licht. · Atme · diese heilende · hellblaue Farbenergie · tief ein · und lass sie beim Ausatmen · durch dein Hals-Chakra · hinausfließen.

Neben dem sechsten Kerzenständer · steht ein strahlender
Engel · in einem königsblauen Gewand. · Eure Blicke treffen sich, · und du fühlst · seine tiefe Verbundenheit · mit
dir. · Er zündet jetzt · eine königsblaue Kerze für dich an. ·
Sie erstrahlt · in einem schützenden königsblauen Licht. ·
Dieses Licht · bringt dir innere Ruhe, · Schutz · und stärkt
deine Intuition. · Die Luft um dich herum · leuchtet nun ·
ebenfalls · in diesem königsblauen Licht. · Atme · diese heilende · königsblaue Farbenergie · tief ein · und lass sie beim
Ausatmen · durch dein Stirnchakra · hinausfließen.

Neben dem siebten Kerzenständer · steht ein lächelnder
Engel · in einem glitzernden violetten Gewand. · Er zündet nun · eine violette Kerze für dich an. · Sie erstrahlt · in
einem Frieden bringenden violetten Licht. · Dieses Licht ·
bringt dir inneren Frieden, · stärkt deinen Glauben · und
erhellt deine Spiritualität. · Die Luft um dich herum · leuchtet nun · ebenfalls · in diesem violetten Licht. · Atme · diese
heilende · violette Farbenergie · tief ein · und lass sie beim
Ausatmen · durch dein Stirnchakra · hinausfließen.

Gemeinsam mit deinem Schutzengel · stehst du nun · vor
einem wunderschönen alten Altar. · Auf dem Altar · stehen
zwei große weiße Kerzen. · Rechts und links · neben diesen
Kerzen · stehen zwei Engel · in makellos weißen Gewändern. · Sie schauen dich liebevoll · und weise an. · Die erste
weiße Kerze · zünden sie nun · für dich an. · Die zweite weiße Kerze · zünden sie · mit der »Flamme des Friedens« · für
alle Menschen an. · Das Licht · dieser Kerzen · bringt dir ·

und allen Menschen · allumfassende Ruhe, · allumfassende Sicherheit · und allumfassenden Frieden. · Die Luft um dich herum · leuchtet nun · ebenfalls · in diesem weißen Licht. · Atme · diese heilende · weiße Farbenergie · tief ein · und lass sie beim Ausatmen · durch dein Kronenchakra · hinausfließen. ··· Durch das weiße Licht · bist du mit der göttlichen Quelle · allen Lebens verbunden.

Schau, · die gesamte Kirche · erstrahlt in dem bunten Licht · der angezündeten Kerzen. · Dein Schutzengel macht eine Handbewegung, · und hinter dem Altar · wird eine strahlend weiße Lichttüre sichtbar, · die eine leuchtende · makellos weiße Treppe freigibt, · die dich · zum Tempel des Friedens und der Barmherzigkeit führt.

Begleitet von deinem Schutzengel · gehst du · durch die Lichttüre · und betrittst jetzt · die erste · makellos weiße Stufe · der leuchtenden Treppe. · Das Licht um dich herum · wird noch strahlender. · Du fühlst, · dass dich am Ende dieser Treppe · etwas unbeschreiblich Wundervolles erwartet.

Betritt nun · die zweite · makellos weiße Stufe. · Schau nicht zurück. · Die Vergangenheit · ist vergangen, · nur das Jetzt zählt.

Gehe auf die dritte · makellos weiße Stufe. · Du spürst, · wie dein Vertrauen · immer stärker wird.

Nun · betritt die vierte · makellos weiße Stufe. · Lass alles los, · was dich bis jetzt noch belastet hat. · Atme Frieden und Leichtigkeit ein · und beim Ausatmen · lass alle Sorgen los, · lass alles Schwere · aus dir herausfließen · in das weiße Licht · der Reinigung · und der Heilung.

Betritt nun · die fünfte · makellos weiße Stufe. · Du bist ganz entspannt, · fühlst dich wohl · und geborgen.

Betritt jetzt · die sechste · makellos weiße Stufe. · Das Licht um dich herum · wird immer strahlender. · Du fühlst dich getragen · und bedingungslos geliebt.

Betritt nun · die siebte · makellos weiße Stufe. · Genieße · diese himmlische · heilende Energie, · die überall · um dich herum ist.

Nun · gehe auf die achte · makellos weiße Stufe. · Du fühlst dich schwerelos, · befreit · und glücklich.

Gehe nun · auf die neunte · makellos weiße Stufe. · Dein Geist · ist offen · und wach.

Nun · gehe auf die zehnte · makellos weiße Stufe. · Du spürst die Liebe · und die schützende Kraft der Engel · an deiner Seite.

Betritt nun · die elfte · makellos weiße Stufe. · Atme · diese heilende · weiße Lichtenergie · tief ein · und lass sie in jede Zelle · deines Körpers fließen.

Jetzt · gehe auf die zwölfte · makellos weiße Stufe. · Fühle die Energie · der Vollendung · und der Vollkommenheit · auf dieser Lichtstufe.

Du bist nun · vor der goldenen Türe · zum Tempel des Friedens angekommen. · Während sich die Türe sanft öffnet, · spürst du · die liebende, · barmherzige, · kraftvolle · und Frieden bringende Energie · des Engelfürsten Michael. ··· Dein Schutzengel nimmt dich lächelnd an die Hand, · und gemeinsam · betretet ihr den Tempel des Friedens.

Der große weiße Saal des Friedens · ist hell erleuchtet · von dem Licht · unzähliger strahlender Kerzen. · Sehr viele Engel · sowie Vertreter aller Religionen · und Nationen · sitzen friedlich im Kreis. · Sie singen · und beten · gemeinsam für den Frieden. · Sie beten darum, · dass die göttliche Flamme der Liebe · und des Friedens · in den Herzen aller Menschen · wächst und gedeiht, · sodass die Menschen · die Liebe · und den Frieden leben.

Ein kraftvoller, · majestätischer Engel · kommt strahlend auf dich zu. · Er ist der Engelfürst des Friedens · und der Barmherzigkeit. · Michael · ist eingeweiht · in die tiefsten Geheimnisse. · Er kennt die verborgenen Schlachtfelder der Seelen · und führt sie · auf dem Weg · in die Ewigkeit. · Er weiß auch · um die tieferen Zusammenhänge · deines Lebens. · Liebevoll · und weise · schaut er dich an. · Gehe auf ihn zu · und begrüße ihn freundlich.

Michael führt dich hinaus · in den Garten des Friedens. · In diesem Garten · funkelt und leuchtet alles · in den himmlischsten Farben. · Alle Pflanzen sind prachtvoll gewachsen, · und die Blumen · glitzern in den schönsten Farben, · die du jemals gesehen hast. · Die Sonne scheint golden · und gelb vom Himmel herab. · Ein leuchtender Regenbogen · strahlt am hellblauen und perlmuttfarbenen Himmelszelt.

Alle Lebewesen · in diesem paradiesischen Garten · sind friedvoll, · glücklich · und voller Liebe zueinander. · ··· Du bist ganz entspannt, · fühlst dich wohl · und geborgen.

Michael erklärt dir:

D̲ie Menschen müssen offen · und ehrlich · miteinander sprechen, · damit Frieden entstehen kann. · Gefühle, · die nicht ausgesprochen werden, · trennen euch voneinander. · Friede · beinhaltet Liebe, · Freundschaft, · Schutz, · Kompromissbereitschaft · und Respekt. · Nur wer ehrlich · mit seinen eigenen Gefühlen umgeht, · sich selbst · und seine Gefühle respektiert und schützt, · für sich selbst Kompromisse eingehen kann · und dadurch · mit sich selbst im Frieden lebt, · nur der Mensch · kann auch nach außen hin · Frieden erschaffen.

Michael · nimmt dich an die Hand · und führt dich zu einem sehr alten · kraftvollen, · heilenden Baum. · Setze dich vertrauensvoll · in das weiche Gras unter dem Baum · und lass dich · durch die liebevolle, · Frieden bringende Energie · Michaels heilen. ··· Wenn du magst, · kannst du ihm eine Frage stellen · oder ihn um Rat bitten.

Kurze Pause   *(Erwachsene 5 bis 20 Minuten.)*
Ganz allmählich · kommt nun der Augenblick, · da du zurückkehren musst.

Während Michael dich zum Tempel zurückführt, erklärt er dir:

W̲enn du in der Lage bist, · barmherzig mit dir selbst umzugehen, · kannst du deinem Nächsten · voller Zärtlichkeit · und Mitgefühl begegnen, · ohne · von ihm etwas zu erwarten. · Er kann dann · deine Hilfe annehmen, ·

ohne ein schlechtes Gewissen zu bekommen. · Barmherzigkeit bedeutet, · zärtlich · und voll Mitgefühl · mit sich selbst · und seinen Nächsten umzugehen.

Mit einer liebevollen Umarmung · bedankst du dich bei Michael · und verabschiedest dich · für heute von ihm.

Dein Schutzengel · nimmt dich lächelnd an die Hand · und führt dich den Weg zurück, · durch die goldene Türe · auf die zwölfte Stufe · der makellos weißen Treppe.

Gehe nun langsam · die weißen Stufen hinunter. · Betritt die elfte Stufe, ··· dann betritt die zehnte Stufe, ··· die neunte Stufe, ··· die achte Stufe, ··· gehe weiter auf die siebte Stufe, ··· die sechste Stufe, ··· weiter zur fünften Stufe, ··· auf die vierte Stufe, ··· die dritte Stufe, ··· nun betritt die zweite Stufe ··· und die erste Stufe. ··· Betritt nun den Boden der Kirche.

Begleitet von deinem Schutzengel · gehst du · durch die Lichttüre hindurch · vor den Altar. ··· Dein Schutzengel macht eine Handbewegung, · und die Lichttüre · wird wieder unsichtbar für dich. ··· Auf dem Altar · stehen die beiden großen weißen Kerzen. · Die Engel · in den makellos weißen Gewändern · löschen jetzt · die erste · der beiden weißen Kerzen. · Die zweite Kerze, · die Friedenskerze für alle Menschen, · brennt unter ihrem Schutz weiter.

Während du den Mittelgang zurückgehst, · löschen die Engel · nacheinander · die Kerzen.

Der Engel · in dem glitzernden violetten Gewand · löscht jetzt · die violette Kerze.

Der strahlende Engel · in dem königsblauen Gewand · löscht jetzt · die königsblaue Kerze.

Der Engel · in dem hellblau und gold flimmernden Gewand · löscht jetzt · die hellblaue Kerze.

Der Engel · in dem grün, rosa und gold flimmernden Gewand · löscht jetzt · die grüne Kerze.

Der Engel · in dem goldgelben Gewand · löscht jetzt · die goldgelbe Kerze.

Der Engel · in dem strahlend orangefarbenen Gewand · löscht jetzt · die orange Kerze.

Zum Schluss · löscht der Engel in dem rot glitzernden Gewand · die rote Kerze.

Lächelnd · winken dir die Engel · zum Abschied zu. ··· Hand in Hand · gehst du mit deinem Schutzengel · durch die Kirchentüre hinaus · den Weg zurück · an deinen Strand. ··· Der alte Mönch · zwinkert dir freundlich zu · und schließt hinter dir · die Kirchentüre. · Glücklich · und zufrieden · bist du nun bereit, · zurückzukommen · in deinen Tag.

Ausklang

Atme nun tief ein · und aus. ··· Du spürst, · wie du langsam wacher wirst · und in deinen Alltag · zurückkehrst. ··· Atme noch einmal tief ein · und aus. · Du spürst nun wieder deinen Körper, ··· deine Arme ··· und deine Beine. ··· Atme noch einmal tief ein · und aus. · Bewege langsam deine Arme, ··· deine Hände, ··· deine Beine, ··· recke · und strecke dich, · öffne langsam deine Augen · und kehre fröhlich · und ausgeruht · zurück in deinen Tag.

Raphael

Wer ist Raphael?
Sein Name bedeutet »Gott heilt«.
Raphael ist der Engel der Wunderheilungen.
Er bringt die Gebete der Menschen vor Gott.

Eine der wichtigsten Voraussetzungen für eine Wunderheilung ist der Glaube an die Liebe Gottes. Wenn du nicht an die Macht und die Gnade der Liebe glaubst, wie soll dann das Wunder der Heilung geschehen? Öffne vertrauensvoll deine Seele, um das Licht und die Liebe Gottes einzulassen. Im Licht der Liebe ist alles möglich! Wenn die Seele bereit ist, können Wunder geschehen!

Einklang

Lege dich ganz entspannt hin, · strecke die Beine aus · und lass die Füße · langsam nach außen fallen. ··· Deine Arme · ruhen locker und gelassen · an deiner Seite. · Schließe deine Augen · und atme ruhig ein · und aus. · Spüre, wie du mit jedem Atemzug · ruhiger wirst. · Bei jedem Ausatmen · lässt du von allem los, · was dich bisher · noch beschäftigt hat. ··· Lass deine Gedanken ziehen · wie kleine weiße Wolken · am sonnigen Himmel. ··· Der Druck · in deinem Inneren · wird leichter · und fließt mit dem Ausatmen · davon. ··· Beim Einatmen · atmest du Leichtigkeit · und Freiheit ein, · die dir den Weg · in die tiefe Ruhe · deines Inneren · erleichtern. ··· Du fühlst dich ruhig · und zufrieden, · bist völlig entspannt. ··· Nun · kannst du mit deiner Fantasie · in das Reich · der Engel reisen.

Meditation

Stell dir vor, · du befindest dich auf einer wunderschönen Alm. · Es ist ein angenehm · warmer Frühlingstag. · Die Sonne scheint golden, · die Luft ist klar und rein. · Kleine Schäfchenwolken · wandern ruhig · am strahlend blauen Himmel. ··· Du kannst den Duft · der Frühlingskräuter riechen. · Du bist ganz entspannt, · fühlst dich wohl · und geborgen.

Oberhalb der Bergwiese · siehst du das Gebirge. · Große und kleine Gämsen · springen über die blühenden Frühlingssträucher · und klettern geschickt an den Felswänden empor. · Zu deiner rechten Seite · erblickst du einen schmalen Bergpfad, · der zu dem schneebedeckten Berggipfel führt.

Während du den Weg betrachtest, · spürst du, · wie dein Schutzengel neben dich tritt. · Es ist ein wohliges Gefühl, · seine Liebe, · seine Nähe · und sein Vertrauen in dich · zu spüren. · Begrüße ihn · und genieße · seine liebevolle Umarmung.

Heute · möchte dein Schutzengel · dich auf eine ganz besondere Reise mitnehmen. · Er möchte dir Raphael, · den Engel der wunderhaften Heilungen, · vorstellen. ··· Du freust dich sehr · und fühlst, · dass ein Abenteuer voller Wunder · auf dich wartet. ··· Begleitet von deinem Schutzengel · folgst du dem Bergpfad · in die Richtung des Berggipfels. · Nach ein paar Schritten · macht dein Schutzengel eine Handbewegung, · und am Wegesrand · werden acht prachtvolle Engel · in strahlenden · farbigen Gewändern · für dich sichtbar. · In ihren zierlichen Händen · tragen sie

acht bunte Kerzen, · die sie nacheinander · für dich anzünden.

Gehe auf den ersten Engel zu. · Er trägt ein rotes glitzerndes
Gewand, · lächelt dir liebevoll zu · und zündet jetzt · eine
rote Kerze für dich an. · Ein sanftes, · Kraft bringendes · rotes Licht erstrahlt. · Dieses Licht · gibt dir Kraft, · Mut · und
verbindet dich mit der Erde. · Die Luft um dich herum ·
leuchtet nun · ebenfalls · in diesem roten Licht. · Atme ·
diese heilende · rote Farbenergie · tief ein · und lass sie
beim Ausatmen · durch dein Wurzelchakra · hinausfließen.

Du gehst drei Schritte ··· und stehst nun · vor einem Engel ·
in einem strahlend orangefarbenen Gewand. · Er schaut
dich mit sanften Augen an · und zündet jetzt · eine orange
Kerze für dich an. · Sie erstrahlt · in einem leuchtend orangefarbenen Licht. · Dieses Licht · gibt dir Leidenschaft, ·
Heiterkeit · und zaubert ein Lächeln · auf dein Gesicht. ·
Die Luft um dich herum · leuchtet nun · ebenfalls · in diesem orangen Licht. · Atme · diese heilende · orange Farbenergie · tief ein · und lass sie beim Ausatmen · durch dein
Sakralchakra · hinausfließen.

Gehe weitere drei Schritte. ··· Du stehst nun · vor einem
lieblichen Engel · in einem goldgelben Gewand. · Er zwinkert dir lustig zu · und zündet jetzt · eine goldgelbe Kerze
für dich an. · Sie erstrahlt · in einem Vertrauen bringenden · goldgelben Licht. · Dieses Licht · gibt dir Lebensfreude, · Fröhlichkeit · und Selbstvertrauen. · Die Luft um dich

herum · leuchtet nun · ebenfalls · in diesem goldgelben Licht. · Atme · diese heilende · goldgelbe Farbenergie · tief ein · und lass sie beim Ausatmen · durch dein Solarplexus-Chakra · hinausfließen.

Nach weiteren drei Schritten ··· stehst du vor einem Engel · in einem grün, rosa und gold glitzernden Gewand. · Er lächelt dir liebevoll zu · und zündet jetzt · eine grüne Kerze für dich an. · Sie erstrahlt · in einem heilenden grünen Licht. · Dieses Licht · bringt dir Heilung, · spirituelles Wachstum · und inneres Gleichgewicht. · Die Luft um dich herum · leuchtet nun · ebenfalls · in diesem grünen Licht. · Atme · diese heilende · grüne Farbenergie · tief ein · und lass sie beim Ausatmen · durch dein Herzchakra · hinausfließen.

Du gehst weitere drei Schritte ··· und stehst nun · vor einem lächelnden Engel · in einem hellblau und gold flimmernden Gewand. · Er zündet jetzt · eine hellblaue Kerze für dich an. · Sie erstrahlt · in einem himmlisch blauen Licht. · Dieses Licht · bringt dir die richtigen Worte · zur rechten Zeit · auf deine Lippen. · Die Luft um dich herum · leuchtet nun · ebenfalls · in diesem hellblauen Licht. · Atme · diese heilende · hellblaue Farbenergie · tief ein · und lass sie beim Ausatmen · durch dein Hals-Chakra · hinausfließen.

Gehe noch einmal drei Schritte. ··· Du stehst nun · vor einem strahlenden Engel · in einem königsblauen Gewand. · Eure Blicke treffen sich, · und du fühlst · seine tiefe Verbun-

denheit mit dir. · Er zündet jetzt · eine königsblaue Kerze
für dich an. · Sie erstrahlt · in einem beschützenden königsblauen Licht. · Dieses Licht · bringt dir innere Ruhe, ·
Schutz · und stärkt deine Intuition. · Die Luft um dich herum · leuchtet nun · ebenfalls · in diesem königsblauen
Licht. · Atme · diese heilende · königsblaue Farbenergie ·
tief ein · und lass sie beim Ausatmen · durch dein Stirnchakra · hinausfließen.

Du gehst weitere drei Schritte · und stehst nun · vor einem
liebevoll lächelnden Engel · in einem glitzernden violetten Gewand. · Er zündet jetzt · eine violette Kerze für dich
an. · Sie erstrahlt · in einem Frieden bringenden violetten
Licht. · Dieses Licht · bringt dir inneren Frieden, · es stärkt
deinen Glauben · und erhellt deine Spiritualität. · Die Luft
um dich herum · leuchtet nun · ebenfalls · in diesem violetten Licht. · Atme · diese heilende · violette Farbenergie · tief
ein · und lass sie beim Ausatmen · durch dein Stirnchakra ·
hinausfließen.

Gehe noch einmal drei Schritte. · Nun · stehst du vor einem
prachtvollen Engel · in einem makellos weißen Gewand. ·
Er zündet jetzt · eine große weiße Kerze für dich an. · Sie
erstrahlt · in einem makellos weißen Licht. · Dieses Licht ·
bringt dir allumfassenden Frieden, · allumfassende Ruhe ·
und allumfassende Sicherheit. · Die Luft um dich herum ·
leuchtet nun · ebenfalls · in diesem weißen Licht. · Atme ·
diese heilende · weiße Farbenergie · tief ein · und lass sie
beim Ausatmen · durch dein Kronenchakra · hinausflie-

ßen. ··· Durch das weiße Licht · bist du mit der göttlichen Quelle · allen Lebens verbunden!

Der Engel · in dem makellos weißen Gewand · zündet jetzt · noch eine große goldene Kerze an. · Das Licht dieser Kerze · erhellt den verborgenen Weg · zu der leuchtenden weißen Treppe, · die dich zum Tempel der Wunderheilungen führt. ··· Begleitet von deinem Schutzengel · gehst du den kurzen Weg · zu der weißen Treppe.

Betritt nun · die erste · makellos weiße Stufe · der leuchtenden Treppe. · Das Licht um dich herum · wird noch strahlender. · Du fühlst, · dass dich am Ende dieser Treppe · etwas unbeschreiblich Wundervolles erwartet.

Betritt nun · die zweite · makellos weiße Stufe. · Schau nicht zurück. · Die Vergangenheit · ist vergangen, · nur das Jetzt zählt.

Gehe auf die dritte · makellos weiße Stufe. · Du spürst, · wie dein Vertrauen · immer stärker wird.

Nun · betritt die vierte · makellos weiße Stufe. · Lass alles los, · was dich bis jetzt noch belastet hat. · Atme Frieden · und Leichtigkeit ein · und beim Ausatmen · lass alle Sorgen los, · lass alles Schwere · aus dir herausfließen · in das weiße Licht · der Reinigung · und der Heilung.

Betritt nun · die fünfte · makellos weiße Stufe. · Du bist ganz entspannt, · fühlst dich wohl · und geborgen.

Betritt jetzt · die sechste · makellos weiße Stufe. · Das Licht um dich herum · wird immer strahlender. · Du fühlst dich getragen · und bedingungslos geliebt.

Betritt nun · die siebte · makellos weiße Stufe. · Genieße · die himmlische, · heilende Energie, · die · um dich herum ist.

Nun · gehe auf die achte · makellos weiße Stufe. · Du fühlst dich schwerelos, · befreit · und glücklich.

Gehe nun · auf die neunte · makellos weiße Stufe. · Dein Geist · ist offen · und wach.

Nun · gehe auf die zehnte · makellos weiße Stufe. · Du spürst die Liebe · und die schützende Kraft der Engel · an deiner Seite.

Betritt nun · die elfte · makellos weiße Stufe. · Atme · diese heilende · weiße Lichtenergie · tief ein · und lass sie in jede Zelle · deines Körpers fließen.

Jetzt · gehe auf die zwölfte, · makellos weiße Stufe. · Fühle die Energie · der Vollendung · und der Vollkommenheit · auf dieser Lichtstufe.

Du bist jetzt · vor dem goldenen Tor · des Tempels der Heilungswunder · angekommen. Während sich das Tor sanft öffnet, · spürst du · die liebende · kraftvolle · und heilende Energie, · Raphael, · den Engel der wunderhaften Heilungen.

Dein Schutzengel nimmt dich lächelnd an die Hand, · und gemeinsam · betretet ihr den Tempel der Wunderheilungen. ··· Du stehst nun · in einem sehr großen, · runden Saal · und siehst unzählige Türen, · die in verschiedene Heilungsräume führen. ··· Vor jeder dieser Türen · steht ein prachtvoller Engel, · der im Gebet · die verschiedenen Heilungsformen unterstützt.

Es gibt den Heilungsraum des Gebetes, · den Heilungsraum des Glaubens, · den Heilungsraum der Homöopathie, · den Heilungsraum der Kräuter und der Pflanzen, ·

den Heilungsraum der Farben, · den Heilungsraum der Töne, · den Heilungsraum der Worte, · den Heilungsraum der Schulmedizin, · den Heilungsraum der Liebe · und noch viele Heilungsräume mehr. · An vielen Heilungsräumen stehen Therapieformen, · die du noch nie gehört hast. · In jedem dieser Räume · ist das Wunder der Heilung möglich.

In der Mitte des großen runden Saales · steht eine Pyramide aus Licht. · Vor der Lichtpyramide · erblickst du Raphael, · den Engel der wunderhaften Heilungen. · Er schaut dich liebevoll · und weise an. · Geh auf ihn zu · und begrüße ihn freundlich.

Raphael erklärt dir:

Eine · der wichtigsten Voraussetzungen · für ein Heilungswunder · ist der Glaube an die Liebe Gottes. · Wenn du nicht an die Macht · und die Gnade der Liebe glaubst, · wie soll dann das Wunder der Heilung geschehen? · Öffne vertrauensvoll · deine Seele, · um das Licht · und die Liebe Gottes einzulassen. · Im Licht der Liebe · ist alles möglich. · Wenn die Seele bereit ist, · können Wunder geschehen!

Im Inneren der Pyramide · befindet sich eine Liege · aus makellos weißem Licht. · Lege dich vertrauensvoll auf diese Liege, · sie wird dich sicher tragen.

Öffne dich · für das Wunder der Heilung. · Genieße · die liebevolle · und heilende Energie Raphaels.

Wenn du magst, · kannst du ihm eine Frage stellen · oder ihn um Rat bitten.

Kurze Pause   *(Erwachsene 5 bis 20 Minuten.)*

Ganz allmählich · kommt nun der Augenblick, · da du zurückkehren musst.

Raphael nimmt dich an die Hand · und geht mit dir auf eine Türe zu. · Auf dieser Türe · steht der Name einer Therapie, · einer Heilungsform, · die dir · oder einem Menschen, den du liebst, · weiterhelfen kann. · Nimm diese Information mit nach Hause, · bedanke dich · und verabschiede dich für heute · von Raphael. ··· Wenn du Raphaels Hilfe brauchst, · sprich in Gedanken zu ihm. · Seine Antwort · wird dich stets finden.

Dein Schutzengel · nimmt dich lächelnd an die Hand · und führt dich den Weg zurück, · durch das goldene Tor · auf die zwölfte Stufe · der makellos weißen Treppe. · Die Energie der Liebe, · der Heilung, · des Mutes, · der Kraft, · der Lebensfreude · und des Vertrauens · begleiten dich.

Gehe nun langsam · die weißen Stufen hinunter. · Betritt die elfte Stufe, ··· dann betritt die zehnte Stufe, ··· die neunte Stufe, ··· die achte Stufe, ··· gehe weiter auf die siebte Stufe, ··· die sechste Stufe, ··· weiter zur fünften Stufe, ··· auf die vierte Stufe, ··· die dritte Stufe, ··· nun betritt die zweite Stufe ··· und die erste Stufe. ··· Betritt jetzt · den Boden des Bergpfades.

Der prachtvolle Engel · in dem makellos weißen Gewand · löscht die große goldfarbene Kerze, · und der Weg · zu der leuchtenden weißen Treppe · wird wieder unsichtbar für dich.

Während du jetzt · den Weg zurückgehst, · zu deiner

Alm, · löschen die Engel · nacheinander · die bunten Kerzen.

Der prachtvolle Engel · in dem makellos weißen Gewand · löscht jetzt · die weiße Kerze.

Der Engel · in dem glitzernden violetten Gewand · löscht jetzt · die violette Kerze.

Der strahlende Engel · in dem königsblauen Gewand · löscht jetzt · die königsblaue Kerze.

Der Engel · in dem hellblau und gold flimmernden Gewand · löscht jetzt · die hellblaue Kerze.

Der Engel · in dem grün, rosa und gold glitzernden Gewand · löscht jetzt · die grüne Kerze.

Der Engel · in dem goldgelben Gewand · löscht jetzt · die goldgelbe Kerze.

Der Engel · in dem strahlend orangefarbenen Gewand · löscht jetzt · die orange Kerze.

Zum Schluss · löscht · der Engel in dem rot glitzernden Gewand · die rote Kerze.

Freudestrahlend · winken dir die Engel · zum Abschied zu. ··· Dein Schutzengel macht eine Handbewegung, · und die acht prachtvollen Engel · in ihren strahlenden farbigen Gewändern · werden wieder unsichtbar für dich. ··· Begleitet von deinem Schutzengel, · gehst du ein paar Schritte auf der Alm. ··· Glücklich · und entspannt, · bist du nun bereit, · zurückzukommen · in deinen Tag.

Ausklang

Atme nun tief ein · und aus. ··· Du spürst, · wie du langsam wacher wirst · und in deinen Alltag · zurückkehrst. ···
Atme noch einmal tief ein · und aus. · Du spürst nun wieder deinen Körper, ··· deine Arme ··· und deine Beine. ···
Atme noch einmal tief ein · und aus. · Bewege langsam deine Arme, ··· deine Hände, ··· deine Beine, ··· recke · und
strecke dich, · öffne langsam deine Augen · und kehre fröhlich · und ausgeruht · zurück in deinen Tag.

Uriel

Wer ist Uriel?
Sein Name bedeutet »Gott ist Licht«.
Jedes noch so kleine Licht vertreibt die Finsternis.
Es erhellt den Weg durch die Dunkelheit!

Sei ein Licht für andere und hilf, dass alle Menschen in deiner Nähe ihr Licht scheinen lassen, damit die Welt immer strahlender und heller wird.

Einklang

Lege dich ganz entspannt hin, · strecke die Beine aus · und lass die Füße · langsam nach außen fallen. ··· Deine Arme · ruhen locker und gelassen · an deiner Seite. · Schließe deine Augen · und atme ruhig ein · und aus. · Spüre, · wie du mit jedem Atemzug · ruhiger wirst. · Bei jedem Ausatmen · lässt du von allem los, · was dich bisher · noch beschäftigt hat. ··· Lass deine Gedanken ziehen · wie kleine weiße Wolken · am sonnigen Himmel. ··· Der Druck · in deinem Inneren · wird leichter · und fließt mit dem Ausatmen · davon. ··· Beim Einatmen · atmest du Leichtigkeit · und Freiheit ein, · die dir den Weg · in die tiefe Ruhe · deines Inneren · erleichtern. ··· Du fühlst dich ruhig · und zufrieden, · bist völlig entspannt. ··· Nun · kannst du mit deiner Fantasie · in das Reich · der Engel reisen.

Meditation

Stell dir vor, · du stehst auf einer wunderschönen Wiese. · Es ist eine angenehm warme, · sternenklare Sommernacht. · Millionen Sterne · funkeln am königsblauen Himmelszelt. · Der silberne Vollmond · strahlt leuchtend und hell · auf die Erde hinab.

Sanft · streichelt der Wind durch dein Haar. · Die Nachtigall · singt ein liebliches Lied für dich, · und leuchtende Glühwürmchen · tanzen in der klaren Luft dieser Sommernacht. ··· Du bist ganz entspannt, · fühlst dich wohl · und geborgen.

Während du den Tanz der Glühwürmchen beobachtest, · spürst du, · wie dein Schutzengel neben dich tritt. · Es ist ein wohliges Gefühl, · seine Liebe, · seine Nähe · und sein Vertrauen in dich · zu spüren. · Begrüße ihn · und genieße · seine liebevolle Umarmung.

Heute · möchte dein Schutzengel · dich auf eine ganz besondere Reise mitnehmen. · Er möchte dir · den Erzengel Uriel vorstellen. · Du freust dich sehr · und fühlst, · dass ein wundervolles Abenteuer auf dich wartet.

Dein Schutzengel nimmt dich an die Hand · und geht mit dir · auf eine Baumgruppe zu. · Diese Baumgruppe · besteht aus acht Tannenbäumen, · die einen großen Kreis bilden.

Du stehst nun · vor der ersten Tanne. · Dein Schutzengel macht eine Handbewegung, · und vor den Tannenbäumen · werden acht prachtvoll strahlende Engel · in farbigen Gewändern · für dich sichtbar. · In ihren zierlichen Händen · tragen sie acht bunte Kerzen, · die sie nacheinander · für dich anzünden.

Links, · vor der ersten Tanne, · steht ein Engel · in einem rot glitzernden Gewand. · Er lächelt dir zu · und zündet jetzt · eine rote Kerze für dich an. · Ein sanftes, · Kraft bringendes rotes Licht erstrahlt. · Dieses Licht · gibt dir Kraft, · Mut · und verbindet dich mit der Erde. · Die Luft um dich herum · leuchtet nun · ebenfalls · in diesem roten Licht. · Atme · diese heilende · rote Farbenergie · tief ein · und lass sie beim Ausatmen · durch dein Wurzelchakra · hinausfließen.

Vor der nächsten Tanne · steht ein Engel · in einem strahlend orangefarbenen Gewand. · Er schaut dich mit sanften Augen an · und zündet jetzt · eine orange Kerze für dich an. · Sie erstrahlt · in einem leuchtend orangefarbenen Licht. · Dieses Licht · gibt dir Leidenschaft, · Heiterkeit · und zaubert ein Lächeln · auf dein Gesicht. · Die Luft um dich herum · leuchtet nun · ebenfalls · in diesem orangen Licht. · Atme · diese heilende · orange Farbenergie · tief ein · und lass sie beim Ausatmen · durch dein Sakralchakra · hinausfließen.

Vor der dritten Tanne · steht ein lieblicher Engel · in einem goldgelben Gewand. · Er zwinkert dir lustig zu · und zündet jetzt · eine goldgelbe Kerze für dich an. · Sie erstrahlt · in einem Vertrauen bringenden · goldgelben Licht. · Dieses Licht · gibt dir Fröhlichkeit, · Lebensfreude · und Selbstvertrauen. · Die Luft um dich herum · leuchtet nun · ebenfalls · in diesem goldgelben Licht. · Atme · diese heilende · goldgelbe Farbenergie · tief ein · und lass sie beim Ausatmen · durch dein Solarplexus-Chakra · hinausfließen.

Vor der vierten Tanne · steht ein Engel · in einem grün, rosa und gold glitzernden Gewand. · Er lächelt dir liebevoll zu · und zündet jetzt · eine grüne Kerze für dich an. · Sie erstrahlt · in einem heilenden grünen Licht. · Dieses Licht · bringt dir Heilung, · spirituelles Wachstum · und inneres Gleichgewicht. · Die Luft um dich herum · leuchtet nun · ebenfalls · in diesem grünen Licht. · Atme · diese heilende · grüne Farbenergie · tief ein · und lass sie beim Ausatmen · durch dein Herzchakra · hinausfließen.

Vor der fünften Tanne · steht ein Engel · in einem hellblau und gold flimmernden Gewand. · Er zündet jetzt · eine hellblaue Kerze für dich an. · Sie erstrahlt · in einem himmlisch blauen Licht. · Dieses Licht · bringt dir die richtigen Worte · auf deine Lippen. · Die Luft um dich herum · leuchtet nun · ebenfalls · in diesem hellblauen Licht. · Atme · diese heilende · hellblaue Farbenergie · tief ein · und lass sie beim Ausatmen · durch dein Hals-Chakra · hinausfließen.

Vor der sechsten Tanne · steht ein strahlender Engel · in einem königsblauen Gewand. · Eure Blicke treffen sich, · und du fühlst · seine tiefe Verbundenheit mit dir. · Er zündet jetzt · eine königsblaue Kerze für dich an. · Sie erstrahlt · in einem beschützenden · königsblauen Licht. · Dieses Licht · bringt dir innere Ruhe, · Schutz · und stärkt deine Intuition. · Die Luft um dich herum · leuchtet nun · ebenfalls · in diesem königsblauen Licht. · Atme · diese heilende · königsblaue Farbenergie · tief ein · und lass sie beim Ausatmen · durch dein Stirnchakra · hinausfließen.

Vor der siebten Tanne · steht liebevoll lächelnd · ein Engel · in einem glitzernden violetten Gewand. · Er zündet jetzt · eine violette Kerze für dich an. · Sie erstrahlt · in einem Frieden bringenden violetten Licht. · Dieses Licht · bringt dir inneren Frieden, · stärkt deinen Glauben · und erhellt deine Spiritualität. · Die Luft um dich herum · leuchtet nun · ebenfalls · in diesem violetten Licht. · Atme · diese heilende · violette Farbenergie · tief ein · und lass sie beim Ausatmen · durch dein Stirnchakra · hinausfließen.

Vor der achten Tanne, · zu deiner rechten Seite, · steht ein prachtvoller Engel · in einem makellos weißen Gewand. · Er zündet jetzt · eine große weiße Kerze für dich an. · Sie erstrahlt · in einem makellosen weißen Licht. · Dieses Licht · bringt dir allumfassenden Frieden, · allumfassende Ruhe · und allumfassende Sicherheit. · Die Luft um dich herum · leuchtet nun · ebenfalls · in diesem weißen Licht. · Atme · diese heilende · weiße Farbenergie · tief ein · und lass sie beim Ausatmen · durch dein Kronenchakra · hinausfließen. ··· Durch das weiße Licht · bist du mit der göttlichen Quelle · allen Lebens verbunden.

Dein Schutzengel stimmt eine Melodie an, · und ein wundervoller Engelchor erklingt. · Durch diese Energie · wird in der Mitte des Baumkreises · eine strahlend weiße Lichtsäule · für dich sichtbar, · die eine leuchtende weiße Treppe freigibt, · die dich zum Tempel des Lichts führt.

Begleitet von deinem Schutzengel · gehst du den kurzen Weg · zu der leuchtenden weißen Treppe.

Betritt nun · die erste · makellos weiße Stufe · der leuchtenden Treppe. · Das Licht um dich herum · wird noch strahlender. · Du fühlst, · dass dich am Ende dieser Treppe · etwas unbeschreiblich Wundervolles erwartet.

Betritt nun · die zweite · makellos weiße Stufe. · Schau nicht zurück. · Die Vergangenheit · ist vergangen, · nur das Jetzt zählt.

Gehe auf die dritte · makellos weiße Stufe. · Du spürst, · wie dein Vertrauen · immer stärker wird.

Nun · betritt die vierte · makellos weiße Stufe. · Lass alles los, · was dich bis jetzt noch belastet hat. · Atme Frieden · und Leichtigkeit ein · und beim Ausatmen · lass alle Sorgen los, · lass alles Schwere · aus dir herausfließen · in das weiße Licht · der Reinigung · und der Heilung.

Betritt nun · die fünfte · makellos weiße Stufe. · Du bist ganz entspannt, · fühlst dich wohl · und geborgen.

Betritt jetzt · die sechste · makellos weiße Stufe. · Das Licht um dich herum · wird immer strahlender. · Du fühlst dich getragen · und bedingungslos geliebt.

Betritt nun · die siebte · makellos weiße Stufe. · Genieße · diese himmlische · heilende Energie, · die überall · um dich herum ist.

Nun · gehe auf die achte · makellos weiße Stufe. · Du fühlst dich schwerelos, · befreit · und glücklich.

Gehe nun · auf die neunte · makellos weiße Stufe. · Dein Geist · ist offen · und wach.

Nun · gehe auf die zehnte · makellos weiße Stufe. · Du spürst die Liebe · und die schützende Kraft der Engel · an deiner Seite.

Betritt nun · die elfte · makellos weiße Stufe. · Atme · diese heilende · weiße Lichtenergie · tief ein · und lass sie in jede Zelle · deines Körpers fließen.

Jetzt · gehe auf die zwölfte · makellos weiße Stufe. · Fühle die Energie · der Vollendung · und der Vollkommenheit · auf dieser Lichtstufe.

Du bist nun · vor der goldenen Pforte · zum Tempel des Lichts · angekommen. · Während sich die Pforte sanft öffnet, · spürst du · die liebende, · kraftvolle · und Licht bringende Energie · des Erzengels Uriel.

Dein Schutzengel nimmt dich lächelnd an die Hand, · und gemeinsam · betretet ihr den Tempel des Lichts. ··· Du stehst nun · in einem großen, · strahlend hellen, · weiß und gold glitzernden Saal. ··· Überall, · wohin deine Augen auch schauen, · glitzert, · funkelt · und leuchtet es. · In der Mitte des Saales · strahlt die »ewige Flamme«. · Um die ewige Flamme herum · stehen Millionen · verschieden großer, · weißer, · brennender Kerzen. · Manche Kerzen gehen aus · und werden von lieblichen Engeln · in einen anderen Raum gebracht. · Neue Kerzen · werden in den Saal gebracht · und voller Liebe angezündet. ··· Hier, · im Tempel des Lichts, · herrscht eine sanfte, · liebevolle · und friedliche Atmosphäre. · Du bist ganz entspannt, · fühlst dich wohl · und geborgen.

Etwas weiter hinten im Saal · erblickst du Erzengel Uriel. · Er schaut dich liebevoll · und weise an. · Gehe auf ihn zu · und begrüße ihn freundlich.

Er erklärt dir:

Mit jedem Kind · kommt ein neues Licht in die Welt! · Mit jedem Licht · wird die Welt heller · und wärmer. · Entdecke das Licht · in allem, was ist. · In jeder Blume, · in jedem Grashalm, · in den Steinen, · in den Sternen, · im Wasser, · in der Luft, · in den Tieren · und in jedem einzelnen Menschen. · Entdecke die Liebe · und das Licht · der gesamten Schöpfung, · all das Schöne, · das die Welt · dir anbietet.

Erzengel Uriel · führt dich in den Heilungsraum des Lichts. · Dort · steht eine wunderschöne, · regenbogenfarbene Liege · aus Licht. · Lege dich vertrauensvoll · auf diese Liege, · sie wird dich sicher tragen. ··· Du bist ganz entspannt, · fühlst dich wohl · und geborgen.

Uriel hält die Hände über deinen Körper, · spricht zu dir · und bittet dich:

Lass das göttliche Licht · der allumfassenden Liebe · jetzt · in jede Zelle deines Körpers fließen · und deinen Körper heilen. · Lass das göttliche Licht · der allumfassenden Liebe · in jedes dunkle Tal · deiner Seele fließen und leuchten, · sodass deine Seele heilen darf. · Lass das göttliche Licht · der allumfassenden Liebe · deinen Geist · und dein Gemüt erhellen, · sodass dein Geist · und dein Gemüt heilen dürfen. · Lass zu, · dass das Heilungswunder · geschehen kann.

Genieße · diese liebevolle Heilung · mit Erzengel Uriel. ···
Wenn du magst, · kannst du ihm eine Frage stellen · oder
ihn um Rat bitten.

Kurze Pause   *(Erwachsene 5 bis 20 Minuten.)*
Ganz allmählich · kommt nun der Augenblick, · da du zurückkehren musst.

Erzengel Uriel verabschiedet sich von dir mit den Worten:

Entdecke deine eigene Schönheit, · dein eigenes, · einzig-
artiges, · strahlendes Licht. · Werde ein Licht für andere ·
und hilf ihnen, · ihr eigenes, · einzigartiges, · strahlendes
Licht · zu entdecken, · sodass die Welt · durch das Licht
aller Menschen · immer heller · und leuchtender wird.

Freudestrahlend · und mit einer liebevollen Umarmung ·
bedankst du dich bei ihm. · Verabschiede dich für heute ·
von Erzengel Uriel.

Dein Schutzengel nimmt dich lächelnd an die Hand · und
führt dich den Weg zurück, · durch die goldene Pforte · auf
die zwölfte Stufe · der makellos weißen Treppe. · Die Energie der Liebe · und des Lichts · begleiten dich.

Gehe nun langsam · die weißen Stufen hinunter. · Betritt
die elfte Stufe, ··· dann betritt die zehnte Stufe, ··· die neunte Stufe, ··· die achte Stufe, ··· gehe weiter auf die siebte Stu-
fe, ··· die sechste Stufe, ··· weiter zur fünften Stufe, ··· auf die
vierte Stufe, ··· die dritte Stufe, ··· nun betritt die zweite Stufe ··· und die erste Stufe. ··· Gehe jetzt · von der ersten Stufe hinunter · auf die Wiese · in der Mitte des Baumkreises.

Begleitet von deinem Schutzengel · gehst du den kurzen Weg · zu der ersten Tanne. · Der Engelchor summt eine wundervolle Melodie, · und die Lichtsäule · wird wieder unsichtbar für dich. · Nacheinander · löschen die Engel · die bunten Kerzen.

Zu deiner rechten Seite, · vor der achten Tanne, · steht der prachtvolle Engel · in dem makellos weißen Gewand. · Er löscht jetzt · die weiße Kerze.

Der Engel · in dem glitzernden violetten Gewand · löscht jetzt · die violette Kerze.

Der strahlende Engel · in dem königsblauen Gewand · löscht jetzt · die königsblaue Kerze.

Der Engel · in dem hellblau und gold flimmernden Gewand · löscht jetzt · die hellblaue Kerze.

Der Engel · in dem grün, rosa und gold glitzernden Gewand · löscht jetzt · die grüne Kerze.

Der Engel · in dem goldgelben Gewand · löscht jetzt · die goldgelbe Kerze.

Der Engel · in dem strahlend orangefarbenen Gewand · löscht jetzt · die orange Kerze.

Nun ist der Kreis vollendet, · und der Engel · in dem rot glitzernden Gewand, · der an deiner linken Seite steht, · löscht zum Schluss · die rote Kerze.

Dein Schutzengel macht eine Handbewegung, · und die acht strahlenden Engel · in den farbigen Gewändern · werden wieder unsichtbar für dich. ··· Gemeinsam mit deinem Schutzengel · gehst du ein paar Schritte · auf der Wiese. ··· Glücklich · und zufrieden · bist du bereit, · zurückzukommen.

Ausklang

Atme nun tief ein · und aus. ··· Du spürst, · wie du langsam wacher wirst · und in deinen Alltag · zurückkehrst. ···
Atme noch einmal tief ein · und aus. · Du spürst nun wieder deinen Körper, ··· deine Arme ··· und deine Beine. ···
Atme noch einmal tief ein · und aus. · Bewege langsam deine Arme, ··· deine Hände, ··· deine Beine, ··· recke · und
strecke dich, · öffne langsam deine Augen · und kehre fröhlich · und ausgeruht · zurück in deinen Tag.

Anhang

Bedeutung der Farben

Farbe ist Energie und sendet messbare Schwingungen aus, die auf den beseelten Körper, über die Chakren und Aura-schichten, Einfluss nehmen. Der Mensch braucht Licht und Farbe zum Leben. Kommt es zu einem Farbdefizit oder auch einem Zuviel an Farbe, sind der Körper, die Seele und/oder der Geist des Menschen im Ungleichgewicht. Es kann zu physischen und psychischen Problemen kommen.

Den verschiedenen Farben werden unterschiedliche Farb-charaktereigenschaften zugeordnet, die unseren menschlichen Charaktereigenschaften gleichen. Somit kann Farbe als Informationsträger über unser Auge Einfluss nehmen auf unser Wohlbefinden. Im Gegenzug ist die Kleidung, die wir tragen, ein Spiegelbild unserer momentanen Stimmung.

Für hellsichtige Menschen, die die Aura und die Chakren in ihren Farben wahrnehmen können, geben die Farben in ihrer Leuchtkraft, in der Kombination mit anderen Farben sowie in ihrer Reinheit u. a. Auskunft über die derzeitigen positiven und negativen Charaktereigenschaften des Menschen.

Nicht nur in der Medizin wird mit Farben gearbeitet, auch in unserem ganz normalen Alltag spielt Farbe eine große Rolle. In der Farb- und Stilberatung werden Farben dazu benutzt, unsere sogenannten Schokoladenseiten hervorzuheben, um auf diese Weise das eigene Wesen besser zur Geltung zu bringen und das Selbstbewusstsein zu stärken. So wird die Kleidung farblich dem Anlass angemessen ausgewählt. Würden wir in unserer Kultur z. B. zu einer Beerdigung Rot tragen, würde man ohne Zweifel Aufmerksamkeit erregen und mit Sicherheit bei einigen Trauergästen Aggressivität heraufbeschwören. Wie alles im Leben liegt hier die Interpretation der Farbe im Auge des Betrachters.

Das Thema *Farbe* ist noch sehr viel umfangreicher, aber lassen Sie uns nun einen Blick auf die Bedeutung der Farben werfen.

Die Aussage über die Charaktereigenschaften der Farben ist abhängig von der Farbintensität. Eine klare, satte, strahlende Farbe repräsentiert die positiven Charaktereigenschaften, während eine matte, schwache Farbe ebenso wie eine zu grelle, aufdringliche Farbe die negativen Charaktereigenschaften von Mensch und Farbe repräsentiert.

Rot

Rot ist die Farbe des Feuers und des Blutes.

Positive Charaktereigenschaften
Rot erregt Aufmerksamkeit, steht für Vitalität und Energie, Kraft, Willenskraft, Mut, Liebe, Stärke und signalisiert

Führungsqualitäten. Sie ist eine Überlebensfarbe und warnt vor Gefahr.

Negative Charaktereigenschaften
Rot signalisiert Aggressivität, Wut, Zorn, Hass, Schuldgefühle und steht für das Verlangen zu dominieren. Rot ist die Farbe der Lüge.

Einsatz in der Farbtherapie
Bei Krankheiten des Blutes, bei Durchblutungsstörungen, Herz-, Lungen-, Muskel- und Hauterkrankungen. Bei Impotenz und Frigidität, Schwächezuständen und Depressionen. Rot bringt mehr Lebenskraft, Aktivität, Fleiß, Wärme und Lebensenergie.

Orange
Orange ist die Farbe der untergehenden Sonne.

Positive Charaktereigenschaften
Orange steht für Optimismus, Leidenschaft, Lust, Aufgeschlossenheit, Kontaktfreude, Heiterkeit, Kreativität, Freude und Wohlbefinden.

Negative Charaktereigenschaften
Orange signalisiert Leichtlebigkeit, Aufdringlichkeit, Ausschweifungen und den Mangel an Pflichtbewusstsein.

Einsatz in der Farbtherapie
Bei (eventuell anstelle von Rot) Kreislaufproblemen, Nie-

renschwäche, Verstopfung, Muskelkrämpfen, Verspannungen, bei Mangel an Energie. Orange fördert den Appetit, kräftigt das Lungengewebe, wirkt anregend auf die Drüsen. Orange wirkt gegen Unzufriedenheit und Trübsinn. Orange bringt mehr Freude und regt den Ehrgeiz an. Orange lässt Ideen und geistige Konzepte entstehen.

Gelb

Gelb ist die Farbe der Sonne. Sie symbolisiert das Gedeihen im Sommerlicht und die Reifung im Herbstlicht.

Positive Charaktereigenschaften
Gelb steht für Lebensfreude, Fröhlichkeit, Selbstvertrauen, Vertrauen, erworbenes Wissen, Weisheit, Vernunft, Logik, scharfen Intellekt, Leichtigkeit und geistige Vitalität.

Negative Charaktereigenschaften
Gelb signalisiert Täuschung, Rachsucht, Pessimismus, Egoismus, Geiz, Neid.

Einsatz in der Farbtherapie
Gelb ist nervenanregend und stärkend, es unterstützt den Magen, den Darm, die Blase und die Milz. Es hilft bei Blähungen, Verstopfung, Allergien, Lebererkrankungen, Diabetes, bei Gallensteinen und Asthma. Es regt die Lust am Lernen und Studieren an, führt zu besserer Auffassungsgabe und wirkt insgesamt anregend.

Grün

Grün ist die Farbe der Natur, der Wiesen und der Wälder, sowie die Farbe des Neubeginns, des Erwachens des Lebens im Frühling.

Positive Charaktereigenschaften

Grün ist die Farbe der Großzügigkeit, Harmonie, Hoffnung, Erneuerung, des inneren Gleichgewichts, des Wachstums, der Gelassenheit, Beständigkeit, der Ausdauer, Treue und Erneuerung. Grün steht für Neubeginn (auch Unerfahrenheit).

Negative Charaktereigenschaften

Grün bedeutet Neid, Gleichgültigkeit, Stagnation, Müdigkeit, emotionale Abhängigkeit, widersprüchliche Emotionen, emotionaler Blutegel, grundlose Eifersucht und Herrschsucht.

Einsatz in der Farbtherapie

Grün hilft bei Asthma, Schlafstörungen, es stärkt das Nervensystem, hilft bei Herzproblemen, bei hohem Blutdruck und wird bei Tumoren eingesetzt. Es hilft bei Ermüdungserscheinungen, nervösen Problemen, Stress und negativer Lebenseinstellung. Es bringt mehr Gelassenheit, schafft Vertrauen, hilft loslassen zu können und wirkt beruhigend und entspannend.

Hellblau/Türkis

Hellblau/Türkis ist die Farbe des Himmels und des Meeres an einem strahlenden Sommertag.

Positive Charaktereigenschaften

Hellblau/Türkis vermittelt Wachheit, Bewusstheit, Klarheit, geistige Offenheit, geistige Freiheit, Kommunikation und Ruhe. Es symbolisiert die Unendlichkeit.

Negative Charaktereigenschaften

Hellblau/Türkis wirkt kühl, distanziert, vermittelt ein Gefühl der Leere und des Verlassenseins (Einsamkeit).

Pink/Rosa

Rosa ist die Farbe des Herzens.

Positive Charaktereigenschaften

Diese Farbe steht dafür, Liebe zulassen, Liebe empfangen und Liebe geben zu können. Sie ist die Farbe der Nächstenliebe, des Idealismus, der Dankbarkeit, des Engagements, der Ordnung, des Mitgefühls und der Friedensstifter und steht für Versöhnung und innere Harmonie.

Negative Charaktereigenschaften

Sie ist auch die Farbe des Snobismus, der Arroganz, der Dominanz, des Egoismus, der übermäßigen Eigenliebe, der emotionalen Abhängigkeit und Unterwürfigkeit.

Dunkelblau/Königsblau

Dunkelblau/Königsblau ist die Farbe des Himmels und des Wassers in einer wunderschönen Sommernacht.

Positive Charaktereigenschaften
Dieses Blau ist die Farbe der Ruhe, der Intuition, der Pflicht-
treue, des Schutzes, der Schönheit, der Sehnsucht, des Ver-
ständnisses, des Forscherdrangs, der Loyalität, der Kontaktfreude, des tiefen Interesses, des Selbstausdrucks, der Ver-
lässlichkeit, der Wahrheit, der Wissenschaft und Entwicklung. Es steht in Beziehung zum Unterbewusstsein.

Negative Charaktereigenschaften
Es steht zugleich für Traumtänzerei, Nachlässigkeit, Melan-
cholie, Neugierde, Kaltherzigkeit und Starrheit.

Einsatz in der Farbtherapie
Es wird eingesetzt bei Ekzemen, Migräne, Schuppen, nervösen Herzbeschwerden, bei Schilddrüsenüberfunktion,
Halsschmerzen, Verbrennungen, Kieferentzündungen und
anderen Entzündungen. Es wirkt beruhigend, schmerzstil-
lend, kühlend und schlaffördernd.

Violett
Violett ist die Farbe der Mystik und Magie.

Positive Charaktereigenschaften
Violett steht für Inspiration, Spiritualität, inneren Frieden,
Frömmigkeit, Glaube, Bußbereitschaft, Opferbereitschaft
und Konzentration.

Negative Charaktereigenschaften
Es signalisiert Stolz, Arroganz, Unmoral, Traumtänzerei.

Einsatz in der Farbtherapie
Bei Augenerkrankungen, Nasenerkrankungen, Ohrener-
krankungen, Durchfall, Darmbeschwerden, nervösen Beschwerden und seelischen Erschöpfungszuständen. Es
bringt mehr inneren Frieden, wirkt seelisch anregend, be-
einflusst die Sinne und verstärkt die Meditation.

Weiß

Weiß ist die Farbe von Schnee und Eis. Die Farbe des Lichts!

Positive Charaktereigenschaften
Weiß ist die Reinheit, Klarheit, Unschuld, allumfassende
Ruhe, allumfassende Sicherheit, allumfassender Friede, Er-
habenheit, Klärung, Perfektion und höchste Inspiration.

Negative Charaktereigenschaften
Weiß steht für Unnahbarkeit, übermäßige Empfindsamkeit,
kühle Reserviertheit, Unvollendetes, Stagnation, Einsamkeit.

Grau

Grau ist die Farbe des mit Wolken verhangenen Himmels.

Positive Charaktereigenschaften
Grau steht für Neutralität, Zurückhaltung und Kompromissbereitschaft.

Negative Charaktereigenschaften
Grau signalisiert Langeweile, Eintönigkeit, Unsicherheit,
Lebensangst, Verschleierung, Tarnung und Passivität.

Braun
Braun ist die Farbe der Erde.

Positive Charaktereigenschaften
Braun bedeutet Erdung, Demut, Bodenständigkeit, Geborgenheit, Sicherheit, Zuverlässigkeit, Vernunft, Vielseitigkeit, Humor.

Negative Charaktereigenschaften
Es bedeutet auch, alles festhalten zu wollen, Neuem gegenüber ablehnend zu sein. Es steht für Unordnung, Überlastung, Mangel an Begeisterung, Reizbarkeit.

Schwarz
Schwarz ist die Farbe der Lichtlosigkeit.

Positive Charaktereigenschaften
Schwarz steht für Würde, Ansehen, Schutz.

Negative Charaktereigenschaften
Es signalisiert Angst, schwerste Depressionen, Schmerz und das Furchterregende.Schwarz kann auch bedeuten, dass man sich in der Trauer verliert.

Neutrale Charaktereigenschaften
Es steht für Trauer, Unabänderlichkeit, Unergründlichkeit und Geheimnisumwittertes.

Literatur

Anselm Grün: *Engel für das Leben,* Herder Verlag, 6. Aufl. 2004

Michael Gienger: *Heilsteine. 430 Steine von A – Z,* Neue Erde Verlag 2003

Sergio Bambaren: *Der träumende Delphin. Eine magische Reise zu dir selbst.* Piper Verlag, 26. Aufl. 1999

Barbara Ann Brennan: *Licht-Arbeit. Das Standardwerk der Heilung mit Energiefeldern.* Goldmann Verlag 1998

Danke

Auf dieser Seite möchte ich mich nun bei allen himmlischen und irdischen Engeln bedanken, die mich zu diesen Meditationen inspiriert haben.

Zuerst möchte ich meinen Eltern dafür danken, dass sie immer hinter mir stehen und mir den Rücken stärken. Ich danke meiner Jetty, die mir ein Leben im Glauben an Maria, die Mutter Gottes, vorgelebt hat. Danke auch an meinen Neffen Andreas, der mir bei meinen ersten Computerschritten sehr behilflich war und mir zu den Meditationstexten wertvolle Tipps gegeben hat.

Ein großes Dankeschön gebührt dem Team im Kösel-Verlag, das verantwortlich dafür ist, dass Sie nun mein Buch in den Händen halten. Herzlichen Dank an Herrn Nonhoff, den Leiter des Kösel-Verlags, der mich während unserer Gespräche sehr inspiriert hat, die Einleitung meines Buches für Sie neu zu gestalten.

Zum Schluss, aber nicht zuletzt, möchte ich mich bei meinem Mann Nikolaus bedanken. Er sagte einmal: »Meine Frau lässt mich meine Erfahrungen machen und sie spannt ein Netz unter mir, damit ich weich lande.« Niko, ich danke dir, dass du ein Netz unter mir gespannt hast, damit ich meine Erfahrungen machen durfte, und dafür, dass du mich während der für mich schlimmen Jahre nicht im Stich gelassen hast und mich immer mit deiner Liebe aufgefangen hast. Ich danke dir von ganzem Herzen!

Mögen die Engel Gottes euch auf euren Wegen begleiten und so Gottes Segen zu euch bringen. *Maria W. M. Schmitt*

Register

Lernen Sie das Leben lieben

240 Seiten
ISBN 978-3-442-16934-4

368 Seiten
ISBN 978-3-442-17047-0

416 Seiten
ISBN 978-3-442-16502-5

160 Seiten
ISBN 978-3-442-16990-0

Mosaik bei **GOLDMANN**

Überall, wo es Bücher gibt und   unter www.mosaik-goldmann.de